Digital SELFMADE

COMMENT CRÉER VOTRE OFFRE IRRÉSISTIBLE ET ATTIRER DES CLIENTS À VOLONTÉ SUR INTERNET POUR ATTEINDRE LE MILLION (ET AU-DELÀ)

RÉMY JUPILLE

digital-selfmade.com

Mentions Légales
Titre du livre : DIGITAL SELFMADE
Auteur : Rémy JUPILLE

Couverture : Rémy JUPILLE
Source image : Rémy JUPILLE

ISBN : 978-2-9584793-0-5

SOMMAIRE

SECTION V - ATTEINDRE LE MILLION ET AU-DELÀ

CONCLUSION - À VOTRE TOUR

INTRODUCTION

COMMENT EN SUIS-JE ARRIVÉ LÀ ?

À cet instant précis, je ne pensais pas que cet e-mail allait changer ma vie.

E-mail de "Papa", je l'ouvre. "Tiens Rémy, voici une vidéo qui devrait te plaire".

On avait créé quelques années auparavant une entreprise en partant de zéro, mon père, ma mère, mon frère et moi. On avait pour habitude de s'envoyer des vidéos qui pouvaient nous aider à développer l'entreprise, ou à gagner en motivation.

Mes parents ayant presque toujours été entrepreneurs, c'était une habitude de discuter de livres ou de vidéos de business à table et par e-mail.

Donc, je clique sur cette vidéo.

Je me demande *"C'est qui ce type avec un T-shirt jaune sur une île paradisiaque qui se fait pourchasser par des gars à moto. Sur quoi suis-je encore tombé ?"*

C'était en fait une mise en scène pour attirer mon attention sur le message qu'il allait dévoiler au bord d'une piscine, sous un soleil des tropiques, quelques secondes plus tard dans la vidéo. Je dirais presque le cliché de l'entrepreneur libre d'Internet. Mais, au fond de moi, j'adorais ça. Donc, je l'ai écouté. Mais, il faut bien se remettre dans le contexte.

Mes parents étant entrepreneurs depuis plus de 20 ans, ils m'ont enseigné comment développer un business à leur manière. Trouver des numéros sur Pages Jaunes, les appeler un par un, organiser des rendez-vous en physique, assister à des réunions, donner des tracts dans la rue, partager des cartes de visite, etc.

Pour être honnête, c'était quelque chose que je détestais faire. Toutes ces méthodes de prospection me paraissent dépassées. Mais je ne connaissais que ça, qu'aurais-je pu faire d'autre pour développer une boîte ?

Ce qui nous mène à cette fameuse vidéo, et à ce « type » qui parlait de créer un business en ligne. Son nom est Cédric Annicette, et c'est par lui que j'ai découvert pour la toute première fois qu'il était possible de vivre d'un business sur Internet. J'ai immédiatement accroché à cette idée, et j'ai donc commencé à développer mes projets en parallèle de mon travail dans l'entreprise familiale.

J'ai d'abord commencé par créer un blog, mais je n'étais pas doué pour écrire et je n'aimais pas ça. En plus, j'étais jeune et impatient, et un blog me paraissait vraiment trop lent.

J'ai donc commencé à m'intéresser à Instagram et à poster, mais finalement, j'ai été déçu de voir que personne ne likait mes photos. Puis j'ai développé une première chaîne YouTube que j'ai finie par laisser tomber, car trop lent également.

À cet instant, je passais la totalité de mes soirées à regarder des vidéos sur le business en ligne, lire des livres et à m'informer sur des blogs. J'étais obsédé par le fait de comprendre comment **vivre** d'un business en ligne.

J'avais même cette photo un peu clichée sur mon mur d'une île où il fait beau toute l'année. Mon plus grand rêve était d'aller y vivre un beau jour. **Je veux parler de l'Ile Maurice**.

Photo de Xavier Coiffic - Unsplash

Vous savez comme le monde est bien fait, et quand sur Internet on commence à s'intéresser à un sujet, il ne faut pas attendre longtemps avant d'être bombardé de publicité sur ce thème.

Pour être honnête, mon objectif premier était de gagner 3 000 € par mois. De mon point de vue, pour quelqu'un qui n'avait jamais fait d'études après le bac et qui n'était en plus jamais allé chercher son diplôme, ça me paraissait déjà juste énorme.

J'ai donc commencé à essayer de trouver des choses à vendre que je pourrais mettre en avant grâce à la publicité en ligne. C'est ainsi que j'ai créé mon tout premier E-Book qui ne s'est d'ailleurs jamais vendu. Et que plus-tard, j'ai imaginé ma toute première prestation de services qui consistait à créer un site internet pour moins de 500 €.

Avec tout ce que je voyais sur internet, je pensais pouvoir gagner beaucoup d'argent rapidement. Mais même après des mois à essayer, je n'avais toujours pas encaissé un seul euro. Jusqu'à ce que je découvre l'e-commerce encore peu connu à l'époque.

Comme ma mère a toujours acheté beaucoup d'ustensiles de cuisine, je me suis dit qu'il y avait forcément d'autres personnes comme elle. Et c'est en vendant un moule à crêpe pour la somme de 9 € que j'ai fait ma toute première vente en ligne que je n'oublierai jamais.

La stratégie que j'avais utilisée était simple. Une publicité, qui redirige vers un site internet.

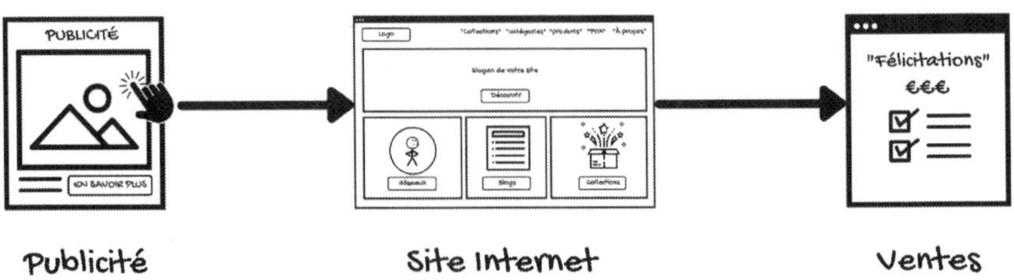

Il s'est passé presque deux ans pendant lesquelles je me suis focalisé sur cette stratégie. Mais, il y avait un problème. Sur le papier, je gagnais de l'argent, mais je ne le voyais pas.

Il n'a pas fallu longtemps pour que je réalise la différence entre le chiffre d'affaires et le profit. Oui, je faisais des ventes, mais je dépensais tout mon bénéfice en publicité, en impôts et en divers frais.

Quand je m'en suis rendu compte, j'ai presque regretté de m'être lancé dans le business en ligne. J'avais tiré une croix sur mes amis proches, en refusant d'aller aux soirées. Je me suis contraint à travailler tard le soir pour réussir à tout prix. Et tout ça pourquoi ?

Je passais mes journées à gérer les publicités, les demandes clients, et relancer des nouveaux business en ligne presque tous les mois, car aucun ne durait très longtemps. À chaque fois, il fallait que je redémarre de zéro. C'était de vraies montagnes russes émotionnelles, et j'étais épuisé.

Mais, entre nous, quel autre choix avais-je ? Ce que l'on faisait dans l'entreprise familiale était pour l'instant loin de fonctionner, et je n'avais pas toute la vie devant moi. Il fallait que je trouve une stratégie rentable, et maintenant.

Un an et demi plutôt, j'avais pris la décision d'apprendre l'anglais afin d'accéder à des livres qui n'ont pas été traduits en français.

C'était pour moi un énorme défi que je voulais relever, ayant presque toujours été le pire de ma classe à l'école. Je me suis donc fixé l'objectif d'apprendre cette langue en un an avec 15 minutes par jour de pratique. Mon but était de pouvoir lire un livre en anglais d'ici à la fin de cette année-là. Et, c'est ce que j'ai fait.

Grâce à cette décision que j'ai prise, j'ai pu commencer à me rapprocher d'entrepreneurs américains et du monde entier. J'ai commencé à sortir du monde francophone pour découvrir les stratégies de ceux qui gagnent le plus d'argent en ligne, non pas seulement en France, mais dans le monde.

C'est comme ça que j'ai découvert *Russell Brunson.*

Avant lui, j'avais déjà entendu parler des **Funnels**. Ça faisait déjà des années que je m'intéressais au business en ligne, j'avais suivi des dizaines de formations, participé à plusieurs séminaires, regardé des centaines d'heures de vidéos sur YouTube et lu des centaines de pages d'articles de blog. Et, à chaque fois, c'était le même discours.

"Un tunnel de vente (ou Funnel) ce sont les différentes étapes de votre stratégie pour convertir un inconnu en client. Des visiteurs qui deviennent prospects, puis clients et enfin ambassadeurs"

Bla, bla, bla... Du charabia d'école de marketing. C'est joliment dit, mais ça ne me dit toujours pas comment l'appliquer dans mon business pour gagner de l'argent.

Laissez moi vous raconter l'histoire de mon tout premier tunnel de vente afin d'être certain que vous sachiez de quoi on parle.

J'avais créé une petite formation que je vendais 47 € dans laquelle je donnais quelques conseils pour développer une boutique e-commerce, et faire ses premières ventes en ligne.

Comme ça faisait déjà quelques mois que j'avais développé ma chaîne YouTube, j'ai pu en parler à mes abonnés et faire mes premières ventes. J'étais bien parti, mais tout s'est compliqué lorsque j'ai dû faire de la publicité pour continuer d'en obtenir de nouveaux.

Je dépensais 65 € en publicité pour faire une vente à 47 €. **Je perdais donc 18 € pour chaque nouveau client.**

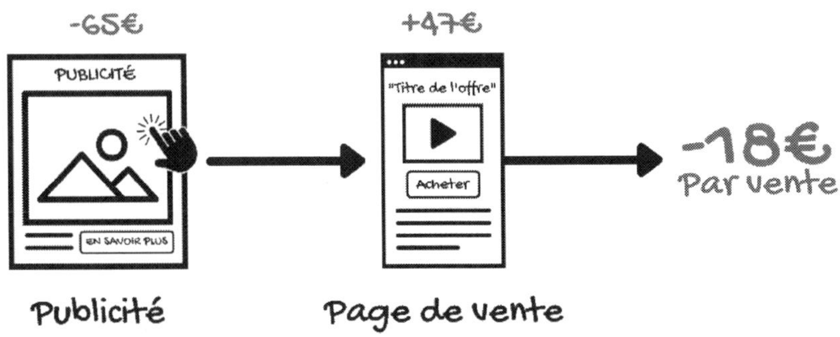

Après des semaines passées à avoir créé la meilleure formation possible, j'étais dépité.

Je pouvais continuer de développer mon audience sur Youtube, mais ça me prendrait des années avant de pouvoir réellement en vivre. Il fallait absolument que je trouve une solution pour que cette publicité soit rentable.

C'est là que Russell est intervenu. J'avais remarqué que la plupart de ceux qui gagnaient le plus d'argent sur Internet utilisaient tous le même logiciel. Je parle de **ClickFunnels**. Et, quand ce type que j'ai vu dans une publicité Facebook disait qu'il était le fondateur de ce logiciel-là, ça a suffi pour attirer mon attention et l'écouter.

Selon lui, si une personne vient d'acheter notre offre, elle peut être intéressée d'en acheter une seconde si elle est complémentaire. Que ce soit pour aller plus vite ou plus loin. Et, qu'en leur proposant une offre immédiatement après leur premier achat, entre la page de vente et la page de confirmation, on pouvait multiplier par deux *(ou plus)* la valeur de ce nouveau client pour notre business. Il a appelé cette offre complémentaire, un "**UPSELL**".

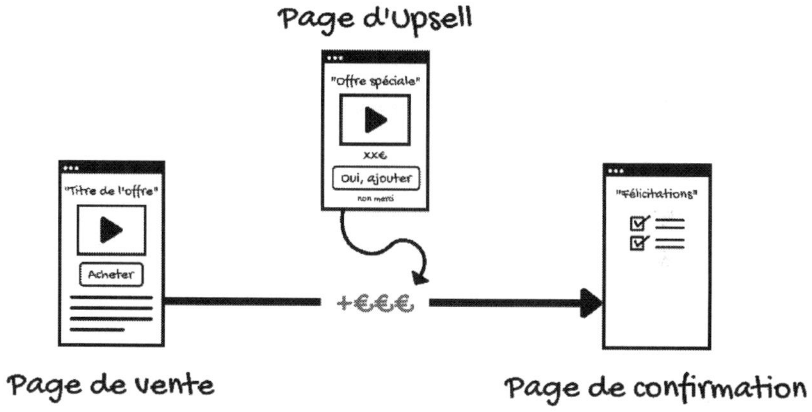

Pour voir s'il disait vrai, j'ai voulu essayer par moi-même. L'offre que je vendais sur ma page de vente était une petite formation d'e-commerce, j'ai donc eu l'idée de proposer une analyse de leur boutique en complément. Pour 47 € supplémentaires, ils recevraient une vidéo d'analyse dédiée par email. L'avantage que j'avais à créer cet Upsell en particulier, c'est que je n'avais rien à faire avant de l'avoir vendu. Si une personne décidait de l'ajouter à sa commande, elle dépenserait à présent dans mon business 47 € *(mon offre principale)* plus 47 € *(mon Upsell)* soit un total de 94 €.

Un **panier moyen** potentiellement deux fois plus important !

Ça y est, j'avais tout préparé et il était temps de tester. J'ai relancé les publicités, et dès le premier jour une personne décida d'acheter à la fois ma formation et l'Upsell pour une commande totale de 94 €. Whow!

J'ai laissé tourner les publicités encore quelques jours, et c'est en moyenne une personne sur trois qui décidait de compléter sa commande avec l'Upsell que j'avais mis en place.

J'ai décidé d'aller encore plus loin en ajoutant un deuxième Upsell, cette fois-ci à 197 €. Si une personne achetait ma formation principale et les deux Upsells, elle pourrait alors dépenser jusqu'à 291 €. Et, devinez quoi, c'était le cas d'une personne sur 5 !

Voici exactement comment un simple Funnel m'a permis de passer de **18 € de perte** pour chaque nouveau client à plus de **37 € de bénéfice** sans rien changer à mes publicités.

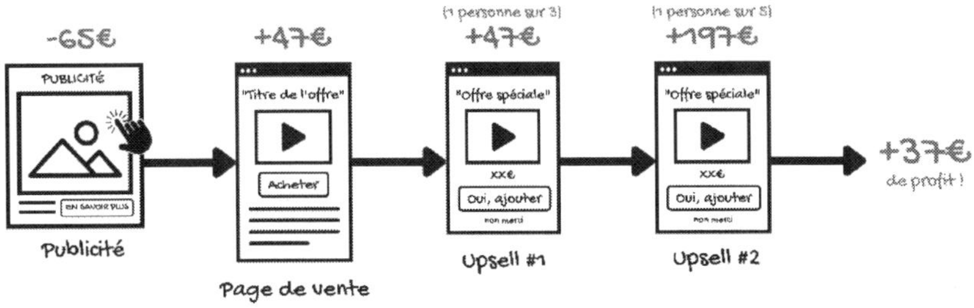

Mais, l'effet indirect auquel je ne m'attendais pas a été que mes clients ont été encore plus satisfaits. Comme un Upsell est facultatif, ceux qui ne veulent pas en profiter n'y sont pas forcés. Mais, ceux qui veulent aller plus loin, qui veulent investir plus pour réussir plus vite, ont à présent la possibilité de le faire.

Ce qui compte pour un business en ligne à succès au final ce n'est pas ce que vous vendez, mais comment vous le vendez.

Après cette première expérience, j'ai commencé à devenir obsédé par les Funnels. Voulant vendre tout type de produit sur internet. Physiques, digitaux *(E-book, formation)*, coaching, mastermind, affiliation et même des prestations de service !

J'ai même essayé tout type de tarifs allant de 1 € à plusieurs milliers d'euros et dans des dizaines de domaines : le business, la minceur, les relations, etc.

J'en suis arrivé à la conclusion qu'il n'existe que **trois Funnels** permettant de vendre tout ce que vous pouvez imaginer sur Internet. Vous verrez plus tard dans ce livre desquels il s'agit, et comment les appliquer étape par étape dans votre business.

Ce sont ces trois seuls Funnels qui m'ont permis de faire des millions d'euros de vente sur Internet avec un simple ordinateur portable et une connexion Internet.

C’est grâce à cette stratégie que j’ai pu retirer la photo de l’île que j’avais mise sur mon mur, car depuis septembre 2022, c'est devenu **mon nouveau chez-moi**.

Vieux Grand Port - Ile Maurice - Mai 2022

J'ai écrit ce livre parce que c'est exactement le **plan**, et la **stratégie** que j'aurais voulu avoir lorsque j'ai démarré sur Internet. Une méthode sans détours pour un business stable, long terme et extrêmement profitable permettant d'avoir assez de temps et d'argent pour faire ce que l'on aime le plus dans la vie.

Vous découvrirez une stratégie à suivre étape par étape pour générer plus de **7 chiffres** avec votre business en ligne, depuis n'importe où dans le monde avec seulement un ordinateur et une connexion internet.

Mais, il ne s'agit pas que de moi, voici l'histoire de Rayan qui a réussi à atteindre plus de 10 000 € par mois avec un seul Funnel en suivant cette même stratégie.

RAYAN - DE ZÉRO À 10 000€ PAR MOIS

Rayan est venu à nous comme beaucoup d'autres clients :

- Surmenage sans résultats
- Une offre sous-évaluée
- Revenus inconstants dans son business
- Seul, et sans personne à qui demander de l'aide

Il enseigne le trading et est très bon dans ce qu'il fait. Il a même été certifié par l'organisme des marchés financiers en France. Mais, bien qu'il veuille créer une école afin de transmettre ses connaissances, il n'y est pas parvenu pendant plus d'un an et demi à essayer tout seul de son côté. Il a créé un site, fait de la publicité, mais rien de ce qu'il faisait n'était rentable. Il y allait à l'aveugle sans réellement savoir quoi faire.

Il a donc décidé de faire appel à nous pour revoir sa stratégie marketing, son positionnement, son offre et se concentrer sur l'essentiel qui le ferait réussir. Son objectif étant d'atteindre les 10 000 € par mois avec son business en ligne.

Nous l'avons donc conseillé sur le Funnel qu'il devait mettre en place, ses publicités, son offre et comment déléguer la quasi-totalité des tâches récurrentes. En partant de zéro Rayan dépassait déjà les 10 000 € par mois seulement 3 mois après nous avoir rejoint. Voici le message qu'il m'a envoyé un peu plus tard :

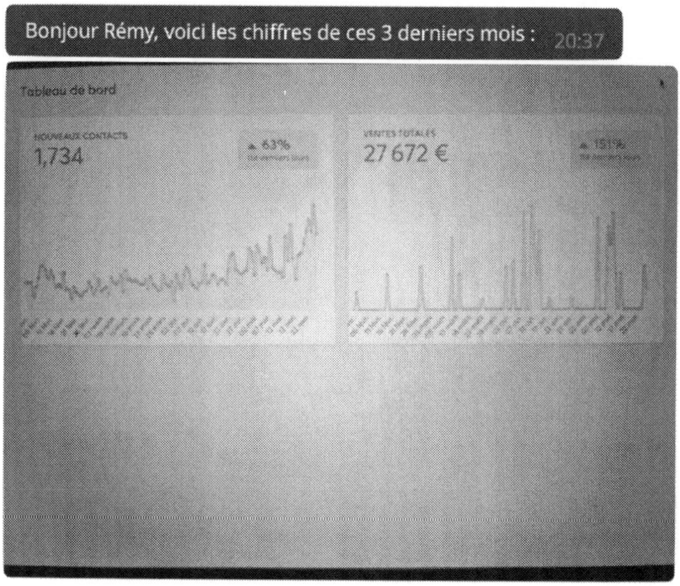

Plus de 27 000 € encaissés *(sans parler des paiements récurrents sur les prochains mois, le compte PayPal et les virements)* et plus de 1700 nouveaux prospects qualifiés. Mais, le plus fou, c'est que Rayan ne passe aujourd'hui que 1 h 30 par semaine à gérer son business en ligne qu'il a quasi totalement automatisé.

Vous découvrirez plus tard dans ce livre la stratégie exacte que nous avons enseignée à Rayan pour obtenir de tels résultats aussi rapidement. Vous pouvez aussi vous rendre sur cette page pour accéder à l'interview que j'ai faite de lui : **digital-selfmade.com/rayan**

POURQUOI CE LIVRE EST DIFFÉRENT

En achetant ce livre, vous avez décidé de me faire confiance pour vous aider à développer votre business. Je sais que vous êtes occupé, et que votre temps est la chose la plus précieuse que vous puissiez m'accorder. C'est pourquoi je peux vous promettre de ne pas vous en faire perdre. Voici pourquoi ce livre est différent des autres.

▶ **Il est bourré d'histoires vraies.**

Chaque histoire a été choisie pour être sûr que vous reteniez la leçon que j'aimerais vous transmettre. Cela fait des années que j'enseigne sur Internet, et je sais que si vous lisez un livre purement technique et théorique, alors vous l'aurez oublié une semaine après.

En revanche, une histoire ne s'oublie jamais. C'est pourquoi je ne vais pas me contenter de vous dire "*fait ci, fait ça*". À la place, je veux que vous assimiliez au plus profond de vous pourquoi il est absolument nécessaire de mettre en place chaque étape présente dans ce livre. Et ma plus grande arme pour ça, est de vous projeter dans une histoire que tout le monde peut comprendre. Vous allez adorer.

▶ **Ce n'est pas de la théorie, je l'ai fait moi-même.**

Pour être honnête, ça fait des années que je réfléchis à écrire un livre. Mais, je ne me suis jamais senti prêt avant aujourd'hui. La raison est qu'il m'a fallu des années de test, des centaines de Funnel créés, des dizaines de milliers d'euros investis dans des formations, coachings, Mastermind et une quantité énorme d'entrepreneurs rencontrés pour arriver aux informations et à la synthèse présente dans ce livre.

Je ne voulais pas être un énième gourou *(comme il y en a beaucoup sur internet)* qui a découvert une nouvelle stratégie, et qui s'empresse d'en parler sans réellement en maîtriser tous les aspects.

J'ai attendu de faire partie des **0,7 %*** à avoir gagné 1 million de dollars avec un seul Funnel. Et c'est cette expérience, cette ancienneté et ces milliers d'erreurs que j'ai faites qui m'ont permis d'arriver à une synthèse où j'ai supprimé tout le superflu, pour n'en garder que l'essentiel.

*le pourcentage de personnes ayant réussi à gagner le trophée “Two Comma Club”, qui consiste à réaliser $1 000 000 avec un seul Funnel sur le logiciel ClickFunnels, parmi tous leurs membres.

Il est facile d’écrire un livre dans lequel je recrache tout ce que je sais. Mais, ce n’est pas ce dont vous avez besoin. Il vous faut un raccourci et un plan clair à suivre étape par étape pour aller plus vite. Voici avec quel objectif ce livre a été écrit.

▶ Toutes les stratégies sont automatisables.

Aujourd’hui, n’importe qui peut en quelques secondes prendre une capture d’écran de ses résultats pour montrer au monde entier à quel point il gagne de l’argent avec son business en ligne. Mais à quel prix ?

Quand j’ai démarré sur Internet, j’ai fait cette erreur de me rapprocher de mentors qui ne me correspondaient pas au niveau de ma vie personnelle. Ils avaient des résultats que je voulais avoir, mais ils les ont obtenus d’une manière qui ne me convenait pas. Comme passer des journées de 10 heures à travailler.

Je ne voulais pas un business en ligne qui me permette de gagner de l’argent pour gagner de l’argent. Je voulais développer un business me permettant d’être libre financièrement. De pouvoir voyager, et de ne travailler à terme que le matin. C'étaient mes objectifs.

En ajoutant cet élément dans l’équation, j’ai dû complètement repenser mon business. Ma manière de vendre, ce que je vends, comment j’attire du trafic et gère le business.

Il faut comprendre qu'il n'y a pas qu'une seule voie vers la réussite d'un business en ligne. Néanmoins, toutes ne correspondent pas à votre idéal de vie. Si vous voulez créer une multinationale, avec des centaines de salariés pour éventuellement un jour faire une introduction en bourse, alors, les stratégies présentes dans ce livre ne seront pas pour vous.

Si en revanche, l'objectif derrière votre business est d'avoir une vie personnelle plus riche. En argent, en temps, en liberté. Et, surtout, gagner plus d'argent grâce à un business éthique dont vous pourrez être fier, tout en étant serein et sans stress. Alors ce sont des stratégies de ce livre dont vous avez besoin, et d'oublier toutes les autres.

▶ **Il est bourré d'illustrations.**

Ce n'est pas une idée qui vient de moi. Lorsque j'ai lu les différents livres de Russell Brunson, Alex Hormozi, Dan Henry, Peng Joon *(et d'autres),* tous avaient un point commun. Chaque idée était illustrée. *(Vous en avez déjà eu un exemple plus-tôt dans le livre)*

Et, ce n'est pas un hasard. Le vrai challenge d'écrire un livre n'est pas de balancer le plus d'informations possibles. C'est de synthétiser. Je veux que vous puissiez revenir dans ce livre plusieurs mois après l'avoir lu, et vous souvenir d'un chapitre complet simplement en regardant l'illustration qui le représente.

Vous pourrez même télécharger et imprimer ces différentes illustrations *(lien dans les bonus à la fin du livre)* pour les accrocher aux murs ou les poser sur votre bureau. Vous le verrez par vous-même, ce livre ne sera pas une lecture passive. Votre cerveau risque d'entrer en ébullition plusieurs fois !

POUR QUI EST CE LIVRE ?

Nous sommes un petit groupe d'entrepreneurs à part, que j'ai nommé "**Digital Self-Made**".

Lorsque je suis allé en Thaïlande on me demandait très souvent d'où je venais. Je n'avais qu'à dire que j'étais un Français et instantanément cela définissait qui j'étais. Ce sont bien souvent des clichés, nous sommes d'accord. Les Thaïlandais pensaient par exemple aux *"croissants"* et à Paris bien sûr. Mais un seul mot suffisait pour me définir. Français. J'avais donc moi aussi besoin d'un terme qui, en deux mots seulement, décrivait à qui s'adresse ce livre.

Un(e) "**Digital Self-Made**" est un nouveau genre d'entrepreneur. Il est malin, rapide et libre. Il a brisé les chaînes avec le système traditionnel *(étude, travail, retraite)*. Il est débrouillard et contrôle son destin. Il est prêt à travailler dur pour réussir ses objectifs dans la vie, car l'échec n'est pas une option. Il a une vision long terme, et ne fait pas un business uniquement pour l'argent, mais pour changer de vie. Innovant, créatif, et déterminé. Il apprend des autres pour aller plus vite. Il crée un business en ligne automatisé pour que l'argent et le temps ne soient plus un problème et se concentre sur ce qui importe vraiment dans sa vie. Ses **passions**, sa **famille**, sa **liberté**. Il continue jusqu'à ce que ça marche et n'abandonne jamais.

Te reconnais-tu dans un ou plusieurs points de cette description ? Si oui, alors tu es un(e) "**Digital Self-Made**" dans l'âme, et ce livre est pour toi.

"Digital" car nous créons un business en ligne. "Self-Made" qui est une expression anglaise qui n'a pas d'équivalent en français, et qui signifie que notre réussite ne tient qu'à nous.

EST-CE ADAPTÉ À VOTRE BUSINESS ?

Les stratégies présentes dans ce livre permettent de développer quasiment n'importe quel business. En fait, si vous avez régulièrement besoin de nouveaux clients et de nouveaux prospects, alors ce livre est fait pour vous. Voici quelques exemples de business dans lesquels ces stratégies s'appliquent :

- **La vente de produits digitaux.** Si vous vendez ou voulez vendre des e-books, formation, coaching, Mastermind, alors je vous partagerai le Funnel dont vous avez besoin et avec lequel j'ai généré des millions.

- **La vente de produits physiques.** Si vous vendez ou voulez vendre tout type de produit physique, il existe aussi un Funnel pour ça. Du petit bracelet à quelques euros jusqu'à des tables en bois massif à plusieurs milliers d'euros. J'ai presque tout vu. La limite est votre imagination.

- **La prestation de service.** Si vous avez une agence marketing ou que vous voulez en développer une. Alors, je vous dévoilerai dans ce livre le Funnel qui inondera votre business de nouveaux clients désireux de faire appel à vos services. L'objectif étant de vous apporter des dizaines de rendez-vous clients chaque mois.

- **L'affiliation.** Si vous n'avez pas de produits, et que vous voulez vendre celui de quelqu'un d'autre. Vous découvrirez dans ce livre le Funnel qui m'a permis de générer plus de 2 millions de dollars pour un partenaire en affiliation en seulement 1 an et 6 mois.

- **Génération de prospects.** Et, enfin, je vous dévoilerai un Funnel capable d'inonder votre business d'une avalanche de prospect qualifié et en automatique pour tout type d'entreprise.

COMMENT LIRE CE LIVRE

Tout comme un puzzle, ce livre est divisé en plusieurs sections toutes indispensables. Décidez de sauter un chapitre *(même le tout dernier)* et il vous manquera alors une pièce du puzzle essentielle pour réussir. L'ordre dans lequel les sections et chapitres ont été agencés est tout aussi important que les informations qu'ils contiennent. Pour comprendre le chapitre 2, vous devez avoir lu le chapitre 1, et ainsi de suite.

C'est pourquoi au fur et à mesure de votre progression dans le livre, vous allez passer par les différentes étapes de la pyramide ci-dessous jusqu'à avoir toutes les clés d'un business à un million *(et au-delà)*.

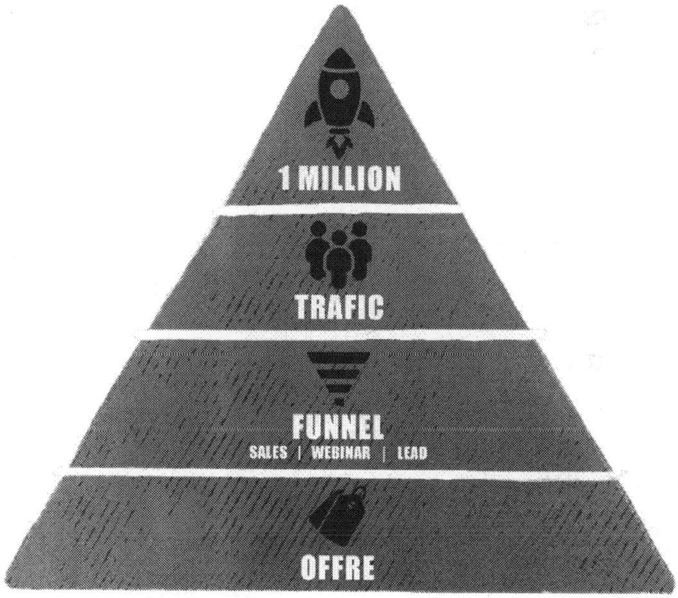

La pyramide des quatres étapes pour créer un business à 1 million sur internet

▶ **L'offre.** Je commencerai par vous dévoiler comment créer une offre tellement irrésistible que vos clients se sentiraient bêtes de la refuser. Vous découvrirez comment vendre tout ce que vous pouvez imaginer sur internet et à tous les prix.

▶ **Le Funnel.** Une fois votre offre établie, je vous apprendrai à la vendre en quantité et de façon extrêmement profitable de manière totalement automatisée grâce à la mise en place du meilleur Funnel pour vous.

▶ **Le trafic.** Vous découvrirez ensuite comment inonder votre Funnel d'une avalanche de trafic qualifié *(vos clients de rêve)* grâce à la publicité payante ou gratuite. Et comment pérenniser et stabiliser votre business sur le long terme pour ne pas subir l'effet "montagne russe".

▶ **Le million.** Enfin, je vous révélerai comment faire croître votre business en ligne jusqu'au million et au-delà. Nous aborderons aussi l'état d'esprit et la productivité d'un entrepreneur à 7 chiffres.

Parfois, il suffira d'une phrase dans un chapitre pour avoir un "*ah ah moment*" qui changera votre business pour toujours.

Tiens, les "*ah ah moment*". Parlons-en.

Il s'agit de la compréhension soudaine d'une chose qui était là, sous votre nez, mais que vous n'aviez jamais remarqué avant. Le genre de situation où vous réagissez par "Aaaaah".

Comme dans Star Wars *(spoiler alerte)* lorsque Luke apprend que Dark Vador est son père.

Eh bien chaque histoire et exemple de ce livre ont été choisis pour vous faire avoir des "*Ah Ah moment*" dans votre business. Ainsi, vous pourrez ressentir une réelle transformation avant et après l'avoir lu.

Si à tout moment dans votre lecture, vous souhaitez savoir comment nous pouvons vous aider et vous accompagner à mettre en place la stratégie que vous allez découvrir, vous pourrez réserver un appel gratuit avec mon équipe pour en parler de vive voix, via ce lien :

digital-selfmade.com/appel

Aider des personnes comme vous à créer un business en ligne extrêmement profitable et automatisé grâce aux Funnels est exactement ce que je fais tous les jours. Je serai plus que ravi que vous soyez nos prochains témoignages de clients à succès.

QU'EST-CE QU'UN FUNNEL ?

C'était enfin le grand jour ! Nous étions en plein mois de juillet, il faisait très chaud, mais j'étais extrêmement excité à l'idée d'emménager dans mon tout premier appartement.

Aujourd'hui, j'allais chercher le camion que j'avais loué pour acheter les différents meubles dont j'aurais besoin afin de meubler mon nouveau chez-moi.

C'est comme ça que je me suis retrouvée dans les allées d'IKEA. J'avais ma liste en main, et tout ce que j'avais à faire était de suivre le tracé du magasin.

Première pièce, le salon. Il faut que je pense à prendre le canapé, le meuble télé, la table basse, etc. La liste est complète ? Super, je continue mon chemin.

Ah super, la salle à manger. J'ai besoin d'une table, de chaises et d'un tapis pour faire plus classe. Ça tombe bien, tout est là. On avance...

La chambre. J'ai besoin de rangement, d'une table basse, de draps, et d'un lit accessoirement. Tout y est, j'enchaîne en suivant le tracé vers les pièces suivantes. La salle de bain. La cuisine. Le balcon. Etc.

Sans m'en rendre compte, j'arrive au bout du magasin avec tout ce dont j'avais besoin sur mon chariot, y compris des choses que je n'avais pas prévu d'acheter. **Je venais de parcourir un Funnel.**

En fait, les Funnels sont présents partout autour de nous. C'est simplement une suite d'étapes par lesquelles on va faire passer nos clients. L'objectif étant de **simplifier** leur parcours, d'augmenter leur **satisfaction** et de **gagner plus**.

Imaginez si lorsque vous meublez un appartement, vous deviez aller dans un gigantesque entrepôt où tout est éparpillé à droite à gauche. Non seulement vous aurez plus de mal à trouver ce dont vous avez besoin, mais il est aussi possible que vous oubliiez des choses.

C'est donc un manque à gagner pour l'entreprise et une faible satisfaction de leurs clients.

Mais, à présent, revenons au business en ligne. La façon la plus simple pour comprendre ce qu'est un Funnel, est encore de le comparer à un site Internet.

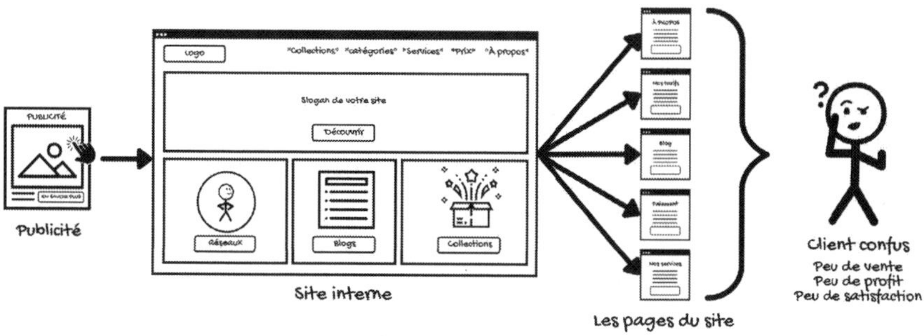

Lorsque vous allez attirer des prospects vers votre site Internet, ils ne sauront pas réellement quoi faire ni où aller. Un site Internet est généralement utilisé comme un fourretout de toutes les pages que vous avez en stock. Les pages à propos, comment travailler avec nous, nos services, nos tarifs, le blog, etc.

Ainsi, vous laissez les visiteurs de votre site se débrouiller pour trouver ce qu'ils cherchent. Un peu comme si vous alliez dans un commerce sans commerçant pour vous aider à trouver l'article que vous cherchez. Le genre d'accueil où l'on vous dit *"Tout est là, débrouillez-vous."*

Cela créera une confusion chez votre client qui se traduira par une faible quantité de vente, donc peu de profit et une frustration de devoir naviguer sur des dizaines pages pour trouver l'information qu'il cherche.

Mais, avec un Funnel, nos visiteurs n'ont pas le choix. Chaque étape à un seul et unique objectif, **mener à l'étape d'après**. Et cela a plusieurs avantages :

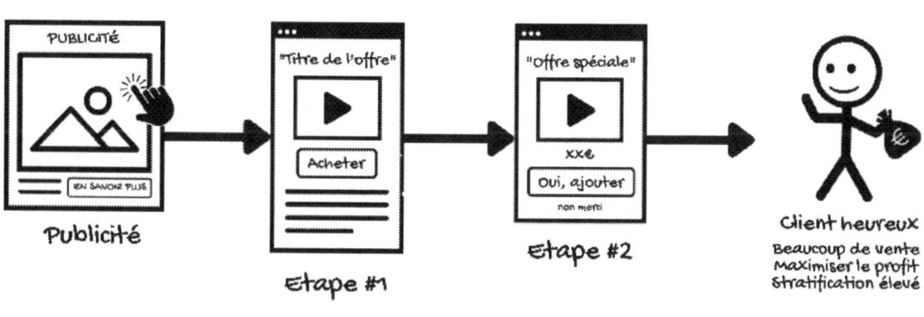

1 - **Vous augmentez la satisfaction de vos clients,** car ils ne sont plus confus. Vous pouvez leur transmettre toutes les informations qu'ils cherchent dans un ordre logique étape par étape. Par exemple, il est préférable de savoir ce que l'on achète avant de connaître son prix. Dans l'ordre, je vais donc présenter mon offre puis dévoiler son tarif.

2 - **Vous augmentez la compréhension de vos clients** en vos services ou produits. En mettant toutes les informations utiles au même endroit, vous évitez qu'ils en ratent une essentielle sur votre offre qui pourrait les convaincre de l'acheter. Personne ne dépense son argent lorsqu'il ne sait pas ce qu'il achète.

3 - **Vous augmentez votre chiffre d'affaires** en proposant des offres complémentaires pile au bon moment au fil de leur parcours dans votre Funnel. Un peu comme IKEA lorsque vous passez d'une pièce de la maison à une autre.

4 - **Vous simplifiez grandement l'analyse de vos résultats** en n'ayant qu'un seul chemin possible à parcourir par vos clients, là où avec un site internet il en existe une infinité. Nous reparlerons de l'analyse et de l'optimisation d'un business dans la section V du livre.

Pour reprendre l'exemple de notre commerce, avec un Funnel c'est comme si le commerçant prenait chaque client par la main pour l'accompagner à travers les rayons. Il prendrait le temps de répondre à toutes vos questions et vous conseillerait sur les produits dont vous pourriez avoir besoin.

Vous n'aurez pas besoin de réfléchir ou d'imaginer les étapes par lesquelles vos clients vont devoir passer. Dans ce livre, je vous dévoilerai les trois seuls Funnels qui vous permettront de vendre tout ce que vous pouvez imaginer sur internet et à tous les prix. Ils sont le résultat de centaines de tests et de centaines de milliers d'euros d'investissement en publicité que j'ai personnellement fait.

Vous aurez à choisir parmi un seul de ces Funnels en fonction de ce que vous vendez pour atteindre le million sur internet. Mais je peux vous promettre que peu importe le business et la niche dans laquelle vous êtes, l'un de ces trois Funnels est fait pour vous !

Voici desquels il s'agit, et dans quelles sections du livre ils se trouvent :

SECTION II - LE SALES FUNNEL
Vendre des offres jusqu'à plusieurs centaines d'euros

SECTION III - LE WEBINAR FUNNEL
Vendre des offres à plusieurs milliers d'euros

SECTION IV - LE LEAD FUNNEL
Attirer une avalanche de prospects qualifiés comme un aimant

Section I

CRÉEZ VOTRE OFFRE IRRÉSISTIBLE

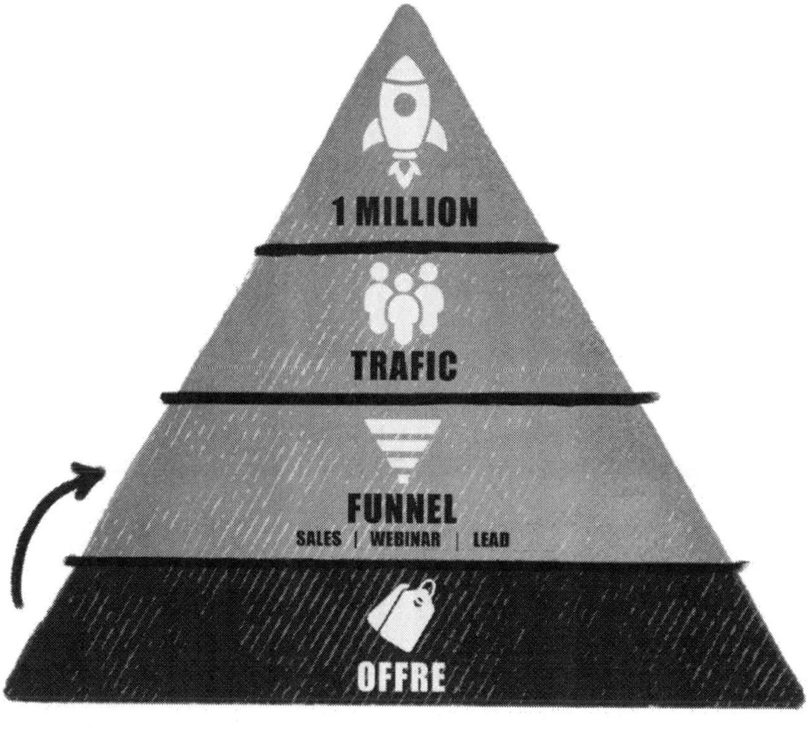

OÙ TROUVER UN OCÉAN DE « CLIENT DE RÊVE »

Les rues étaient désertes, du jour au lendemain, nous avons appris l'existence d'un nouveau virus appelé la COVID-19. Il n'a fallu que quelques jours avant que la situation ne dégénère et que la France ne soit entièrement confinée.

Comme tout le monde, je me suis retrouvé chez moi avec beaucoup plus de temps à ma disposition qu'avant. Notamment, car je ne pouvais plus sortir le soir et que je n'avais plus de trajets à faire pour aller à mon bureau.

Les premiers jours, on en profite pour regarder quelques films sur Netflix. On ressort un vieux jeu vidéo auquel on n'avait pas joué depuis des années. Mais, très rapidement, on commence à vraiment s'ennuyer. Sur Internet on voyait tout un tas de personnes qui redoublaient d'imagination pour s'occuper. Ils pouvaient faire des expériences chez eux, des sketchs qu'ils filmaient pour les publier sur les réseaux sociaux, etc. De mon côté ? J'ai décidé de me lancer le défi de démarrer un tout nouveau business de zéro.

À cette époque, on était en 2020 et ça faisait déjà deux ans que j'avais ma chaîne YouTube. J'avais une audience et c'était donc la solution de facilité que de créer un nouveau produit à proposer aux personnes qui me suivaient. Mais j'ai décidé d'en faire autrement.

Je me suis lancé le défi de créer un business dans un domaine que je ne connaissais pas, SANS utiliser ni :

- Mon nom
- Ma voix
- Mon visage
- Mon audience

C'est comme si je recommençais tout à zéro. Ce chapitre vous montrera toutes les étapes par lesquelles je suis passé jusqu'à un business à succès dans un domaine que je ne connaissais même pas quelques semaines avant son lancement. Il s'agit du "régime Cétogène".

VALIDER OU MESURER UNE NICHE

La première étape avant de faire quoi que ce soit dans son business, est d'abord de savoir s'il y a du potentiel dans sa niche. Pour être certain que l'on parle le même langage, voici ce que j'entends par "*niche*".

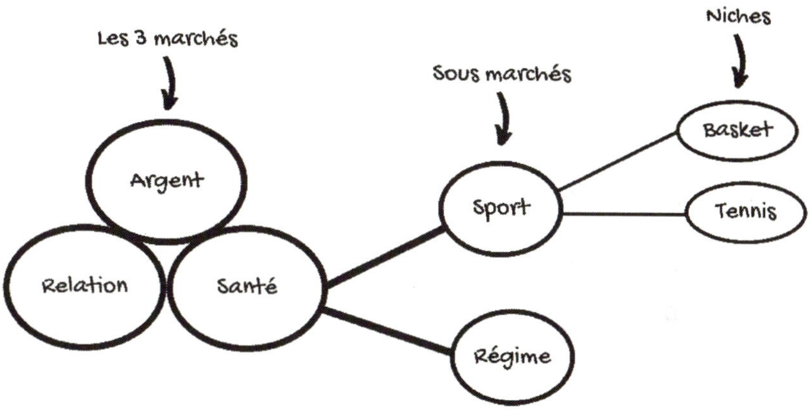

Il existe trois "marchés", la santé, les relations et l'argent. Peu importe votre business, vous êtes forcément dans l'un d'entre eux.

Par exemple, ce livre est dans le marché de l'argent. Le business que j'ai développé pendant le confinement, quant à lui, est dans le marché de la santé.

Chacun de ces marchés sont composés de sous marchés. Simplement, un niveau de précision supérieure qui nous permet d'affiner notre cible.

Dans le marché de la santé nous avons par exemple le sport, l'alimentation, les médicaments, etc.

Dans le marché de l'argent nous avons par exemple l'immobilier, la bourse, le business en ligne, les crypto-monnaies, etc.

Dans le marché des relations, nous pourrions avoir par exemple le mariage, le divorce, les relations parents / enfants, etc.

Dire que l'on fait de "*l'immobilier*" est déjà plus précis que simplement de "*l'argent*", mais ce n'est toujours pas suffisant. Il faut encore affiner, et c'est là que nous parlons de "niche".

L'immobilier étant un sous marché de l'argent, il est lui aussi composé de niches. Par exemple la location saisonnière, l'achat d'immeubles, la gestion locative, la location nue, etc.

Idem si l'on prend l'exemple du sous marché "sport" dans le marché de la santé. Il est composé de niches comme le basket, le football, le baseball, le golf, etc.

Cependant, la plus grosse erreur que je vois régulièrement est de croire que votre niche, c'est ce que vous vendez. Mais c'est faux. **Il s'agit d'un groupe de personnes, pas d'un produit ou d'un service.**

Par exemple, ma niche ne serait pas "le golf" mais "les golfeurs". Tout comme je ne suis pas dans la niche du "régime cétogène" mais des "femmes qui veulent mincir".

Cette nuance est importante, car cela vous montre que votre business est à propos de vos *"clients de rêve"*, de leurs besoins et PAS de votre offre. Mais nous reviendrons sur le sujet dans le chapitre 2 et 3. En attendant, voici les trois critères pour valider votre niche.

3 CRITÈRES POUR VALIDER UNE NICHE

Lorsque l'on évalue le potentiel d'un business, on regarde celui de sa niche. Pas celui de son marché ou de son sous marché.

Le business que j'ai développé pendant le confinement était dans le marché de la santé, sous marché des régimes minceur, et la niche des *"femmes qui veulent mincir"*, ma solution étant **le régime cétogène**. Mais pour être certain de me lancer dans ce domaine-là, j'ai dû faire quelques vérifications.

Voici les trois critères qui vont nous permettre d'identifier si notre niche a du potentiel.

▶ **Le nombre** de personnes. Il est presque impossible de connaître ce chiffre avec précision, mais on peut s'en faire une idée. L'une de mes méthodes préférées est de regarder le volume de recherche pour des mots-clés ciblés dans ma niche. Si plusieurs mots-clés ont plus de 1000 recherches par mois, alors c'est largement suffisant pour faire du business.

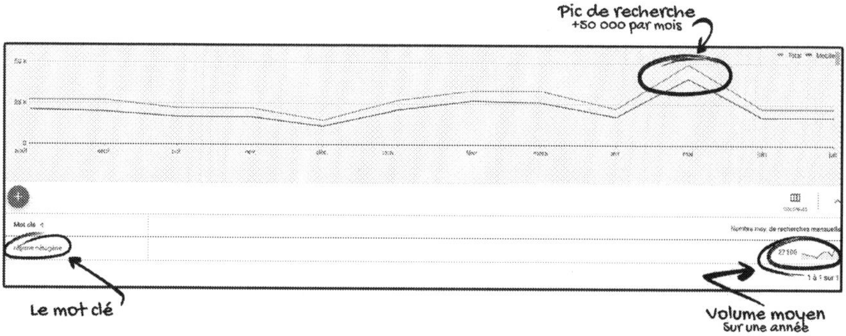

Dans notre exemple, le mot-clé "*régime cétogène*" est recherché plus de 27 100 fois tous les mois en France au moment où j'écris ce livre, avec un pic de recherche à plus de 50 000 au mois de mai de chaque année. C'est plutôt bon signe. Vous pouvez accéder à ces informations avec un compte gratuit Google Ads, dans l'outil *"outil de planification de mot clé"*.

▶ **La tendance** de ce volume de recherche. Même si vous avez en effet un nombre de recherches suffisantes, il est important de voir si ce nombre évolue au fil du temps. Cette tendance peut-être en hausse, stagner ou baisser. L'objectif étant donc de se lancer uniquement sur les secteurs qui évoluent à la hausse ou au pire, qui stagnent.

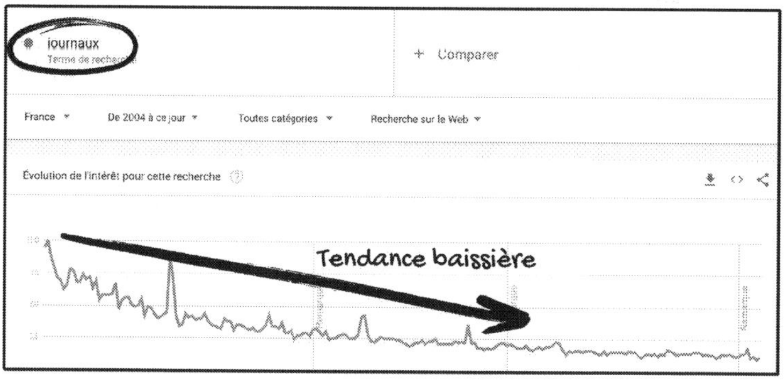

Les *"personnes qui achètent des journaux"* sont encore aujourd'hui une niche importante avec des dizaines de milliers de personnes, elle est cependant vouée à disparaître. Le mot clé *"journaux"* a, en effet, subi une baisse de 89 % depuis 2004 sur Google.

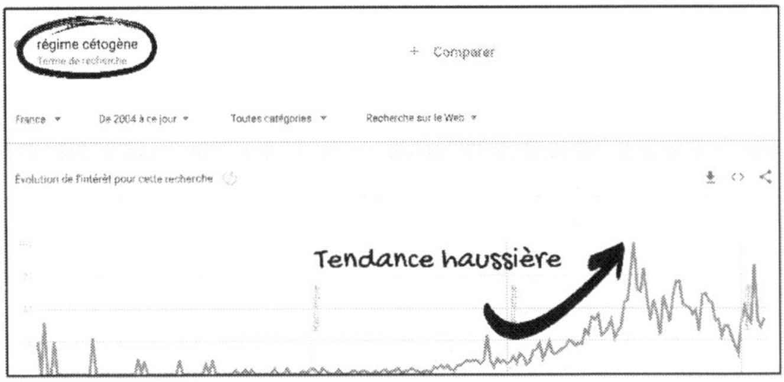

On remarque à l'inverse que le mot clé lié à ma niche devient de plus en plus populaire avec le temps. Pour visualiser la tendance d'un marché, j'utilise l'outil gratuit Google Trends.

► **La concurrence** fait-elle du chiffre d'affaires ? Et si oui comment ? Cela peut paraître contrintuitif, mais s'il n'y a pas de concurrence, c'est un très mauvais signe. Nous voulons nous positionner sur une niche dans laquelle il y a déjà des concurrents qui gagnent de l'argent. Cela montre que des personnes sont prêtes à sortir la carte pour répondre à leurs besoins, et qu'elles ne sont pas intéressées que par du gratuit.

Comme vos clients utilisent peut-être une méthode différente de celle que vous proposez pour atteindre leurs objectifs, vos concurrents peuvent être à la fois directs ou indirects.

Les concurrents directs sont ceux qui sont dans le même domaine que vous. Par exemple, toutes les personnes qui proposent elles aussi des offres dans le domaine du régime cétogène.

Les concurrents indirects s'adressent quant à eux, à la même niche, mais proposent une solution différente. Par exemple, le régime paléo *(concurrent indirect du régime cétogène)*

Il est donc intéressant de s'intéresser à toutes les solutions alternatives auxquelles pourraient faire appel vos clients pour atteindre un même objectif.

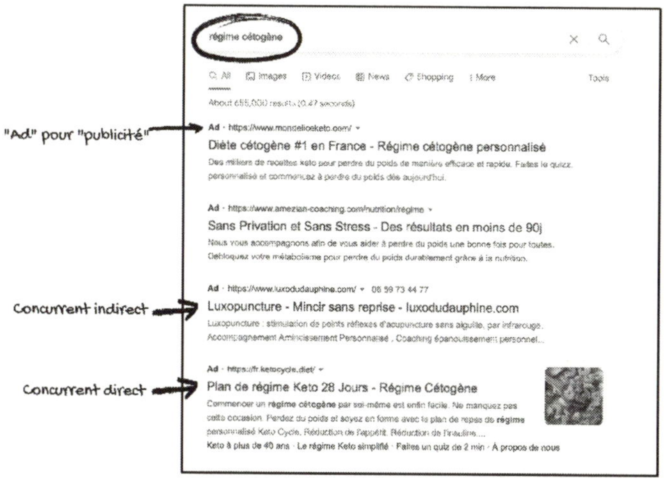

Pour cela, il n'y a pas d'outil miracle. Mettez-vous dans la peau de votre client et faites vos propres recherches. Vos concurrents feront probablement déjà de la publicité dans votre domaine et seront donc faciles à identifier. Si en revanche aucune entreprise n'en fait, c'est mauvais signe. Cela montre qu'ils ne parviennent pas à être rentables et qu'il faudra donc éviter cette niche. Vous pouvez aussi vous rendre sur YouTube, leurs réseaux sociaux, etc. On va simplement chercher le plus de preuves possibles qui pourraient témoigner de leur succès.

N'essayez pas de réinventer la roue, il est beaucoup plus facile de lancer un business dans un domaine déjà concurrentiel que d'essayer de "créer" un besoin qui n'existe peut-être pas.

OU SE CACHENT VOS CLIENTS DE RÊVE ?

L'une des activités de l'entreprise familiale avec laquelle j'ai démarré dans l'entrepreneuriat était la 3D. Nous avions de grosses imprimantes 3D qui faisaient la taille d'une vache et qui pouvaient faire des pièces très précises, et en couleur.

On pouvait même scanner le visage ou le corps d'une personne afin de l'imprimer en 3D. On a donc eu l'idée de proposer ce service à des couples de jeunes mariés. Plutôt que d'avoir des figurines toutes faites sur le gâteau, ils pourraient ainsi avoir leur version d'eux-mêmes en miniaturisée.

Mais, la question était la suivante, **où peut-on trouver des jeunes mariés ?**

Si j'avais voulu faire l'équivalent de ce que font la plupart des personnes qui se lancent aujourd'hui sur Internet, j'aurais eu le réflexe d'imprimer des flyers et de les distribuer au hasard dans la rue. En espérant tomber sur un couple qui prévoit de se marier et qui pourrait être intéressé. Ça risque de prendre énormément de temps et d'être très peu efficace. À la place, on a décidé de réfléchir aux **endroits où ils se trouvaient déjà.**

Plutôt que d'essayer d'aller à eux, laissons-les venir à nous. Et, c'est comme ça que nous avons eu l'idée de devenir exposants dans un salon du mariage. Toute la journée, c'étaient des centaines de personnes voulant se marier qui défilaient devant nous. C'était l'endroit idéal où nous pouvions rencontrer notre "client de rêve".

Eh bien, c'est exactement le même principe pour un business en ligne. Peu importe ce que vous vendez, vos clients de rêve se rassemblent déjà tous à des endroits précis sur Internet. Mais, au lieu d'être une exposition ou un salon, ce seront les abonnés d'une chaîne YouTube, les membres d'un groupe Facebook, d'un Podcast, d'un blog, etc.

Notre rôle est simplement d'identifier ces lieux dans un premier temps, puis de leur faire savoir que nous existons. Pour cela, nous pouvons faire de la publicité gratuite ou payante *(mais nous verrons cette partie en détail dans le chapitre 18 et 19).*

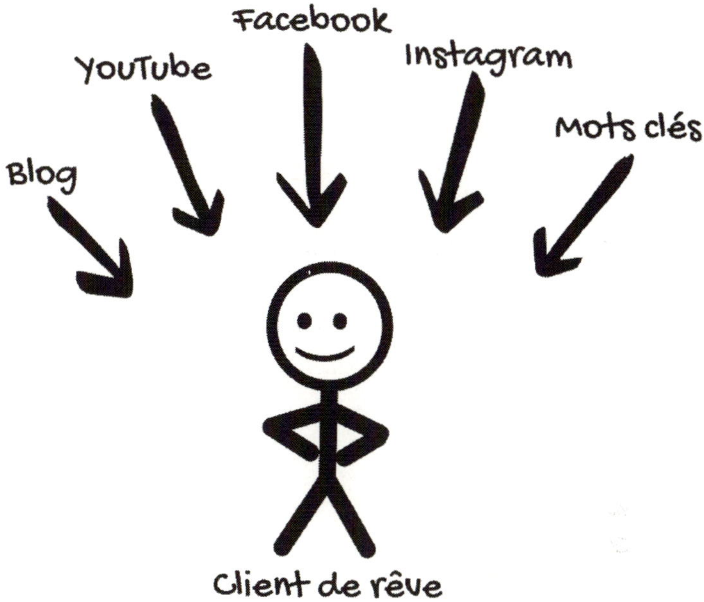

Par exemple, lorsque j'ai développé mon business dans le domaine du régime cétogène, j'ai très rapidement vu qu'il existait des blogs dans ce domaine. Plus tard, cela m'a permis de faire un partenariat avec un blogueur qui m'a rapporté beaucoup d'argent.

J'ai aussi découvert des chaînes YouTube spécialisées dans le cétogène, des influenceurs sur Instagram, et même des groupes Facebook qui ne parlaient que de ça. Toutes des opportunités d'atteindre mes clients de rêve pour leur faire savoir que j'existe et que je peux les aider. J'aime faire un tableau dans lequel je classe le maximum d'endroits où ils peuvent se cacher sur internet. Et c'est après avoir fait cet exercice pour la première fois que je me suis rendu compte qu'il existait en réalité des centaines de façons d'avoir du trafic pour mon business, et que la publicité était loin d'être la seule.

L'autre bénéfice de faire ces recherches est que vous récolterez de précieuses informations sur vos clients de rêve dont on se servira pour le chapitre suivant.

EXERCICE

Apprenez à valider le potentiel de votre niche et identifier où se cachent vos clients de rêve sur Internet.

Étape n°1

Identifiez dans quelle niche vous souhaitez lancer votre business en ligne ou validez celle que vous aviez déjà en tête. Utilisez les trois critères vu dans ce chapitre pour vous assurer de son potentiel.

Étape n°2

Identifiez au moins 10 endroits où peuvent se trouver vos clients de rêve. Cela peut être une chaîne YouTube, un groupe Facebook, un Blog, etc. Faites preuve d'imagination. Vous en aurez besoin pour plus tard.

ALLONS PLUS LOIN ENSEMBLE

Si vous souhaitez que l'on vous aide à choisir et valider votre niche, vous pouvez réserver un appel avec nous en passant par le lien qui se trouve ci-dessous.

Nous avons déjà aidé des centaines de personnes à affiner leur message et parfois même changer complètement l'orientation de leur business.

Réservez votre appel gratuit ici :
digital-selfmade.com/appel

LE SUPER-POUVOIR POUR VENDRE

Tout commença un midi alors que l'on était à table en famille. C'était chez mes parents et nous étions six à la maison. Il y avait ma copine et moi, mon frère et sa copine, mon père et ma mère. Il faisait super beau ce jour-là, on mangeait dehors sur la terrasse et comme on adore débattre à table de tout et de rien, ce jour-là ne faisait pas exception.

Le débat du jour portait sur la différence entre les hommes et les femmes. Je vous laisse imaginer l'ambiance, 3 contre 3. C'était super drôle.

Forcément, comme personne n'arrivait à se mettre d'accord, il nous fallait quelqu'un de neutre pour nous donner son avis. C'est là que mon père s'est souvenu d'un one-man-show qu'il avait vu quelques années auparavant du nom de "*Les hommes viennent de Mars, les femmes viennent de Vénus*" *interprété* par Paul Dewandre, que l'on a donc décidé de regarder tous ensemble le soir même pour clore le débat.

Le moment était venu. Tous assis en ligne, sur le canapé face à la télé. On démarre le spectacle. Si vous l'avez vu, vous savez qu'il montre le point de vue des femmes et celui des hommes afin d'apprendre à mieux se connaître. Plus on avance dans la pièce, plus on a tendance à s'identifier aux exemples qu'il donne.

" *Les hommes ne demandent jamais leur chemin en voiture...*"

"*Les femmes emportent une pile de vêtements énormes pour partir en vacances...*"

"etc..."

Bien sûr ce sont des caricatures, et c'est parfois exagéré. Mais, à votre avis, pourquoi ce spectacle est-il aussi drôle ? Pourquoi a-t-il eu un succès dans le monde entier ?

Parce qu'il y a une part de vérité dans tout ce qu'il dit, et qu'en tant qu'homme ou femme on se reconnaît dans ces situations. Le succès de cette pièce s'explique en réalité par un seul "*superpouvoir*" que vous devez vous aussi développer. La capacité de se mettre à la place des autres *(et surtout de vos clients de rêve)*.

Vous allez leur montrer que vous savez exactement ce qu'ils ressentent, ce qu'ils vivent, ce dont ils ont peur. Lorsqu'ils se rendront compte que vous les comprenez, alors toutes les barrières entre eux et vous se briseront. Ce n'est pas de la manipulation, c'est de l'empathie. C'est cette capacité à entrer dans la tête de vos clients qui constitue le plus important pouvoir de votre marketing.

Si aujourd'hui, vous avez un bon produit, dont vous êtes fier. Et que vous êtes certain qu'il va aider vos clients. Alors, vous **avez l'obligation morale d'en parler le plus possible** autour de vous. C'est la raison pour laquelle je déploie autant d'efforts pour rédiger ce livre. Parce que je sais que les stratégies qui y sont inscrites peuvent changer la vie de beaucoup de personnes. J'ai l'obligation morale de vous dévoiler ce qui fonctionne pour vous permettre de réussir plus vite, et vous faire éviter des erreurs qui pourraient vous coûter très cher en temps et en argent.

Cependant, tous mes efforts seraient réduits à néant si vous n'y voyez même pas l'intérêt de le lire, ou de l'acheter.

Souvenez-vous du jour où vous avez commandé ce livre. Pourquoi l'avez-vous acheté ? Ne vous êtes-vous pas dit qu'il correspondait exactement à ce que vous recherchiez ? Si oui, pensez-vous vraiment que ce soit un hasard ?

Je vais vous le dire, la réponse est non, ce n'est pas un hasard si vous lisez ces lignes.

Vous avez commandé ce livre parce que je sais ce que vous voulez. Je sais également ce dont vous avez peur. Je connais les fausses croyances que vous avez à propos du lancement d'un business. Je ressens toutes les émotions que cela entraîne dans votre quotidien. Je connais tout ça, parce que moi aussi, je suis passé par là. Vous seriez étonnés de voir à quel point les personnes d'un même domaine peuvent penser, réfléchir et ressentir de la même façon.

Lorsque je fais une vidéo sur YouTube, que je rédige une page de vente, que je crée un produit ou que j'écris un livre, **je parle votre langage**. Je m'assure que vous me compreniez. Et c'est pour cette raison que vous avez décidé de me faire confiance en achetant ce livre.

Que vous m'ayez connu sur YouTube, Amazon, dans une publicité ou que sais-je encore, vous avez décidé d'acheter ce livre, car vous pouvez vous identifier à moi ou à son message. D'une manière ou d'une autre, consciemment ou inconsciemment, vous m'avez choisi, car je vous comprends.

N'utilisez pas ce pouvoir dans votre marketing, et vous serez certain d'échouer. Je ne compte plus le nombre de fois où des entrepreneurs viennent me voir en me demandant si leur compte publicitaire est bien réglé, pourquoi personne n'achète leur produit, qu'est-ce qui ne va pas sur leur page de vente ou pourquoi personne n'ouvre et ne clique sur leurs emails.

Quand le problème est en réalité bien plus profond, **leurs clients ne s'identifient pas à eux ou à leur business**.

Mais, bien sûr dans mon cas, c'est évident. Je suis passé par toutes les étapes que vous allez entamer à l'avenir pour réussir votre business en ligne, c'est donc facile pour moi de savoir ce que vous allez vivre et ce que vous ressentez au quotidien.

Mais, comment faire si je lance un business dans un domaine que je ne connais pas, dans lequel je n'ai aucun vécu ?

Laissez-moi vous dire que peu importe d'où vous partez, avec ou sans expérience, il y a trois éléments essentiels que vous devez connaître sur vos clients de rêve. C'est grâce à eux que vous pourrez rentrer dans leur tête afin d'avoir un message impactant auquel ils pourront s'identifier.

DÉVELOPPEZ VOTRE SUPERPOUVOIR

Lorsque j'ai développé mon business sur le régime cétogène, je n'en avais jamais entendu parler auparavant. C'était un régime que je trouvais bizarre, car il consiste à manger gras pour mincir. J'étais à l'époque un jeune homme de 23 ans, qui n'avait pas besoin de mincir. Mes clientes étaient en très grande majorité des femmes de plus de 65 ans qui souffraient de surpoids.

Pourtant, vous n'imaginez pas à quel point mon marketing était puissant. Voici les trois points qui m'ont permis de rentrer dans la tête de mes *"clientes de rêve"*.

▶ **Que veulent vos clients de rêve ?**

Lorsque je pose cette question, la plupart des gens me donnent des réponses évidentes. Dans le domaine de l'immobilier par exemple, les gens me diront : "*ils veulent plus d'argent*". Si je suis dans le domaine de la perte de poids, ils me diront : "*ils veulent perdre du poids*".

Bien que ce soit en effet un objectif, il s'agit d'une *raison de façade* qui cache leurs réelles envies intérieures. Un peu comme la surface émergée d'un iceberg. Ce qu'ils veulent réellement est bien plus profond, mais ce n'est pas le genre de chose que l'on dit à tout le monde. C'est souvent des raisons que l'on garde pour nous.

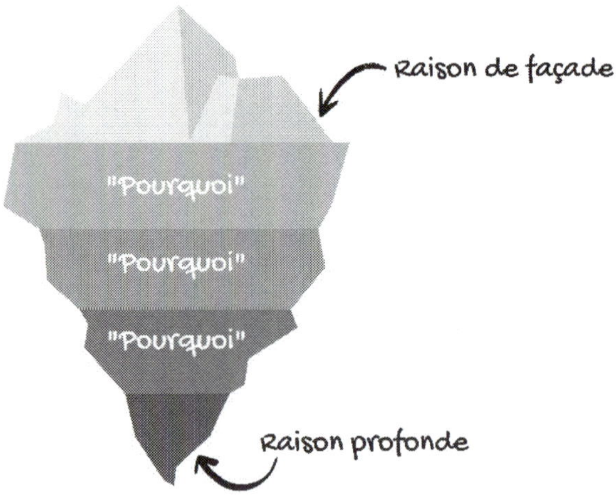

La méthode que j'utilise pour les identifier consiste à se poser trois fois de suite la question "*pourquoi ?*".

La troisième réponse que vous obtiendrez sera la raison la plus puissante qui poussera votre client à travailler avec vous. Voyez l'exemple ci-dessous.

Raison de façade : *"Je veux plus d'argent"*

▶ Pourquoi gagner plus d'argent ?
"Pour être libre financièrement, et ne plus dépendre d'un patron."

▶ Pourquoi être libre financièrement ?
"Car mon travail me demande beaucoup trop de temps, je ne suis pas libre."

▶ Pourquoi devenir libre ?
"J'aimerais pouvoir passer plus de temps avec mes enfants, les voir grandir, les faire voyager, etc."

Raison profonde : *"Je veux passer plus de temps avec mes enfants"*

Boom !

Si vous vous arrêtez à la raison de façade, vous ne mettrez jamais le doigt sur la vraie raison qui poussera vos clients à passer à l'action. Notre exemple montre bien que les gens ne veulent pas plus d'argent, ils veulent ce que l'argent va leur permettre de réaliser dans leur vie. Voilà le secret. Mais, bien entendu, tout le monde n'a pas les mêmes objectifs dans la vie, c'est pourquoi sur l'ensemble de vos clients vous trouverez plusieurs raisons profondes.

Je sais par exemple que si vous lisez ce livre, c'est pour l'une ou plusieurs des *6 raisons* suivantes.

- Vous souhaitez atteindre la liberté *(chacun à sa propre définition)*
- Vous souhaitez passer plus de temps avec votre famille
- Vous souhaitez aider un proche pour lui faire profiter de votre succès
- Vous souhaitez prouver à un proche que vous pouvez réussir
- Vous souhaitez vous libérer du stress et des problèmes liés à l'argent
- Vous souhaitez créer un projet qui a du sens dans votre vie

Comment je le sais ? Car il s'agit des principales raisons profondes qui poussent un entrepreneur à lancer un business en ligne. C'est donc sur celles-ci que je vais concentrer mon marketing.

▶ Quelle(s) situation(s) fuient vos clients de rêve ?

Le problème est que si je vais interpeller quelqu'un dans la rue au hasard, et que je lui demande ce qu'il veut le plus dans la vie, très peu de personnes auront la réponse.

En revanche, si je pose ma question différemment en leur demandant ce qu'ils ne veulent surtout PAS dans leur vie, alors j'obtiendrais probablement une liste très détaillée.

La plupart de gens ne savent pas ce qu'ils veulent, mais très bien ce qu'ils ne veulent PAS.

Bien souvent, la différence entre ce que vos clients vont *vouloir* et ce qu'ils *fuient* est très fine. Le "*je veux plus d'argent*" et " *je ne veux pas être pauvre*" veulent dire la même chose, mais viennent de deux personnes qui pensent différemment.

Ces situations que l'on veut fuir sont issues d'une expérience que l'on a vécue ou que l'on a vu se dérouler dans la vie d'un proche. Et c'est la fuite de cette situation qui sera la source de motivation de la majorité de vos clients pour passer à l'action.

Beaucoup se lancent dans le business en ligne pour fuir la *"Rate Race"* par exemple. Le fait de se lever chaque jour pour faire un travail que l'on n'aime pas, avec un boss sur notre dos et tout ça pour un salaire ridicule. Ils ne savent pas réellement ce qu'ils veulent, mais ils sont prêts à tout pour fuir cette situation qu'ils ne supportent plus.

Dans le cas de mon business sur le régime cétogène, l'une des plus grandes motivations de nos clientes à travailler avec nous, était de fuir cette sensation de ne pas se sentir bien dans leur peau. Le manque de confiance en soi, la *"honte"* de leurs formes, etc.

Tout comme ce que veulent atteindre nos clients, nous voulons identifier les situations qu'ils veulent fuir afin d'adapter notre marketing pour leur montrer que nous les comprenons.

▶ **Ce qu'ils pensent savoir, mais qui est faux.**

Est-ce qu'on vous a déjà dit "*Sort couvert, tu risques d'attraper froid*" ?

Je pense que nous sommes tous d'accord pour dire qu'il vaut mieux mettre une écharpe, un gros pull et une veste quand il fait -5 °C dehors afin *d'éviter de tomber malade*, pas vrai ?

Eh bien, c'est faux. Voici l'extrait d'un article de RTL "*Non, on n'attrape pas froid. Le froid n'est ni une maladie, ni un virus, ni un vecteur de transmission"*.

Dire que si je sors sans écharpe, alors je vais *"attraper froid"* est une *fausse croyance*. En réalité, les virus sont plus à l'aise dans le froid et c'est comme cela que l'on tombe malade. Mettre une écharpe ou un pull n'y changera rien.

Les fausses croyances représentent tout ce que pensent savoir vos clients à propos de votre offre ou de votre solution, mais qui sont complètement fausses.

Le problème, c'est qu'une seule d'entre elles peut suffire pour les convaincre de ne pas travailler avec vous. Elles sont comme des boulets qu'ils traînent à la cheville.

Ce sont des idées bien souvent tellement ancrées dans leur tête qu'ils ne se demandent même pas si elles sont vraies ou fausses. Pour eux, c'est juste un fait. Vous devrez donc les anticiper et répondre à chacune d'entre elles afin de lever toutes leurs barrières mentales.

Au cours des dernières années, j'ai pu noter quatre catégories de fausses croyances.

- **Les fausses croyances en vous, votre entreprise et vos produits**. Il s'agit de l'ensemble des raisons qu'ils pourraient avoir de ne pas vous faire confiance. Cela peut être des fausses croyances du genre : "*Les formations en ligne sont une arnaque*" ou *"Vous ne pouvez pas m'aider"*, etc.

- **Celles à propos de votre *"nouvelle opportunité"***. Nous en reparlerons dans le chapitre suivant, mais notez que cela peut être des fausses croyances du genre "*Je ne pense pas que les Funnels puissent m'aider à réussir sur internet*" ou *"Je ne crois pas que le régime cétogène permet de mincir"*.

- **Celles à propos d'eux, et leur capacité à réussir**. Là, on touche directement la confiance qu'ils ont en eux-mêmes. Cela peut être des fausses croyances du genre "*Je ne suis pas douée avec l'informatique, je ne pourrai pas créer de Funnel*" ou *"Je n'arriverai jamais à mincir, cela fait déjà des années que j'essaye"*.

- **Celles à propos de facteurs extérieurs incontrôlables**. Il s'agit de toutes les situations que vos clients vont anticiper et sur lesquelles ils n'ont aucun pouvoir.

L'exemple le plus parlant, ce sont les impôts. Dans l'immobilier par exemple, on pourrait avoir la fausse croyance du genre "*Si je commence à investir dans l'immobilier, je vais payer beaucoup d'impôts*".
Pour le business en ligne, cela pourrait être "*J'ai besoin de beaucoup de trafic pour vendre*" ou "*La publicité coûte très cher pour développer un business en ligne*".
Enfin, dans le domaine du régime cétogène, cela pourrait être *"Mon mari (ou ma femme) ne me soutiendra pas pour faire ce régime"* ou *"Je vais m'éloigner de mes amis si je ne peux plus sortir avec eux, car je dois me restreindre"*.

Si vous arrivez à prédire toutes les fausses croyances que vos clients pourraient avoir en vous, votre nouvelle opportunité, leurs capacités à réussir ou tous autres facteurs extérieurs incontrôlables, et que vous les *"cassez" (nous verrons comment dans le chapitre suivant)* les unes après les autres, alors ils n'auront plus aucune objection valable de ne pas travailler avec vous.

EXERCICE

Développez votre super-pouvoir en rentrant dans la tête de vos clients de rêve afin d'avoir un marketing impactant dans lequel ils pourront s'identifier.

Étape n°1

Créer un tableau dans Excel ou Google Sheets dans lequel vous allez créer 3 colonnes : *"Je veux"*, *"Je fuis"* et *"Je crois que"*.

Étape n°2

Remplissez les lignes de chaque colonne en y inscrivant au minimum 10 par catégories. 10 raisons profondes d'agir, 10 raisons profondes de fuir et 10 fausses croyances. Vous en aurez besoin pour créer vos publicités, vos emails, page de vente, etc.

ALLONS PLUS LOIN ENSEMBLE

Si vous souhaitez que l'on vous aide à identifier votre client de rêve, vous pouvez vous rendre sur le lien ci-dessous afin de discuter avec une personne de mon équipe pour savoir comment nous pouvons vous accompagner à travers toutes les étapes de votre business en ligne.

Voici le lien pour réserver un appel gratuit :
digital-selfmade.com/appel

VOTRE NOUVELLE OPPORTUNITÉ

Nous étions le 9 septembre 2016. Cela faisait déjà quelques jours qu'Apple avait annoncé la date officielle de sa prochaine Keynote. Je suis un passionné de Tech, et je suis ce que l'on appelle un "Pro Apple". Oui, je suis coupable. J'ai le Mac, l'iPad, la montre, le téléphone, les écouteurs, bref, toute la panoplie.

Les "Keynotes", c'est le nom donné aux présentations qu'Apple fait plusieurs fois par an pour présenter ses nouveaux produits et ses innovations. J'adore regarder chacune d'elles en direct pour faire partie des premiers à découvrir les nouveautés qu'Apple a mis tant d'efforts à garder secret avant ce jour.

Je regardais donc la Keynote sur mon téléphone. Apple présenta le nouvel iPhone 7 qui faisait extrêmement débat. C'était le tout premier iPhone à supprimer volontairement le port Jack pour brancher nos écouteurs. Quand on y pense maintenant, cela paraît tellement loin. Moi-même, j'étais derrière mon écran et je me disais *"Non, vraiment ? Ils ont osé faire ça ?"*.

Mais, quelques minutes plus tard, ils ont dévoilé pour la toute première fois un tout nouveau produit qui allait résoudre ce problème, et changer l'utilisation que l'on fait de nos écouteurs. Les "AirPods".

J'en avais des frissons au moment de l'annonce lorsque toute la salle du *"Steve Jobs Theater"* s'est levée pour applaudir Tim Cook sur scène. Depuis, ce sont des dizaines de milliards de dollars de vente qu'Apple a réalisé uniquement avec ce produit.

En créant les AirPods, Apple a créé quelque chose de différent par rapport à tout ce qui existait. Ils ont créé ce que l'on appelle une **nouvelle opportunité.**

POURQUOI CRÉER UNE NOUVELLE OPPORTUNITÉ

Pour le comprendre, vous devez prendre conscience que vos clients se trouvent à un point A *(leur situation actuelle),* avec pour objectif d'atteindre un point B *(leur situation désirée)*. Et, qu'entre ces deux points, il y a tout un stade d'obstacles par lesquels ils doivent passer.

Le fait est que vous n'êtes probablement pas la première personne à qui la majorité de vos clients ont demandé de l'aide pour passer de ce point A à B. Ils ont donc déjà essayé par le passé, mais sans succès.

Si vous avez attiré leur attention, qu'ils lisent vos e-mails, regardent vos vidéos, consomment vos pages de vente, etc. **C'est qu'ils n'ont toujours pas trouvé la solution qui fonctionne pour eux**, et ce n'est pas faute d'avoir essayé.

Ils ne veulent pas quelque chose de comparable à ce qu'ils ont déjà fait, ils veulent quelque chose de complètement nouveau pour arriver à leur objectif.

Pour une raison évidente, lorsque l'on a essayé quelque chose qui n'a pas fonctionné par le passé, on souffre de la peine qui est associée à cet échec. Nous n'avons plus confiance en la méthode que nous avons essayée. Notre vécu nous a appris que ce n'était pas si *"simple que ça"* et l'on se met alors à chercher une autre solution qui nous correspondrait plus.

Grâce à une nouvelle opportunité, nous leur offrons une nouvelle chance d'y arriver avec une méthode qu'ils n'ont encore jamais essayée.

Notre but n'est pas d'améliorer ce qui ne fonctionne pas pour eux, mais de le remplacer par une toute nouvelle opportunité.

Par exemple, ce livre ne vous apprend pas comment faire un site internet plus rapide ou plus performant. Vous avez probablement déjà essayé, et ça n'a pas fonctionné. Au contraire, je vous dis d'abandonner les sites et de faire un Funnel à la place. **Les Funnels sont ma nouvelle opportunité.**

Tout comme je ne dis pas à mes clientes qui veulent perdre du poids comment faire de meilleurs mouvements à la salle de sport. Au contraire, je leur montre qu'il existe une nouvelle solution qui permet de mincir sans efforts, et qu'il s'agit du "régime cétogène".

Afin d'identifier votre nouvelle opportunité, vous devez définir le point A, le point B et les obstacles qu'ont rencontrés vos clients par le passé.

▶ **Le point B.** Quel résultat vos clients cherchent-ils à atteindre ? Est-ce plus d'argent ? Moins de kilos sur la balance ? Il peut également y en avoir plusieurs.

Dans mon business sur le régime cétogène par exemple, il s'agissait principalement de femmes qui voulaient perdre du poids, afin de retrouver confiance en elles, se sentir belle et avoir une meilleure santé physique.

Ou concernant les lecteurs de ce livre, vous cherchez probablement à atteindre la liberté financière, géographique et temporelle. Avoir plus de clients, plus de succès, créer un business dont vous pouvez être fier, etc.

▶ **Le point A.** Réfléchissez à présent à toutes les autres solutions que vos clients ont pu essayer par le passé pour atteindre cet objectif, mais sans succès.

Toujours dans mon business sur le régime cétogène, j'ai remarqué que mes clientes avaient essayé le sport en salle, de réduire les calories, de consommer des repas déshydratés spécial minceur, le régime paléo, etc.

La majorité des clients que j'accompagne pour développer leur business ont par exemple essayé tout un tas de business model pour gagner de l'argent sur internet ou obtenir de nouveaux clients. Que ce soit la création d'un blog sans aucune visite, du contenu sur les réseaux sociaux sans personne qui le voit, de la publicité en ligne qui n'est pas rentable, etc.

▶ **Les obstacles.** Parmi tout ce qu'ils ont essayé par le passé, quels sont les obstacles qui les ont empêchés de réussir ? Notez que cela peut être lié à une situation qu'ils veulent fuir ou une fausse croyance.

Mes clientes dans le régime cétogène par exemple n'arrivaient pas à perdre du poids sur la durée et finissaient toujours par reprendre les kilos qu'elles avaient perdus. Le fait de se restreindre à manger des aliments souvent fades les faisaient finir par craquer.

Concernant les personnes voulant réussir sur internet, elles sont confrontées à la sur-information. Elles ne savent pas qui écouter et qui croire. Elles manquent de soutien et se sentent seules derrière leur ordinateur. Je pourrais continuer comme ça pendant longtemps.

▶ **Définissez une nouvelle opportunité.** Maintenant que vous avez tous les éléments en votre possession, réfléchissez à la nouvelle opportunité que vous pouvez leur apporter pour atteindre le point B, tout en évitant les obstacles sur le chemin.

Nous proposions par exemple à nos clientes de mincir rapidement sans se priver tout en mangeant les aliments gras qu'elles préfèrent, grâce au régime cétogène. Ma nouvelle opportunité étant *"le régime cétogène"*. C'est nouveau, c'est différent.

La nouvelle opportunité de ce livre, ce sont les Funnels face à tout ce que vous avez pu essayer par le passé et qui n'a pas fonctionné pour développer un business en ligne à succès. Vous comprendrez pourquoi c'est si différent au cours des prochains chapitres de ce livre.

AVOIR UN MESSAGE POLARISÉ

Ce qui nous amène à la puissance d'un message polarisé. C'est-à-dire de **prendre parti pour une solution**, et de jeter des pierres sur toutes les autres. Un peu comme si vous faisiez de la politique. Vous ne pouvez pas plaire à tout le monde. Et si vous cherchez à le faire, alors personne ne se reconnaîtra dans votre message.

N'ayez pas peur d'affirmer votre opinion pour attirer comme un aimant les gens qui pensent comme vous, tout en faisant fuir ceux qui ont un avis contraire.

J'ai compris l'importance de la polarité de son marketing, lorsque j'ai commencé à l'appliquer dans mes vidéos YouTube et mes publicités. L'espace commentaire s'est vite transformé en arène. D'un côté les *"Haters"* qui venaient me critiquer et de l'autre, des personnes qui pensaient comme moi et se battaient pour me défendre. Avoir un message polarisé, et la seule manière de transformer un client en **fan**.

De plus, et bien que l'on en reparlera dans la section IV de ce livre dédié au trafic, il vous suffit de convaincre seulement 3% de votre niche pour avoir un business à plusieurs millions d'euros. Je m'explique.

Une publicité en ligne est dite performante lorsque seuls 3% des gens à qui elle est montrée cliquent dessus. Notez que la publicité de vos concurrents sera montrée aux mêmes personnes, et qu'elle aussi peut atteindre les 3% de cliques. Mais, comme vos messages à cette même audience seront différents, ce ne seront pas les mêmes personnes qui se cachent derrière ces 3%.

Autrement dit, en ayant un message polarisé, vous attirez les 3% de votre marché qui pensent déjà comme vous. Vos concurrents se partageront les 97% restants en essayant eux aussi de trouver leur propre 3%.

Voilà pourquoi il y a de la place pour tout le monde, et que pour imposer la vôtre, vous devez avoir un avis tranché.

La pire erreur serait d'essayer de plaire à tout le monde pour qu'au final personne ne puisse réellement s'identifier à vous.

VOTRE OFFRE VS NOUVELLE OPPORTUNITÉ

L'une des confusions que je remarque le plus souvent est de comprendre la différence entre votre offre et votre nouvelle opportunité.

La nouvelle opportunité pourrait avoir comme synonyme : nouvelle approche, tactique, stratégie, etc. Il s'agit d'une nouvelle méthode pour atteindre un objectif.

Votre offre en revanche, c'est ce que vous vendez. Il peut s'agir d'un produit physique, digital, d'une formation, d'un coaching, etc. Elle a un nom et un prix.

Votre offre est ce qui permet de mettre en œuvre votre nouvelle opportunité. Si ma nouvelle opportunité est par exemple le régime cétogène, alors mon offre est un programme minceur.

Elles sont indissociables, car avant d'acheter votre offre, vous devez d'abord convaincre votre client que c'est de votre nouvelle opportunité qu'il a besoin pour atteindre son objectif. C'est pourquoi vous n'avez pas une, mais deux ventes à réaliser.

▶ **Vendre votre nouvelle opportunité.** Elle doit être perçue comme la seule approche valable pour atteindre les résultats souhaités de vos clients, comparée à toutes celles qui n'ont pas marché par le passé.

▶ **Vendre votre offre.** Si votre client est convaincu que votre nouvelle opportunité est la seule qui lui permettra de réussir, alors votre offre devient la suite logique pour la mettre en œuvre.

Avant de vendre mon programme dans le régime cétogène par exemple, je devais m'assurer que les personnes voyaient ce régime comme la meilleure solution pour mincir.

Si j'arrivais à les convaincre, alors mon programme minceur cétogène était une évidence.

Si je veux vendre un coaching pour vous apprendre à investir dans l'immobilier locatif par exemple, je dois d'abord m'assurer que vous êtes convaincus que l'immobilier locatif est ce dont vous avez besoin pour atteindre votre objectif.

En réalité, 80% de vos efforts doivent être investis pour vendre votre nouvelle opportunité dans le but de faciliter au maximum la vente de votre offre. Vous découvrirez comment le faire grâce aux Funnels présents dans ce livre.

CASSER UNE FAUSSE CROYANCE

Comme il s'agit de quelque chose de nouveau pour eux, vos clients auront tout un tas de fausses croyances en ce qui concerne votre nouvelle opportunité. Chacune d'entre elles peut être une raison de ne pas croire en cette nouvelle solution. C'est pourquoi il faut les traiter une par une afin de leur faire changer d'état d'esprit.

Avant de comprendre comment casser une fausse croyance, il faut savoir comment elles se sont formées.

À l'origine, elles viennent de souvenirs, d'histoires qui se sont déroulés dans la vie de votre client ou de celle d'un proche. Voici quelques exemples.

Histoire : Quand j'étais petit, je suis tombé de vélo.
Fausse croyance créée suite à cela : Le vélo est dangereux.

Histoire : J'ai déjà acheté une formation en ligne et j'ai été déçu.
Fausse croyance crée suite à cela : Les formations, c'est de l'arnaque.

Histoire : Seules les personnes fortunées de ma famille ont investi dans l'immobilier.
Fausse croyance créée suite à cela : Pour investir dans l'immobilier, il faut déjà avoir de l'argent.

Quand on comprend comment se forment les fausses croyances, on se rend compte qu'il n'y a pas qu'une version de la réalité. Chacun d'entre nous en a sa propre interprétation en fonction de ce qu'il s'est passé dans sa vie. Votre rôle est donc de changer la réalité de votre client en lui transmettant la vôtre.

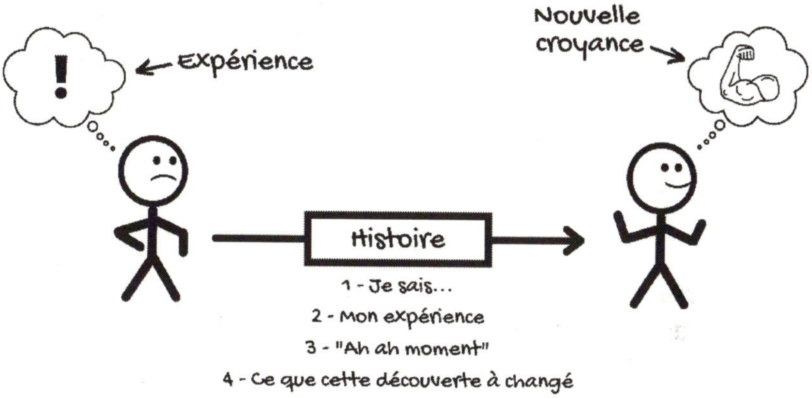

Rien de mieux qu'une histoire pour lui faire avoir des "*Ah ah moment*" afin d'y parvenir. Voici le script à suivre en quatre étapes pour casser une fausse croyance à l'aide d'une histoire.

1 - **"Je te comprends".** Montrez que vous étiez comme eux, que vous aviez la même fausse croyance.

Exemple : Moi aussi j'ai été déçu par la toute première formation que j'ai achetée sur internet.

2 - **"J'ai vécu la même chose".** Partagez l'expérience que vous avez vécu et qui a ancré cette fausse croyance en vous.

Exemple : Le problème est que je n'avais jamais de réponse à mes questions par email, ni nulle part. J'avais payé une formation, mais je me sentais seul et avancer sans aide était trop difficile pour moi qui commençais. J'avais l'impression de m'être fait arnaquer. Il me manquait quelque chose, mais je ne savais pas quoi.

3 - **"Mon ah ah moment".** Quel *"ah ah moment"* avez-vous eu, et qui vous a permis de changer d'état d'esprit.

Exemple : J'ai participé à un mastermind à la fin duquel on nous a proposé une offre pour une formation avec un coaching. Je n'étais pas certain d'en avoir besoin, mais je me suis quand même lancé. Ça a été le jour et la nuit. Chaque semaine, je pouvais poser mes questions en direct au formateur. Je pouvais également assister aux réponses faites par les autres membres qui posaient des questions auxquelles je n'avais même pas pensé. C'était un peu comme avoir un professeur qui prend le temps d'être certain que chacun de ses élèves ont bien compris la leçon.

4 - **"Ce qui a changé".** Partagez votre nouvelle croyance.

Exemple : C'est là que j'ai compris que le problème ne venait pas de la formation elle-même, mais d'un manque d'accompagnement. Car chacun a des questions qui lui sont propres, et qui ne sont pas forcément les mêmes que les autres. Et, c'est en ayant réponse aux miennes que j'ai pu réussir.

J'imagine que vous avez très rapidement identifié à quelle fausse croyance j'ai répondu. Mais, voici comment en quatre étapes, cette simple histoire peut dissuader n'importe qui d'acheter une formation qui n'aurait pas de coaching, tout en **brisant la fausse croyance que les formations sont de l'arnaque**.

EXERCICE

Réfléchissez à votre nouvelle opportunité et à toutes les fausses croyances que votre client de rêve pourrait avoir en elle.

Étape n°1

Définissez le point A, le point B et les obstacles que vos clients pourraient avoir pour atteindre leur objectif désiré. Réfléchissez ensuite à votre nouvelle opportunité pour atteindre ce qu'ils veulent tout en évitant les obstacles du passé.

Étape n°2

Identifier toutes les fausses croyances que vos clients de rêve pourraient avoir en votre nouvelle opportunité avant de réfléchir à une histoire rapide qui pourrait casser chacune d'entre elles.

ALLONS PLUS LOIN ENSEMBLE

La nouvelle opportunité est le pilier de votre business. C'est l'idée sur laquelle va s'appuyer tout votre marketing, et elle peut parfois être difficile à identifier.

Définir la mauvaise est souvent la cause de l'échec de bon nombre de business sur internet. Si vous souhaitez avoir notre aide pour définir clairement votre nouvelle opportunité, vous pouvez réserver votre appel en vous rendant sur le lien ci-dessous afin que l'on discute de votre projet ensemble :

digital-selfmade.com/appel

LES FONDATIONS D'UNE OFFRE À 1 MILLION

Nous étions en juillet 2021, j'étais sur le balcon de mon appartement sous le soleil du matin, au téléphone avec une Américaine pour discuter de mon business, et comment leur entreprise allait pouvoir m'aider à grandir.

C'était en réalité moi qui les avais contactés pour avoir accès à des informations dont j'avais besoin. J'étais dans la situation où j'avais déjà de très bons résultats avec mon entreprise, mais je déteste stagner. Ce que je voulais, c'était la clé pour passer au niveau supérieur.

Souvenez-vous du chapitre précédent, je me trouvais à un point A avec l'envie de passer à un point B. Mais il me manquait des informations pour y arriver, j'avais conscience qu'il y avait des choses que "*je ne sais pas que je ne sais pas*", et des problèmes sans solution.

Alors qu'elle commençait à me détailler leur programme d'accompagnement, j'ai très rapidement compris que la réponse à tous mes problèmes s'y trouvait. J'avais l'impression d'être compris, d'être au bon endroit, d'avoir trouvé la solution adaptée à moi. J'étais conquis.

Je lui ai alors demandé le prix, et c'est plein d'assurance qu'elle m'annonça d'une voix très douce la somme de 10 000 dollars.

Sur le moment, je ne savais pas trop quoi dire. Un blanc s'est alors imposé dans l'appel pendant près d'une minute entière, ce qui semble être une éternité au téléphone. Mais, j'ai finalement fini par dire "*Let's go, I'm in*".

Environ une heure après cet appel, je faisais un virement de $10 000 cash avec l'espoir de pouvoir enfin lever le voile flou qui m'empêchait d'avancer. Et, vous savez quoi, ça a été l'une des meilleures décisions que j'ai prises de ma vie.

Elle m'avait fait une offre tellement irrésistible, qu'il aurait été stupide de ma part de la refuser. C'est exactement ce que je vais vous apprendre à faire dans ce chapitre. Mais, avant ça, j'aimerais émettre un avertissement. S'il vous plaît, n'utilisez jamais les secrets que vous allez découvrir dans ces quelques pages avec une mauvaise intention.

Leurs applications peuvent littéralement vous permettre de vendre n'importe quoi à n'importe qui. Ne vendez pas de la m*rde et créez un business éthique qui aide réellement vos clients. Ceci étant dit, commençons.

LA PROMESSE DE VOTRE OFFRE

Toute offre irrésistible qui se respecte a pour objectif de mener vos clients vers un objectif précis. Voici la formule que j'utilise dans chacun de mes business afin de le déterminer.

J'aide ***(ma niche)*** *à atteindre* ***(résultats désirés)*** *sans* ***(anciennes solutions)*** *grâce à* ***(ma nouvelle opportunité)****. Mon offre* ***(nom de votre offre)*** *permet d'aider mes clients à atteindre cet objectif.*

▶ Exemple #1 - Mon programme d'accompagnement Funnels Club

J'aide *les personnes qui veulent lancer une entreprise sur Internet*, à atteindre les *10 000€ par mois (et plus)* sans *être technique ni créer de site internet* grâce aux *Funnels*. Mon offre *Funnels Club* permet d'aider mes clients à atteindre cet objectif.

▶ Exemple #2 - Mon business sur le régime cétogène

J'aide *les femmes qui veulent mincir*, à *perdre 2 kilos par mois jusqu'à leur objectif final* sans *se priver de manger ce qu'elles aiment* grâce *au régime cétogène*. Mon offre *Le challenge cétogène de 30 jours* permet d'aider mes clients à atteindre cet objectif.

Adaptez là à votre propre business, cela vous permettra d'avoir beaucoup plus de clarté chaque fois que vous devrez créer une publicité, écrire une page de vente, un email ou toute autre action marketing dans votre business en ligne.

DU PROBLÈME À LA SOLUTION

Lorsque j'étais petit, ma mère nous a inscrit mon frère et moi à des cours de piano. Comme un piano coûte cher et prend de la place, on devait aller au domicile de notre professeur de piano qui en avait un dans son salon. Il fallait se déplacer chaque mercredi et cela m'empêchait de faire les autres activités qu'un enfant adore.

Aller voir ses amis, jouer aux jeux vidéos, etc. Nous avons donc fini par abandonner quelques mois après nous être lancés.

Quelques années plus tard, j'ai voulu m'essayer à la guitare. J'en ai demandé une pour mon anniversaire, et cette fois-ci, je n'ai pas fait la même erreur.

J'ai décidé de trouver un professeur qui se déplace à domicile. J'avais résolu le principal problème qui m'avait fait abandonner la musique, mais cette fois-ci il y en avait un autre. Le solfège.

La méthode de ce professeur consistait à apprendre les accords par cœur. À cette époque, j'étais au collège et je n'avais pas envie d'avoir d'autres *"cours"* après les cours. J'ai donc une fois de plus abandonné.

J'ai tant bien que mal essayé par la suite d'apprendre par moi-même, en prenant des cours en ligne. Il s'agissait de vidéos préenregistrées qui montraient comment jouer une musique à la guitare étape par étape.

C'était génial, et ça a fonctionné au début. Mais, très rapidement, c'est la solitude qui me gagna. Je n'avais personne avec qui discuter de cette passion, personne à qui montrer mes progrès. J'ai donc une fois de plus abandonné, ranger la guitare au grenier, et n'y ai plus jamais retouché depuis.

Vous comprenez bien que ce n'est pas la passion qui me manquait, ni l'envie d'atteindre cet objectif de pouvoir jouer une musique à la guitare.

Mais l'incapacité de trouver une solution à mes problèmes.

Si à l'époque on m'avait proposé une offre qui me permettait de jouer sans avoir à me déplacer, sans apprendre le solfège par cœur tout en faisant partie d'un groupe d'entraide pour me faire de nouveaux amis passionnés de musique eux aussi, alors j'aurais sauté dessus sans hésiter.

Voilà comment rendre une offre irrésistible : **trouver une solution à tous les problèmes de vos clients dans leur quête d'atteindre leur but.**

Si vous êtes dans la capacité de montrer à vos clients que dès l'instant où ils achètent votre offre alors tous leurs problèmes s'envolent, ils n'auront donc plus aucune objection à travailler avec vous. J'ai bien dit **tous leurs problèmes**. Voici dans quel ordre procéder pour y parvenir.

▶ Étape 1 - Identifier leurs problèmes

Mettez-vous dans la peau de votre client, et identifiez tous les problèmes qu'il rencontre et rencontrera pour passer du point A *(situation actuelle)* au point B *(Objectif)*.

Il n'y a pas de limite aux problèmes que vous pouvez trouver, laissez donc parler votre imagination.

Exemple #1 - Les problèmes pour créer un business en ligne à succès

a. Je n'ai pas beaucoup d'argent pour me lancer.
b. Je n'ai pas d'idée pour trouver ma niche.
c. Je ne suis pas technique.
d. Etc.

Exemple #2 - Les problèmes pour mincir

a. Quand je perds du poids, je finis toujours par le reprendre.
b. Je n'aime pas me priver de manger ce que j'aime.
c. Les aliments sains sont fades, sans saveurs.
d. Etc.

Notez que dans ces exemples, chacun des problèmes que nous avons listés peut être une bonne raison pour votre client de ne PAS acheter votre offre.

▶ **Étape 2 - Les “comment” à leurs problèmes.**

En partant des problèmes de vos clients, apportez-y une solution via un “comment” à chacun d’entre eux. Il s'agit de tous les éléments qui composent votre offre, et qui peuvent se présenter sous trois catégories.

- Cela peut être des **outils** qui ont pour objectif de faciliter les efforts de vos clients dans l’atteinte de leurs objectifs et de leur permettre d’aller plus vite.
- Ou de **l'information** sous forme de vidéo, d'audio et tout autre format permettant de leur apporter les connaissances dont ils ont besoin pour atteindre leur objectif.
- Pour finir, il peut également s'agir d'un **support** pour les soutenir ou les accompagner.

Votre offre n'est pas nécessairement obligée de contenir des éléments dans ces trois catégories, mais cela ne lui fera pas de mal.

Lorsque je réfléchis à une nouvelle offre, j'aime trouver une solution au problème de mes clients en leur apportant à la fois des outils, les informations dont ils ont besoin et le support adapté.

Prenons l'exemple ci-dessous de deux offres. Funnel Club, qui aide les entrepreneurs à créer un business en ligne à succès via la création d’un Funnel, et mon business sur le Régime Cétogène qui aident les femmes à mincir.

FUNNEL CLUB - "COMMENT" ATTEINDRE +10 000 € / MOIS SUR INTERNET		
Informations	Outils	Support
• *Formation valider sa niche* • *Formation création d'offre* • *Formation Funnel* • *Formation Trafic et Publicité* • *Formation Copywriting*	• *Thème de Funnel* • *Scripts copywriting* • *Analyse de Funnels* • *Fiche exercices*	• *Support technique vidéo* • *Coaching hebdomadaire* • *Groupe de Chat*

RÉGIME CÉTOGÈNE - "COMMENT" PERDRE DU POIDS SANS SE PRIVER		
Informations	Outils	Support
• *Guide et astuces vie perso* • *Guide et astuces pour mincir*	• *Plan de repas 30 jours* • *150 recettes* • *Listes des courses*	• *Groupe communautaire* • *Nutritionniste*

Comme vous pouvez le voir, chaque problème que nous avions énoncé dans la première étape, dispose à présent d'une solution qui est incluse dans notre offre.

On commence à se rapprocher de plus en plus d'une offre irrésistible, et vous commencez peut-être à remarquer la différence entre vendre un produit, et une offre.

Un produit n'est qu'un seul des éléments que nous avons cités au-dessus, alors qu'une offre correspond à l'ensemble d'entre eux.

▶ Étape 3 - Les "bénéfices" des "comment".

Vous devez savoir que vos futurs clients se moquent complètement des caractéristiques de ce qu'ils vont acheter. Ce qui les intéresse vraiment, c'est ce que chacun de ces éléments leur apporte comme bénéfice.

Si je veux acheter un nouveau téléphone par exemple, peu m'importe de savoir le nombre de pixels de l'écran, où la résolution de l'appareil photo, et même la dernière technologie sans fil qu'il utilise pour se recharger.

Ce qui m'intéresse, c'est de savoir que les photos sont belles, qu'il se recharge rapidement, et que la qualité de l'écran le rend agréable à utiliser.

L'erreur serait de faire une liste des caractéristiques de votre offre, comme pour un Iphone dans cet exemple :

- *Écran Retina HD*
- *LCD Multi Touch panoramique de 4,7 pouces*
- *Résolution de 1 334 x 750 pixels à 326 ppp*
- *Contraste 1 400:1 (standard)*
- *Affichage True Tone*
- *Large gamme de couleurs (P3)*
- *Haptic Touch*

Franchement, qui en a quelque chose à faire de connaître le contraste de son écran de smartphone ? Et puis qu'est-ce que ça veut dire 1400:1 ? Et True Tone ? Il dispose aussi de 326 pixels par pouce, mais qu'est-ce que j'y connais en pouce et en pixel moi ?

Se contenter du "Comment" pour décrire votre offre à votre client reviendrait à faire une liste de ce genre. Vous citez simplement ses caractéristiques. Pour en extraire les bénéfices, il suffit simplement de suivre la formule suivante :

(Élément de votre offre) pour **(Son bénéfice)**

C'est aussi simple que cela. Le **POUR** vous force à extraire le bénéfice de chaque élément de votre offre. Et c'est ce bénéfice qui donnera envie à vos futurs clients d'acheter.

Exemple : Comment atteindre +10 000 € par mois sur internet

a. Une formation de validation de niche **POUR** supprimer tous les doutes que vous pourriez avoir sur votre marché et valider le potentiel de votre business en ligne.
b. Une formation à la création d'offres **POUR** créer une offre si irrésistible que personne ne pourra la refuser.
c. Une formation aux Funnel **POUR** apprendre à créer un Funnel vous permettant de tripler votre profit 100% automatisé, en moins de 10 min.

Exemple : Régime cétogène - Comment perdre du poids sans se priver

a. Un plan de repas sur 30 jours **POUR** adapter votre régime au quotidien tout en vous faisant plaisir afin de ne pas vous lasser.
b. Des guides d'astuces de vie perso **POUR** garantir le succès de votre régime tout en continuant de sortir, boire et manger avec vos amis et la famille.
c. L'accompagnement d'un nutritionniste **POUR** personnaliser votre régime à vos envies, besoins, style de vie et état de santé.

Noter que si vous n'arrivez pas à trouver une raison vraiment intéressante pour votre client à l'élément que vous vouliez rajouter dans votre offre, c'est qu'il est peut-être préférable de ne pas l'inclure.

Une bonne offre n'est pas à propos de mettre tout ce que l'on peut, c'est de **faire la sélection de ce qui est uniquement essentiel.**

Félicitations, vous avez désormais la base d'une offre irrésistible qui vous permettra de répondre à tous les problèmes de vos clients dans l'objectif de les amener vers leur situation désirée.

Il nous reste maintenant à la valoriser. Par là j'entends fixer un prix et augmenter sa valeur perçue. C'est ce que nous allons voir dans le chapitre suivant.

EXERCICE

À présent, c'est à votre tour de réfléchir aux fondations de votre future offre à 1 million.

Étape n°1

Réfléchissez à la promesse que votre offre va faire à vos futurs clients en vous basant sur la formule de ce chapitre.

Étape n°2

Listez tous les problèmes que vos clients pourraient rencontrer vers l'atteinte de leurs objectifs. Puis lister une solution pour chacun d'entre eux. Enfin, définissez le bénéfice de cette solution pour votre client.

ALLONS PLUS LOIN ENSEMBLE

Si vous pensez avoir besoin de notre aide pour créer votre offre irrésistible ou la valider, alors vous avez la possibilité de discuter avec une personne de mon équipe pour voir comment nous pouvons travailler ensemble pour aller plus loin.

Voici le lien pour réserver votre appel gratuit :
digital-selfmade.com/appel

Aider des entrepreneurs à bâtir une offre, fixer un prix, et la vendre est ce que nous faisons tous les jours dans notre entreprise. Peu importe que vous soyez dans le domaine du coaching, de la formation, de l'e-commerce, du marketing de réseau, de l'affiliation, ou tout autre business physique. Nous saurons vous aider.

RENFORCEZ LA VALEUR PERÇUE DE VOTRE OFFRE

C'était un magnifique jour de janvier, il était environ 8 h 00 du matin lorsque j'ai pris la voiture pour me rendre à un Mastermind dans un magnifique hôtel sur les rives du lac Léman, à Montreux en Suisse.

Après avoir fait un léger demi-tour d'une heure parce que j'avais oublié mon ordinateur chez moi, je suis enfin arrivé sur les coups de 10 h 20 avec quelques minutes de retard.

Ce qui me mettait dans une situation très inconfortable du fait que je suis habituellement quelqu'un de ponctuel. Comme je faisais partie des derniers, il ne restait qu'une place au fond de la salle. Directement face au tableau et l'estrade sur laquelle se trouvaient les organisateurs. Je me suis donc faufilé au fond pour m'asseoir.

J'avais payé à l'époque environ 2 500 € pour me retrouver là. Mon objectif étant de toujours enrichir mes connaissances pour faire croître mon business en ligne. Il s'agissait d'un événement sur 2 jours pendant lequel je pourrais tisser des relations avec d'autres entrepreneurs, poser mes questions, et apprendre de nouvelles stratégies à implémenter dans cette nouvelle année qui commençait à peine.

À la fin de cette première journée, mon cerveau était bouillant et je n'avais qu'une envie, c'était d'appliquer tout ce que j'avais découvert. Il était près de 18 h 00 lorsque l'un des organisateurs a demandé à un participant de fermer la porte qui se trouvait derrière lui.

Une fois fait, un silence complet s'est installé dans la pièce. On pouvait entendre les chaises se balancer, le clic des stylos retentir, et les personnes qui tapaient sur le clavier d'ordinateur.

L'organisateur demanda l'attention de tout le monde, d'arrêter ce que nous étions en train de faire et de l'écouter. Il disposa un tableau blanc au milieu de l'estrade, pris son feutre dans les mains et nous annonça qu'il avait une offre à faire à tous les participants.

C'est là qu'il commença à détailler son offre élément par élément.

Il prit son feutre et inscrivit sur le tableau *"Mastermind au Maroc"*.

Une fois fait, il nous expliqua à haute voix qu'il s'agirait d'un événement sur 2 jours en immersion entre entrepreneurs. Il se retourna à nouveau vers le tableau et y inscrivit une valeur de plusieurs milliers d'euros.

Après quoi il sauta une ligne, et écrivit *"3 mois de coaching"*. Il nous expliqua qu'il s'agissait d'un accompagnement sous forme de visioconférence avec lui une fois par semaine pour faire un point régulier sur notre business. Il valorisa à nouveau cet accompagnement à plusieurs milliers d'euros.

Ce n'était pas fini, il continua à détailler son offre étape par étape en y inscrivant une valeur en face de chaque nouvel élément.

Je ressentais au plus profond de moi que c'était exactement ce dont j'avais besoin, mais plus la valeur augmentait, plus mon cœur s'accélérait. Il y avait comme une pression, un stress au niveau de ma cage thoracique au fur et à mesure que je voyais les lignes sur le tableau s'ajouter. C'était un mélange de peur et d'excitation !

Une fois terminé, il inscrivit enfin la valeur totale de cette offre, c'est-à-dire l'addition de tous les éléments qui se trouvaient sur le tableau. Avec un stylo d'une autre couleur, il marqua tout en bas de la liste une somme totale à 5 chiffres.

Et, avant que nous ayons le temps de trouver une solution à comment nous allions pouvoir nous offrir un tel accompagnement, il nous précisa immédiatement que ce n'est pas le prix que nous allions payer. Il avait une offre spéciale à nous faire, car nous étions ici.

Il barra alors la valeur totale, et inscrivit à la place la somme de 7000 € qui paraissait presque ridicule en comparaison.

Lorsqu'il nous a enfin donné le lien pour nous inscrire, je suis immédiatement monté dans ma chambre d'hôtel afin de prendre ma carte bancaire et payer cash.

Il s'agissait d'une somme gigantesque pour moi à l'époque, tellement que ma main tremblait au moment de mon inscription. C'était presque tout ce que je possédais, l'épargne d'années d'effort à faire décoller mon business en ligne tant bien que mal. Mais alors, qu'est-ce qui a fait que j'ai eu la sensation de faire l'affaire du siècle pour une offre à un prix aussi élevé ? Le secret réside dans la balance entre la valeur et le prix de votre offre.

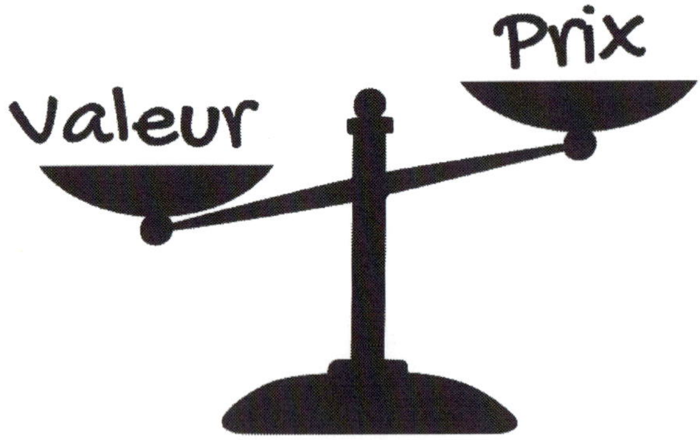

Avoir un prix toujours inférieur à la valeur de votre offre

La valeur de votre offre doit toujours être supérieure au prix, de sorte que votre client ait le sentiment de faire une bonne affaire.

Dépenser 7 000 € me paraissait dérisoire, car la valeur totale qu'il nous a présenté était cinq fois plus élevée. **C'est cet écart entre la valeur et le prix qui justifie vos tarifs.** De plus, si vous ne créez pas ce point de comparaison pour vos clients, ils iront le chercher chez la concurrence.

En faisant ce que je vais vous montrer dans ce chapitre, non seulement vous augmenterez la valeur perçue de votre offre *(ce qui vous permettra d'augmenter vos prix tout en vendant davantage).* Mais vous la rendrez en plus incomparable auprès de tous les concurrents dans votre domaine.

CRÉER VOTRE “STACK”

Le mot “Stack” vient de l'anglais, qui veut dire “empiler”. C'est exactement la stratégie qu'a utilisé l'intervenant de ce Mastermind.

Faire une pile de tous les éléments de notre offre que nous allons valoriser. Pour créer votre stack, il vous faut partir des solutions que nous avons identifiées dans le chapitre précédent afin de répondre aux obstacles de vos clients. Les fameux “Comment”. **Une fois empilés, et valorisés, ils constituent à eux tous l'intégralité de votre offre irrésistible.**

Outils	Informations	Support
Valeur : xxx€	Valeur : xxx€	Valeur : xxx€
Valeur : xxx€	Valeur : xxx€	Valeur : xxx€
Valeur : xxx€	Valeur : xxx€	
	Valeur : xxx€	

Votre Stack

Exemple : Comment atteindre les 10 000€ sur internet
Formation Funnels Club (**Valeur 5 000 €**)
Formation Trafic (**Valeur 1 500 €**)
Formation Copywriting et Publicité (**Valeur 1 000 €**)
Valeur Totale : +7 500 €

Exemple : Comment mincir sans se priver
Plan de repas sur 30 jours (**Valeur 90 €**)
6 guides PDF pour réussir votre régime (**Valeur 200 €**)
3 mois d'accompagnement avec un nutritionniste (**60 € /heure**)
Valeur Totale : +350 €

La question la plus récurrente que j'ai lorsque je dévoile cette stratégie, c'est comment fixer la valeur de chacun de ces éléments.

La meilleure solution que j'ai trouvée pour cela, est de se référer au montant qu'ils auraient dû payer pour obtenir la même chose *(ou moins bien)* ailleurs.

Par exemple, la valeur de 1 500 € que j'ai inscrite pour la *"formation Trafic"* vous paraît peut-être élevée de prime abord. Mais, qu'en est-il si je vous dis que vous accéderez aux stratégies publicitaires avec lesquelles j'ai dépensé plus de 800 000 € de manière très profitable.

Et si je vous dis que j'ai payé plus de 30 000 € de ma propre poche dans diverses formations et coaching pour mettre au point cette stratégie.

Si j'ajoute qu'il m'a fallu 4 longues années pour y parvenir.

Ce n'est pas tout. Une agence de marketing facture environ 1 250 € pour configurer votre compte publicitaire puis environ 500 € par mois pour gérer vos publicités. Grâce à cette formation vous apprendrez à le faire par vous-même. Si l'on se réfère aux tarifs d'une agence, combien cette formation pourrait-elle vous faire économiser sur 1 an, 5 ans, 10 ans ou plus ?

Tous les éléments que je vous ai donné précédemment sont vrais, et avec ces informations en votre possession, 1 500 € vous semble toujours aussi élevé ?

Encore une fois, la valeur que vous allez attribuer à chaque élément de votre offre est une question de point de vue. Ne mettez pas une valeur au hasard. Cependant, ne commettez pas l'erreur de sous-valoriser votre travail.

Voici quelques questions à vous poser qui devraient vous aider à fixer une valeur juste pour chaque élément de votre offre :

- *Combien* ***d'argent*** *vont-ils économiser avec cet élément de mon offre ?*
- *Combien* ***de temps*** *vont-ils économiser avec cet élément de mon offre ?*
- *Qu'est-ce que ça va* ***remplacer*** *qu'ils utilisent déjà (et combien ça coûte) ?*
- *Combien* ***ça m'a coûté*** *pour créer cet élément dans mon offre ?*
- *Combien devraient-ils dépenser chez* ***le plus cher de mes concurrents*** *pour la même chose ?*

Remarquez que lorsque j'ai justifié la valeur de 1 500 € pour la *"Formation Trafic"* précédemment, j'ai répondu à l'ensemble de ces questions.

QUEL TYPE D'OFFRE CHOISIR

Maintenant que vous avez la liste de tout ce qui compose votre offre, et que chaque élément est valorisé, il va être temps de parler du prix.

Avant de le fixer, vous devez comprendre qu'il dépend du type d'offre que vous allez faire. Il y en a deux.

▶ **L'offre groupée** - Il s'agit de vendre tous les éléments de notre Stack comme un tout, à un prix généralement élevé. Le minimum étant à partir de 500 € et jusqu'à plusieurs milliers d'euros. Il s'agit généralement d'offres complètes qui permettent d'emmener notre client jusqu'à son objectif final *(le point B)*.

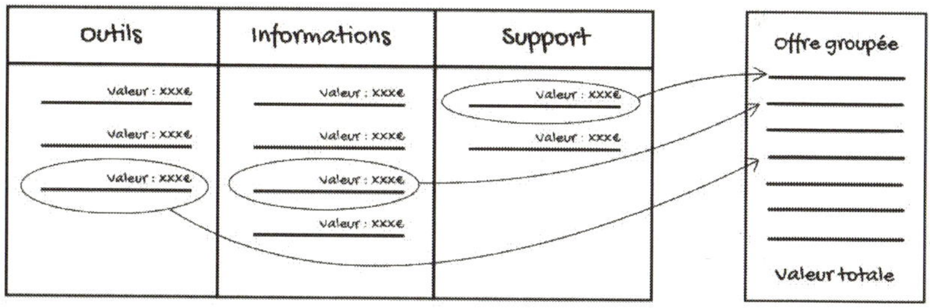

Nous allons donc sélectionner un à un les différents éléments de notre stack, pour les assemblées en une seule offre.

C'est un peu comme un hôtel "all inclusive" ou vous payez un tarif à la nuit qui inclut toutes les commodités de l'hôtel. Les petits déjeuners, les restaurants, les activités, etc.

▶ **L'offre éclatée** - Au lieu de vendre tous les éléments de votre stack en une seule et même offre, vous allez en créer plusieurs qui peuvent s'acheter *séparément* et qui contiennent chacun une partie de la solution pour atteindre leur objectif final.

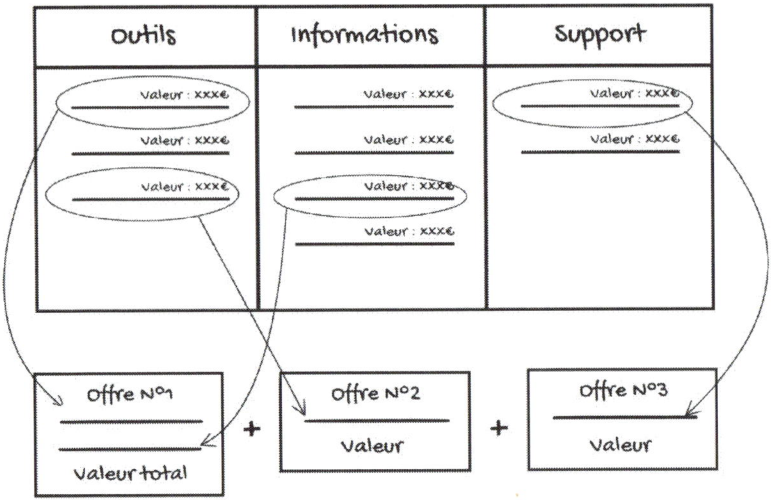

Ils auront alors le choix de toutes les prendre ou seulement quelques-unes. La somme que peut dépenser un client s'il décide de tout acheter est généralement autour de **500 € maximum.**

Pour reprendre notre exemple, une offre éclatée ici serait un hôtel dans lequel vous avez le choix de rajouter un petit déjeuner à votre séjour, où le restaurant est payant, et où l'accès au spa est en supplément.

En fonction du type d'offre que vous souhaitez utiliser, vous devrez fixer un prix en conséquence. Une fois déterminé, il faudra **choisir le Funnel adapté.**

Il existe un Funnel spécialement conçu pour les offres éclatées, et un Funnel spécialement conçu pour les offres groupées. Et c'est le type d'offre que vous déciderez de mettre en place qui déterminera celui que vous devrez adopter.

Nous les verrons notamment dans la prochaine section de ce livre.

FIXER LE BON PRIX À VOTRE OFFRE

Nous avons vu précédemment l'importance de valoriser chaque élément qui compose votre offre pour en justifier son tarif. À présent, voici trois critères pour vous aider à fixer le meilleur prix à votre offre. L'objectif étant d'avoir suffisamment de marge pour bien gagner sa vie tout en faisant en sorte que notre client fasse une affaire.

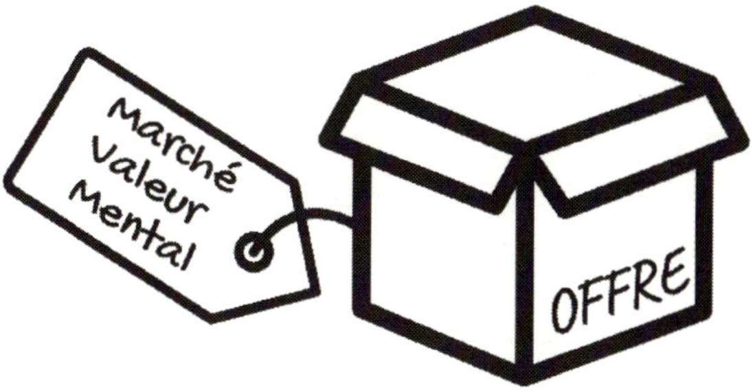

▶ **Les prix du marché.**

Sur n'importe quel marché, il y a un bas de gamme, un très haut de gamme et de l'espace entre les deux. Lorsque l'on débute, on a tendance à se comparer au moins cher de nos concurrents, ce qui est une grosse erreur.

Vous ne voulez pas de clients qui choisissent de travailler avec vous parce que vous êtes le moins cher, ce sont généralement les pires à gérer. Ce sont ceux qui ont tendance à vous prendre le bras quand vous leur donnez la main.

Vous voulez travailler avec des personnes qui vous choisissent pour la valeur que vous apportez et pas pour le prix que vous proposez. Si vous ne pouvez pas être le moins cher, alors faites partie des plus chers.

Apporter plus de valeur que vos concurrents, résolvez leurs problèmes plus rapidement et avec moins d'efforts. **Certains seront simplement prêts à payer plus pour avoir mieux.**

Le fait que vous ayez des années d'expérience peut aider, mais ce n'est pas un facteur aussi important que l'on veut bien nous le faire croire. Si votre client se sent compris *(car vous avez suivi les étapes précédentes)*, il ne cherchera même pas à vous comparer avec d'autres. Votre prix sera le sien.

▶ **La valeur finale.**

Essayez de remettre dans le contexte la valeur que vous allez apporter à vos clients. Si je vous promets par exemple de vous mener au 10 000 € par mois avec votre business en ligne. Me prendriez-vous au sérieux si je vous demandais seulement 100 €

pour y arriver ? Bien-sûr, la réponse est non, et vous auriez raison.

Votre prix est un élément fondamental de **la valeur perçue** de votre offre. Un prix élevé est synonyme de valeur élevée dans l'inconscient collectif. En baissant votre prix, vous sous-estimez la valeur que vous apportez à vos clients et leur transmettez le message qu'ils auront moins de résultats.

Faites simplement preuve de logique, il faut que votre prix ait du sens par rapport aux résultats que vous apportez. Généralement, j'aime facturer cinq ou dix fois moins que la valeur totale de mon Stack afin que mes clients aient réellement la sensation de faire une affaire.

Donc si j'ai un stack d'environ 10 000 € de valeur totale, je peux fixer un prix entre 2 000 € et 1 000 €.

▶ Votre propre barrière mentale.

Ça me fait toujours rire lorsque je vois des gourous sur internet vous dire de vendre immédiatement des offres à plusieurs milliers d'euros, alors que c'est la toute première fois que vous créez un business.

Cela peut être de la prestation de service, de la vente de formation ou toute autre offre dite "High Ticket" *(Au prix élevé)*.

Et bien que je n'aie rien contre ce type d'offre, je pense même que c'est une excellente stratégie pour faire croître une entreprise en ligne. Mais ils oublient de préciser que le prix est aussi lié à vos propres croyances.

Si au fond de vous, vous n'êtes pas 100% convaincu d'être capable de vendre une offre à plus de 2 000 € par exemple, alors vous n'y arriverez pas. C'est un processus qui demande du temps et de l'expérience.

Pour ma part par exemple, lorsque j'ai démarré sur internet, mon premier défi était de faire ma toute première vente. Le simple fait que quelqu'un puisse rentrer ses coordonnées bancaires sur un site que j'avais fait de mes propres mains, était déjà énorme en soi.

C'est pourquoi la toute première transaction que j'ai encaissée était de seulement 9 €. Mais petit à petit, et avec le temps, ma confiance en moi a augmenté et j'ai commencé à vendre de plus en plus cher. Je suis passé de 9 € à 50 € puis à 200 €, puis à 1 000 €, puis à 5 000 € et jusqu'à bien plus de 10 000 € pour un seul client.

Si aujourd'hui vous n'êtes pas prêt à vendre des offres aussi chères, ce n'est pas grave. Il n'y a aucune honte à avoir. Commencez par un prix avec lequel vous êtes à l'aise, et avec le temps vous évoluerez.

LA VALEUR PERÇUE DE VOTRE OFFRE

Tout commença un matin où je me réveillai avec une douleur au niveau de la nuque. Je venais de passer une nuit particulièrement désagréable, et j'essayais d'en trouver la raison.

Je fais extrêmement attention à mon énergie au quotidien, et cela passe en partie par faire de bonnes nuits. Ce n'était pas la première fois que ça arrivait et que ça me gâchait une journée de travail. La frustration de ne pas être au top de ma productivité a suffi pour que je réfléchisse à une solution.

C'est là que j'ai eu l'idée pour la première fois de changer mon oreiller. Cela faisait des années que j'avais le même, et il commençait à s'user. Je n'avais aucune idée de combien ça pouvait coûter et je me suis mis à la recherche de différentes solutions. Déterminé à mettre le prix s'il le fallait.

Je suis d'abord allé dans un supermarché, où ils présentent leurs oreillers dans des sacs plastique transparents, au prix d'environ 15 €. Ça ne m'a pas convaincu, je suis donc allé dans un magasin spécialisé. Le genre de magasin où ils vendent des draps, des matelas, et des oreillers.

Là encore, on me présentait un type d'oreiller avec des plumes d'oie au tarif d'environ 50 €. Ça me paraissait déjà une meilleure option. Mais, bien que j'aie posé plusieurs questions à la vendeuse pour comprendre l'utilité de mettre des plumes d'oies, je n'ai pas eu des réponses très précises. Si ce n'est que c'est mieux, apparemment. J'ai donc continué de chercher.

Puis je suis tombé sur le site de la marque Simba. Il était magnifique, super moderne et les photos de leur oreiller étaient juste incroyables. On y voyait la finition, et les différentes couches qui le composaient. Il y avait même une vidéo explicative.

Mais le plus fou, c'est que c'était la première fois que l'on me parlait d'un oreiller comme d'un objet technologique.

Une soi-disant technologie appelée Stratos® inspirée du spatial pour *"garder la tête au frais"*. Une conception faite de nano-cube afin de pouvoir ajuster la fermeté de l'oreiller à sa guise. Et enfin, une fibre hypoallergénique appelée Aerelle® pour apparemment avoir *"un environnement de sommeil plus sain"*.

Sur leur page de vente, on pouvait également y voir une photo de leurs usines de fabrication, ainsi que des milliers d'avis clients ayant mis une note moyenne de 4,8 sur 5. Sans oublier leur engagement pour la protection de la planète.

J'en ai pris plein les yeux, et c'est ce qui m'a convaincu de dépenser **230 €** pour deux oreillers, soit sept fois plus cher que les premiers sur lesquels je suis tombé.

Bien entendu que la qualité d'un oreiller à 115 € réalisé par des spécialistes est probablement meilleure que celle d'un autre à 15 € vendu au supermarché. Mais ce n'est pas ça qui a déterminé mon choix. **C'est la valeur que j'ai perçue pour chacun de ces oreillers.**

Celui que j'ai décidé d'acheter me paraissait meilleur, car beaucoup mieux valorisé.

Le problème est que vous aurez beau créer la meilleure offre du monde, qui correspond exactement à ce dont votre client aurait besoin pour atteindre son objectif, si vous ne savez pas la mettre en valeur, alors personne ne s'y intéressera. Dans la réalité, **on juge un livre à sa couverture, et c'est l'habit fait le moine.**

C'est la raison pour laquelle j'ai engagé un designer professionnel pour réaliser la couverture de ce livre par exemple.

Nous avons jusqu'à présent parlé du fondamental de votre offre, en réfléchissant à ce que nous allions mettre *"dans la boîte"*. À présent, intéressons-nous à *"l'emballage"*.

J'ai répertorié pour vous, les cinq critères les plus importants à prendre en compte pour booster la valeur perçue de vos offres.

▶ **Le prix**. Dans l'inconscient de la plupart des gens, le simple fait qu'un produit ou une offre est plus cher que son concurrent, veut tout simplement dire qu'il est meilleur.
C'est pourquoi tenter de baisser vos prix pour résoudre un manque de vente est rarement une bonne idée.
Cela vous permettra aussi d'avoir plus de marge pour améliorer votre offre. Vous pourriez par exemple proposer une livraison plus rapide, une meilleure garantie, ou un meilleur accompagnement à vos clients.

▶ **La projection dans l'utilisation.** Particulièrement lorsque l'on vend sur internet, on doit redoubler d'efforts pour projeter notre client dans l'utilisation ou les bénéfices de notre offre. Car contrairement à un magasin, ils ne peuvent pas toucher ni sentir ce qu'ils vont acheter.
C'est pour cela que les vidéos et les photos sont tellement importantes. Elles doivent représenter votre offre sous son meilleur jour ainsi que les bénéfices qu'elle apporte à vos clients de rêve. C'est également le rôle de l'emballage d'un produit par exemple.
J'ai d'ailleurs toujours été bluffé de voir l'effort qu'Apple met dans le packaging de ses produits. Avant même d'ouvrir la boîte, on sent qu'il s'agit d'un objet de très grande qualité.

Même si vous ne vendez pas un produit physique, mais digital, comme une formation, un coaching, une place pour un événement, une prestation de service, etc. Eh bien le principe reste le même. Cependant, à la place des photos nous allons créer des *"Mockup"*. Il s'agit de la représentation 3D de votre offre.

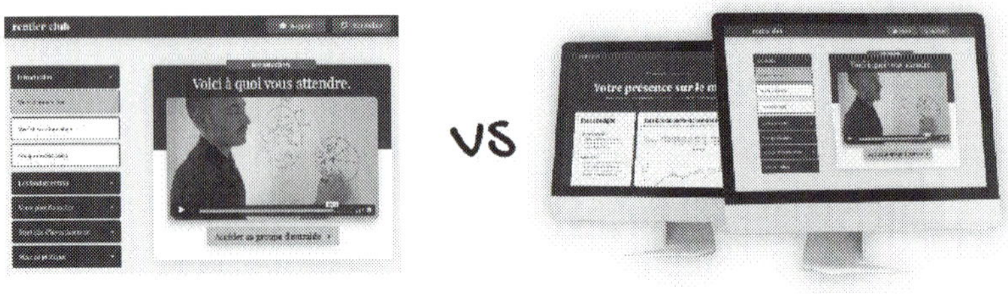

Simple image — Mockup

Par exemple, si je veux mettre en valeur une formation, je vais créer un mockup pour représenter son espace membre sur l'écran d'un ordinateur. Et si je veux vendre un e-book, je vais en créer un d'un livre en 3D. Je peux aller encore plus loin en enregistrant une vidéo parcourant l'espace membre de la formation.

▶ **La preuve sociale.** C'est probablement la solution la plus utilisée, et la plus répandue pour mettre en valeur une offre.

Son principe est assez simple, on veut se rassurer que ce que l'on va acheter a déjà fait ses preuves et que ça a fonctionné pour d'autres personnes avant nous.

Car il y a toujours une part de risque à être le précurseur. Pour cela, il y a deux possibilités.

La première consiste à utiliser les témoignages de ses clients, même ceux qui ne sont pas totalement satisfaits, pour être totalement transparents. Cela fait toujours louche lorsqu'il n'y a aucun avis négatif.

Par exemple, peu importe à quel point je vais apporter de la valeur dans ce livre, vous pouvez être sûr qu'il y aura toujours une personne pour le critiquer. N'ayez pas peur d'être transparent et de montrer ça à vos futurs clients.

La deuxième consiste à utiliser l'autorité de quelqu'un d'autre. À votre avis, quelle est la meilleure façon pour vendre un parfum, sachant que le client ne peut même pas le sentir au moment où il voit la publicité ?

En utilisant une célébrité pour le présenter.

Si l'on a confiance dans cette personne que l'on admire, alors on peut aussi faire confiance à la marque de parfum qu'il recommande. C'est aussi pour cette raison que certains affichent publiquement sur leur site les fameuses mentions "Vu sur Forbes, Les Échos, etc.".

Lorsqu'une personne influente recommande votre offre, le lien de confiance qu'elle a créé avec sa communauté vous est immédiatement partagé.

▶ **Les petits détails.** Cela désigne l'ensemble des petits détails qui peuvent paraître inoffensifs mais qui ont un réel impact dans la prise de décision de vos clients. *Attention cependant à ne pas devenir perfectionniste*.

Il est par exemple beaucoup plus agréable pour vos clients de naviguer sur un site au design moderne, fluide et rapide. Qui s'adapte au format mobile. D'avoir le fameux "Https" qui montre qu'il s'agit d'un site sécurisé.

Idem pour la qualité de vos vidéos si vous en avez, le son, le décor, votre posture, etc. La qualité des photos. Les fautes d'orthographe, etc.

▶ **Leur donner des arguments pour se défendre.** La réalité, c'est que tout le monde prend la décision d'acheter une offre sous l'émotion, et justifie ensuite son achat par la logique. Mais que personne ne veut admettre qu'il a succombé à des *"tactiques marketing"* et que ses proches lui disent qu'il s'est fait avoir.

C'est pourquoi, plus vous présenterez votre offre avec des arguments logiques, plus votre client se sentira rassuré de pouvoir justifier son achat par la suite à son entourage.

EXERCICE

Valorisez l'offre que vous avez imaginé dans les précédents chapitres en suivant les deux étapes ci-dessous.

Étape n°1

Après avoir créé le stack de votre offre, prenez le temps de valoriser chaque élément afin d'arriver à une valeur totale qui sera votre point de référence pour justifier votre prix.

Étape n°2

Choisissez si vous souhaitez créer une offre groupée *(à plusieurs milliers d'euros)* ou plutôt une offre éclatée *(ou vous vendrez séparément chaque élément)*. Nous verrons dans les prochains chapitres le Funnel vers lequel vous devrez vous tourner en fonction de votre choix.

REHAUSSEZ VOTRE OFFRE POUR LA RENDRE IRRÉSISTIBLE

Le 8 janvier 2022, j'arrive à l'aéroport d'Athènes en Grèce après quelques heures d'avion. La raison de ce voyage est que j'ai le tournage d'une toute nouvelle formation à réaliser. Après avoir récupéré la voiture de location et fait environ 3 heures de route, j'arrive enfin à la maison que j'ai louée pour l'occasion à Nafplio.

Selfi prit à côté de Nafplio en Grèce.

Un magnifique coin, sur les rives de la méditerranée.

Au programme, plusieurs heures de tournage par jour dans l'objectif de terminer la formation avant la date du lancement prévu d'ici environ deux semaines. Comme il s'agissait d'un sujet dont je n'avais jamais vraiment parlé à mon audience avant *(l'investissement en bourse)*, j'avais dans l'idée de lancer ce nouveau programme en “**Lancement bêta**”.

Pour faire simple, cela consiste à vendre le programme à un premier groupe de membres fondateurs, alors que la formation n'est pas tout à fait terminée. L'objectif étant de la valider avant de mettre encore plus de ressources pour la développer.

J'ai donc organisé un lancement sur quatre jours réparti en plusieurs étapes. Pendant les premières 24 heures, j'ai offert un bonus d'action rapide pour récompenser les personnes qui se décidaient parmi les premiers. J'ai donc commencé à faire mes premières ventes.

Le deuxième jour, j'ai mis l'accent sur la garantie de la formation. L'objectif étant de permettre à ceux qui ne s'étaient pas encore décidés de se rendre compte qu'ils n'avaient aucun risque à devenir membre fondateur. Cela a donc convaincu encore d'autres personnes.

Le troisième jour, je leur fis prendre conscience que le lancement Beta n'arriverait qu'une seule fois. Et, qu'une fois terminée, la formation serait vendue trois fois plus cher. Suite à cette annonce, de nombreuses autres personnes nous ont alors rejoints.

Lorsque le dernier jour arriva, ils n'avaient plus que quelques heures pour se décider. Et c'est au cours de cette dernière ligne droite que plus de 50% des membres qui ont décidé de devenir beta testeur lors de ce lancement se sont inscrits.

Ça y est, le lancement sur quatre jours était terminé et le groupe des membres fondateurs créé.

Si je m'étais contenté de faire une offre irrésistible comme nous l'avons vu dans les chapitres précédents, j'aurais peut-être convaincu trois ou cinq fois moins de personnes de rejoindre ce nouveau programme.

Comme vous l'avez peut-être remarqué, j'ai utilisé **4 outils** pour donner un coup de boost à mon offre. C'est grâce à eux que nous avons pu encaisser plusieurs dizaines de milliers d'euros en seulement quelques jours lors de ce lancement sur une audience qui ne s'intéressait même pas à la bourse.

Nous en avons déjà parlé, mais j'ai la ferme conviction que si vous êtes persuadé que votre offre va vraiment aider vos clients, alors **vous avez l'obligation morale de faire tout ce qui est en votre pouvoir pour qu'ils l'achètent.** Dans ce chapitre, je vais donc vous partager les différents outils que j'utilise pour multiplier mes ventes, et rehausser mon offre.

LES 3 PHASES DE DÉCISION

– Moi : "Euh... Comment il s'appelle lui déjà ?"

– Elle : "Non, t'abuses ! C'est Steve ! Tu ne retiens jamais les noms !"

Nous étions devant la télé avec ma copine à regarder la saison 4 de la série Netflix *"Stranger Things"* qui venait de sortir. Comme d'habitude, impossible de me souvenir du nom des personnages, même après quatre saisons. Ce n'est pas la première fois. C'est le cas pour quasi tous les films et séries que je regarde.

La raison est que j'ai une mémoire visuelle. Je peux décrire et me souvenir avec précision de la voiture du personnage principal, la marque de son pull, l'agencement des pièces de sa maison. J'ai d'ailleurs un très bon sens de l'orientation. Mais, demandez-moi son nom, et c'est le blackout. Ma copine quant à elle n'oublie jamais un nom, même lorsqu'il a fallu attendre deux ans avant la sortie de la nouvelle saison.

Le fait est que nous ne sommes pas tous pareils. Nous ne réfléchissons pas de la même façon. Il faut tenir compte de ces différences. Et tout comme il existe différents types de mémoire, il existe différents types de processus de décision pour acheter une offre.

Il y a des personnes qui agissent sous **l'émotion**, d'autres par **logique** et enfin sous **urgence**.

C'est pourquoi à chaque fois que l'on va écrire un email, rédiger une page de vente, ou même faire un lancement comme dans l'exemple précédent, on va s'adresser à ces trois types de profils pour qu'un maximum de personnes se reconnaisse.

Découvrons donc ensemble comment rehausser votre offre en y ajoutant de l'émotion, de la logique et de l'urgence.

REHAUSSER VOTRE OFFRE PAR L'ÉMOTION

L'émotion de vos clients viendra surtout de l'envie irrésistible d'atteindre un objectif *(le point B)* ou de fuir une situation désagréable *(le point A)* couplé à la frustration de ne pas y être encore arrivé.

Dans son livre *"The one sentence persuasion"* écrit par Blair Warren, et que j'ai découvert via Russell Brunson, il va encore plus loin et explique comment persuader n'importe qui en une seule phrase.

*"Les gens feront tout pour ceux qui encouragent leurs **rêves**, justifient leurs **échecs**, apaisent leurs **peurs**, confirment leurs **suspicions** et les aident à jeter des pierres sur leurs **ennemis**"*

Et c'est exactement ce que nous allons faire. Que ce soit sur votre page de vente, dans un email, une vidéo, etc. C'est ce qui leur donnera le sentiment d'être compris, et donc de vouloir travailler avec vous à tout prix.

REHAUSSER VOTRE OFFRE PAR LA LOGIQUE

Ici, il ne s'agit pas d'énoncer toutes les caractéristiques de votre offre. Mais de donner de nouveaux arguments ou éléments logiques pour les aider à prendre leur décision. Pour cela, nous allons utiliser les **Bonus** et les **Garanties**.

▶ **Les Bonus.** Il est toujours préférable de rajouter des éléments à une offre, plutôt que de la brader. La raison pour laquelle les bonus fonctionnent si bien, c'est qu'ils permettent de rendre une offre encore plus irrésistible pour une personne qui était déjà sur le point de passer à l'action. Et cela augmente d'autant plus la valeur perçue.

Lors du lancement bêta de ma nouvelle formation par exemple, j'ai offert en plus du tarif avantageux une autre de mes formations en Bonus.

▶ **La garantie.** Tout l'intérêt d'une garantie, c'est d'inverser le risque. Vous devez montrer que vous avez plus à perdre que votre client s'il décide de travailler avec vous et qu'il n'est pas satisfait.

Par exemple, avez-vous déjà entendu parler des garanties *"si vous trouvez moins cher ailleurs, on vous rembourse deux fois la différence" ?* En tant que consommateur, vous ne risquez rien.

N'ayez pas peur de faire des garanties audacieuses, car il s'agit d'un simple calcul pour se rendre compte que c'est intéressant. Si votre nouvelle garantie augmente de deux fois votre nombre de remboursements, car elle est beaucoup plus avantageuse pour vos clients, mais qu'elle vous permet également de tripler votre nombre de ventes, alors le ratio reste positif. Dans ce cas-là, vous avez donc intérêt à la faire.

Un très bon exemple d'une garantie efficace, est celle des matelas de la marque Simba *(la même que mon oreiller)*. En gros, vous avez 200 nuits pour essayer votre nouveau matelas. S'il ne vous convient pas, en plus de vous rembourser complètement votre achat, ils payent même la livraison pour le retour. Le risque est réellement de zéro pour le client.

L'objectif est d'arriver à la situation où le client se dit qu'il n'a tout simplement rien à perdre à juste essayer pour voir.

REHAUSSER VOTRE OFFRE GRÂCE À L'URGENCE

La plupart des gens ont besoin d'un coup de pied aux fesses pour agir. Autrement, ils risquent de procrastiner pendant très longtemps. Le gouvernement l'a très bien compris par exemple. Si vous avez déjà reçu une amende pour un excès de vitesse, vous remarquerez que vous disposez d'une réduction si vous payez dans les 15 premiers jours. Après quoi elle est majorée.

De notre côté, on veut utiliser ce même concept pour que nos clients agissent, et ne remettent pas la décision de travailler avec nous au lendemain. Pour cela, nous allons utiliser la **rareté** et la **deadline**.

▶ **La rareté.** Il s'agit ici de limiter la quantité disponible pour votre offre, et cela n'a que des avantages.

Premièrement, elle permet d'augmenter sa valeur perçue aux yeux de vos clients. Plus quelque chose semble inaccessible, plus on a envie de se le procurer.

Deuxièmement, elle permet de créer de la concurrence entre vos acheteurs potentiels. C'est ce qui explique pourquoi les gens se ruent dans les magasins le jour du Black Friday par exemple.

Enfin et surtout, elle vous permet de vous positionner en tant qu'offreurs. Cela veut dire que vous êtes dans la position où c'est le client qui a besoin de vous et non l'inverse.

Voici quelques exemples pour implémenter la rareté dans votre offre :

- Quantité disponible limitée
- Quantité disponible limitée pour un Bonus
- Plus jamais disponible à l'avenir
- Plus jamais à ce prix-là
- Plus que X places disponibles
- Seulement X clients acceptés par semaine, jours ou mois

Lorsque vous déterminez la quantité disponible pour votre offre, réfléchissez à une limite que vous êtes certain d'atteindre. Ceux qui n'auront pas pu en profiter, seront les premiers à sauter dessus la prochaine fois que vous débloquerez de nouvelles places. À l'inverse, si vous n'avez pas atteint le quota que vous aviez fixé, alors vous serez décrédibilisé auprès de votre audience.

Veillez aussi à rester honnête. N'utilisez pas cette stratégie toutes les semaines. Cela fonctionnera peut-être à court terme, mais ça tuera votre business à long terme. Croyez-moi, j'ai fait cette erreur par le passé.

Tous les 6 mois, je devais redémarrer un nouveau business de zéro. Il n'y avait aucune pérennité, et mes résultats faisaient des montagnes russes.

▶ **La DeadLine.** Ce dernier élément nous permettra de fixer une date de fin pour notre offre. Une limite dans le temps. À chaque fois que je fais une promotion, je m'assure de fixer une deadline.

C'est généralement le dernier jour que je génère 50% des ventes d'un lancement. C'est simple et vieux comme le monde, mais ça marche.

Là encore, veillez à tenir vos promesses. Vos clients s'en souviendront. Si vous aviez dit fermer les ventes tel jour, à telle heure. Alors, faites-le. Vous pouvez toujours utiliser des occasions pour créer de nouvelles deadlines. À l'occasion de la Saint-Valentin, de Noël, de la fête nationale, de votre anniversaire, etc.

En réalité, toute occasion est bonne à prendre.

EXERCICE

Félicitations, vous avez atteint la dernière étape d'une offre irrésistible. Revenez dessus régulièrement pour faire un point.

À présent, c'est à votre tour d'appliquer ce que nous avons vu dans ce chapitre.

Étape n°1

Déterminer si vous souhaitez faire une offre sous forme de lancement *(qui à une fin)* ou qui tourne sans arrêt. Cela influencera grandement le choix des éléments que vous utiliserez pour rehausser votre offre.

Étape n°2

Réfléchissez aux composants que vous pouvez rajouter à votre offre afin de la rendre irrésistible en fonction de votre stratégie fixée précédemment. Vous n'êtes pas obligé de tous les prendre.

ALLONS PLUS LOIN ENSEMBLE

Si vous souhaitez mon aide pour développer ou valider votre offre, vous pouvez réserver un appel gratuit avec mon équipe afin de savoir comment nous pouvons vous accompagner à travers tous les aspects de votre business. Et oui, y compris valider votre message marketing et revoir ensemble chaque composant de votre offre si nécessaire. Il s'agit d'une partie essentielle d'un business à succès, alors ne la négligez pas.

Réservez votre appel gratuit ici : **digital-selfmade.com/appel**

VOUS N'AVEZ BESOIN QUE D'UN SEUL FUNNEL

C'était un jour de juillet où il faisait très chaud. Il était 11 h 00, et ce matin-là, je n'avais pas réussi à travailler. J'étais complètement figé, immobilisé, et je me sentais misérable. Je venais de faire le point sur l'année qui venait de s'écouler, et mon business en ligne avait fait du surplace. J'étais toujours au même niveau qu'un an auparavant.

Je suis un entrepreneur qui a le sens de la compétition. Je ne suis pas motivé par l'argent, mais par le fait de régulièrement me dépasser et d'aller plus loin. Ma relation au temps est également très particulière.

J'ai conscience qu'il s'écoule extrêmement vite, et qu'un jour tout s'arrêtera. Réaliser que je n'avais pas avancé me donnait le sentiment d'être un bon à rien et d'avoir perdu un an de ma vie. C'était terrible, et il fallait que je trouve une solution.

Ce matin-là, alors que j'aurais dû avancer sur mes projets. J'ai décidé de tout arrêter et de réfléchir. Pour m'aider dans ma réflexion, j'ai regardé plusieurs vidéos de mon mentor sur la productivité, Sam Ovens. Un américain connu pour son *"self-control"* légendaire, et son *"laser focus"*, c'est-à-dire sa capacité à ne jamais être attiré par un objet brillant.

Après plusieurs heures, j'en suis arrivé à la conclusion que j'allais dans toutes les directions, et que j'étais beaucoup trop éparpillé.

Au cours des années précédentes, j'avais été hyperactif dans mon business. J'en étais arrivée à un point où je gérais près de cinq comptes publicitaires tous les jours, pour cinq business différents. Dans chacun d'entre eux, j'avais créé plusieurs Funnels qui avaient tous un objectif bien particulier.

Récolter des emails, vendre des formations, des produits physiques, de l'affiliation, etc. C'était devenu ingérable. Et, à chaque fois, il fallait forcément gérer le service client, créer du contenu sur les réseaux sociaux, les différents problèmes de dernière minute, et j'en passe.

Parmi toutes les choses qu'a pu dire Sam Ovens dans sa vidéo, il y en a une seule qui a vraiment retenu mon attention.

Probablement parce que j'en avais déjà entendu parler, mais qu'à l'époque je n'avais pas réellement compris comment l'appliquer à mon business. Il s'agissait de la **loi de Pareto**, aussi connue sous le nom de loi 20/80.

L'exercice était le suivant : identifier d'où venaient 80% de mon bénéfice *(pas le chiffre d'affaires)* et qui me demandait seulement 20% de mon travail.

Je me suis pris au jeu et suis arrivé à la conclusion que +90% de mon bénéfice était en réalité généré par seulement un Funnel dans un seul de tous mes business. J'étais scotché.

Depuis tout ce temps, je m'étais focalisé sur le chiffre d'affaires, et pas le réel profit qu'il me restait dans la poche. Pour moi, ça a été un déclic.

Ce jour-là, j'ai pris une décision très dure mais que je n'ai jamais regretté par la suite. J'ai coupé tous mes business pour n'en garder qu'un seul, et **seulement un Funnel**.

Instantanément, je n'avais plus qu'une à deux heures de travail maximum par jour. Mais, paradoxalement, j'ai également commencé à gagner beaucoup plus.

Comme je n'avais plus qu'un Funnel à m'occuper, j'ai pu améliorer les publicités et l'optimiser pour augmenter ses résultats. En mettant mes efforts au bon endroit, j'ai pu créer un business en ligne extrêmement profitable et presque totalement passif.

Je vous raconte cette histoire pour vous dire que **vous n'êtes qu'à un seul Funnel de réussir**.

Vous découvrirez au cours des prochaines sections qu'il existe trois Funnel en fonction de l'offre que vous voulez vendre. Soyons clair, vous n'avez pas besoin des trois mais que d'un seul pour avoir un business en ligne à plus d'un million d'euros.

Dans la section II de ce livre, vous découvrirez le “Sales Funnel”. C'est celui dont vous aurez besoin pour vendre une offre éclatée, jusqu'à environ 500 €.

Si en revanche vous souhaitez vendre une offre groupée, à plus de 500 €, dans ce cas, ce sera le “Webinar Funnel” dont vous aurez besoin.

Nous rentrerons plus en détail à ce sujet dans la section III de ce livre.

Enfin, si vous souhaitez simplement générer des prospects pour votre entreprise, alors ce sera le “Lead Funnel” dont vous aurez besoin. Il sera expliqué en détail dans la section IV.

Félicitations pour avoir rempli cette première section.

Section II

VENDRE DES OFFRES "LOW TICKET"

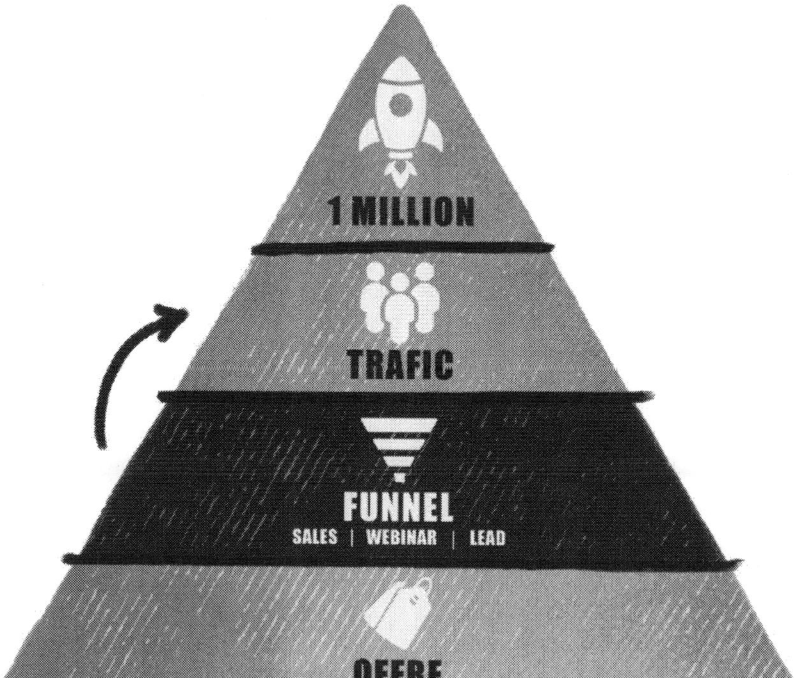

LE SALES FUNNEL

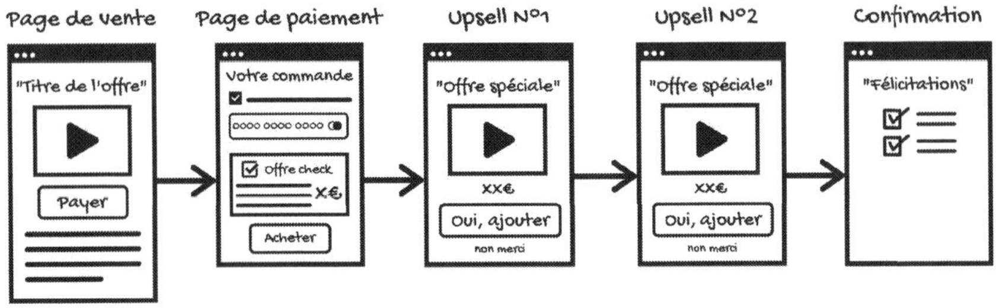

Cela faisait déjà un bon moment que je mettais en place des Funnels pour mes propres business en ligne, mais je n'avais encore jamais osé en parler à mon audience.

Nous étions début 2020, et à l'époque presque personne n'en parlait. Je ne savais pas si les gens allaient être intéressés par tout ce que j'avais découvert en appliquant ces stratégies. Mais j'avais réellement envie de faire un virage à angle droit dans mon business, pour ne parler que de ça. J'étais devenu un passionné de Funnel, et tout ce que je voulais, c'était le partager autour de moi.

Après une longue réflexion, j'ai pris la décision de commencer à parler des Funnels pour la toute première fois dans une petite formation facile à suivre. Pour moi, c'était très clair, si la formation fonctionnait, alors je pourrais me lancer à fond dans ce nouveau projet.

Comme mon objectif était d'avoir le plus de retours possible, il ne fallait pas que je fasse une offre à plusieurs centaines d'euros, mais un produit d'appel très accessible. Autrement appelé *"Low Ticket"*, qui pourrait se traduire en français par *"peu cher"*.

J'ai donc, comme nous l'avons vu dans les chapitres précédents, commencé à imaginer l'offre que je pourrais créer. J'ai fait mon stack, et réfléchi à une offre éclatée. Voici ce que j'ai imaginé…

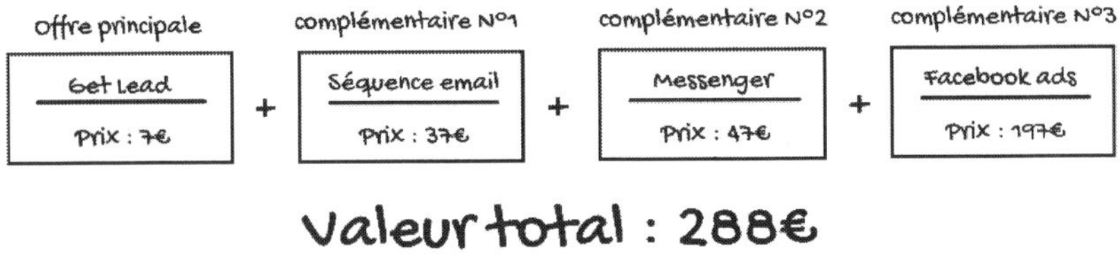

▶ **Offre principale - 7 €**

Le but était d'enseigner à mes clients comment obtenir des prospects sur internet grâce à la mise en place d'un Funnel adapté. J'ai donc créé la formation *Get Lead* qui sera vendue 7 €.

▶ **Offre complémentaire n° 1 - 37 €**

Cette offre est la suite logique pour les personnes ayant déjà acheté Get Lead. Il s'agit d'une séquence email pré-rédigée. Ils n'auront qu'à la copier/coller. L'outil parfait lorsqu'ils auront appris à attirer des prospects. Cette séquence toute faite sera vendue 37 €.

▶ **Offre complémentaire n° 2 - 47 €**

Je leur propose ensuite une formation à Facebook Messenger qui leur permettra d'y créer une audience en plus des emails. L'objectif est de leur apprendre à multiplier leurs sources d'acquisition de prospect. Cette formation complémentaire sera vendue 47 €.

▶ **Offre complémentaire n° 3 - 197 €**

Enfin, s'ils souhaitent apprendre à faire des publicités Facebook pour obtenir plus de prospects, ils pourront ajouter ma dernière formation à leur commande pour 197 €.

Si un client décide d'acheter mon offre principale et toutes les offres complémentaires de mon Funnel, il pourrait dépenser **jusqu'à 288 €** dans mon business. Ça y est, j'avais donc mis au point mon offre irrésistible.

Comme il s'agissait d'une offre éclatée, je devais mettre à présent au point un **Sales Funnel**. Parcourons ensemble chacune de ses étapes en prenant l'exemple de Get Lead, afin de vous imprégner de cette stratégie, et pourquoi elle est si puissante.

Veillez également à suivre l'évolution du **panier moyen** au fur à mesure que nous avançons dans le Funnel.

ÉTAPE #0 - LA PUBLICITÉ

Afin d'attirer du trafic dans mon Funnel, j'ai créé des publicités sur Facebook et YouTube. Dans le cas de Get Lead, cela me coutait 13 € pour faire une vente. *(Moyenne obtenue sur des dizaines de milliers d'euros dépensés pour ce Funnel).*

Publicité Facebook

Publicité YouTube

Panier Moyen à cette étape : **0 €**
Bénéfice sur chaque vente : 0 € - 13 € = **-13 €**

ÉTAPE #1 - LA PAGE DE VENTE

C'est sur la page de vente que je présentais en détail mon offre principale qui n'était autre que la formation Get Lead vendu 7 €. Oui, vous avez bien lu, cela m'a couté 13 € en publicité pour vendre une formation à 7 €. Voilà la réalité sur internet. Ce que les "gourous" ne vous disent pas.

Page de vente

Si mon Funnel s'arrêtait à cette étape, et que suite à leur achat mes nouveaux clients étaient immédiatement redirigés vers la page de confirmation, je perdrais alors **6 € à chaque fois que j'obtiendrais un nouveau client**.

C'est le genre de résultat auquel vous pouvez vous attendre si vous décidez de fermer ce livre, et de créer un site internet. Mais, comme j'ai mis en place un Funnel, cela ne s'arrête pas là...

Cette page de vente est plutôt bien faite, et converti environ **6,6%** des visiteurs qui la consultent. Cela veut dire que lorsque 100 personnes arrivent sur ma page de vente, il y en a en moyenne 6 qui achètent la formation à 7 €.

Panier Moyen à cette étape : **7 €**
Bénéfice sur chaque vente : 7 € - 13 € = **-6 €**

ÉTAPE #2 - LA PAGE DE PAIEMENT

À partir de cette étape, toutes les futures offres ne seront proposées qu'aux personnes qui ont déjà acheté Get Lead. Je rappelle qu'il ne s'agit pas d'une boutique sur laquelle les clients ont le choix parmi les 4 produits que j'ai cité ci-dessus. Ces offres sont présentées les unes après les autres.

Nous sommes à présent sur la page de paiement, le client a déjà inscrit ses coordonnées bancaires pour commander sa formation. Mais juste avant de cliquer sur le bouton “**REJOINDRE**”, il y a une petite case qu’il peut cocher pour ajouter ma première offre complémentaire *(la séquence email)* pour un supplément de 37 €.

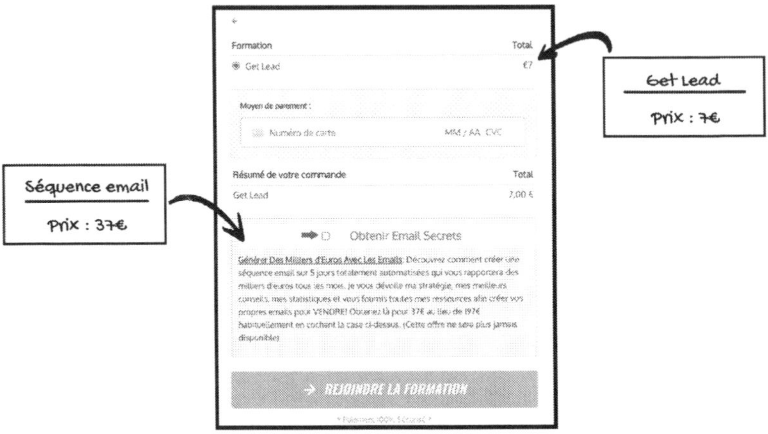

Page de paiement

S'il décide de saisir cette offre, son panier grimpe instantanément de 7 € à 44 € *(7 € + 37 € = 44 €)*. Cela veut dire que cette simple étape a le potentiel de multiplier la valeur d’un client par 6 pour mon business.

Cependant, tout le monde ne va pas décider de cocher cette case. Mais ce n'est pas grave, car je n'ai pas besoin que tout le monde le fasse pour augmenter mon panier moyen.

Dans l'exemple de Get Lead *(et sur une base de plus de 2000 ventes)* c’est pas moins de **20,93%** des clients qui décident d’ajouter cette offre complémentaire à leur commande. C'est-à-dire, **une personne sur cinq !**

Eh bien cette simple petite étape me permet instantanément de doubler mon panier moyen et de transformer un business qui perdait 6 € par vente à devenir rentable.

Comme une personne sur cinq décident d’acheter cette offre à 37 €, je gagne 37 € supplémentaires toutes les cinq ventes. **Soit**

environ 7,4 € par vente (37/5 = 7,4). C'est la somme qui s'ajoute donc à mon panier moyen.

Panier Moyen à cette étape : 7 € + 7,4 € = **14,4 €**
Bénéfice sur chaque vente : 14,4 € - 13 € = **+1,4 €**

Nous venons d'atteindre une étape cruciale du Funnel, et j'aimerais vous le faire remarquer.

▶ Premièrement, vous venez de réaliser qu'avec exactement la même publicité on peut avoir **un business qui est rentable et un autre qui ne l'est pas**. Ce qui prouve que le Funnel est plus important que toutes les stratégies publicitaires que vous allez pouvoir mettre en place.

▶ Deuxièmement, je viens d'atteindre ce que l'on appelle **le point d'équilibre** du Funnel. Avec l'augmentation de mon panier moyen, j'ai à présent rentabilisé la dépense que j'avais faite en publicité. Cela veut dire qu'à partir de maintenant, toute vente supplémentaire ne sera que du pur profit.

ÉTAPE #3 - UPSELL N°1

Maintenant qu'ils viennent de finaliser leur premier achat, ce serait bête de les rediriger immédiatement sur une page de confirmation.

Tout simplement, car le meilleur moment pour vendre à un client, c'est quand il est chaud et qu'il vient d'acheter. À cette étape, il a déjà mis sa carte bancaire, et il a déjà payé pour votre première offre. **Il a déjà dit oui**. Ce que nous voulons obtenir, c'est simplement un deuxième oui.

C'est pourquoi lorsque notre client clique sur le bouton "**REJOINDRE**" lors de l'étape précédente, il est immédiatement redirigé sur une *"page d'upsell"* qui lui présentera notre deuxième offre complémentaire *(La formation Facebook Messenger)*.

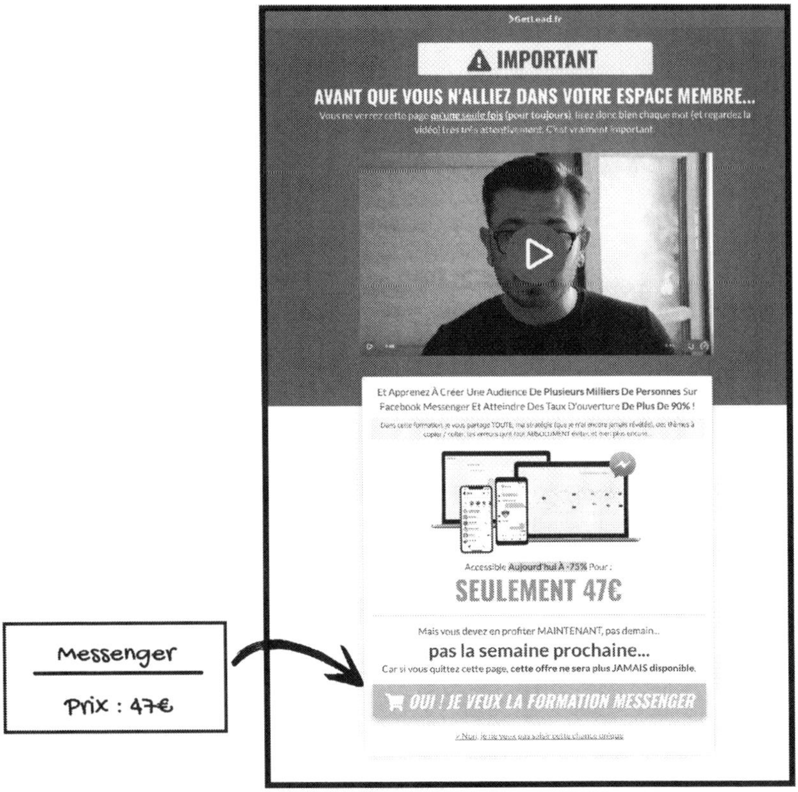

Page d'upsell

Ici, nous allons dédier une page complète du Funnel pour présenter une offre qui n'est accessible que *"ici et maintenant"*.

Toute la stratégie derrière la page d'upsell, est de proposer une offre à durée limitée qui sera définitivement close lorsqu'ils auront quitté la page. Dans l'exemple de Get Lead il s'agit d'un upsell à 47 €, et ce n'est pas moins de **11,06%** de nos clients qui décident d'en profiter. Environ une personne sur dix.

Cette simple étape me permet donc d'augmenter mon panier moyen à près de 20 € et de commencer à réellement gagner de l'argent sur chaque vente.

Comme une personne sur dix décident d'acheter cette offre à 47 €, je gagne 47 € supplémentaires toutes les dix ventes. **Soit environ 4,7 € par vente** (47/10 = 4,7). C'est la somme qui s'ajoute donc à mon panier moyen.

Panier Moyen à cette étape : 7 € + 7,4 € + 4,7 € = **19,1 €**
Bénéfice sur chaque vente : 19,1 € - 13 € = **+6,1 €**

Mais ce n'est pas fini, car il reste un deuxième upsell.

ÉTAPE #4 - UPSELL N°2

Qu'ils décident d'ajouter le premier upsell à leur commande ou pas, ils seront redirigés sur une deuxième page très similaire pour présenter le deuxième. Les règles sont les mêmes, et il s'agit de notre dernière offre complémentaire avant la page de confirmation.

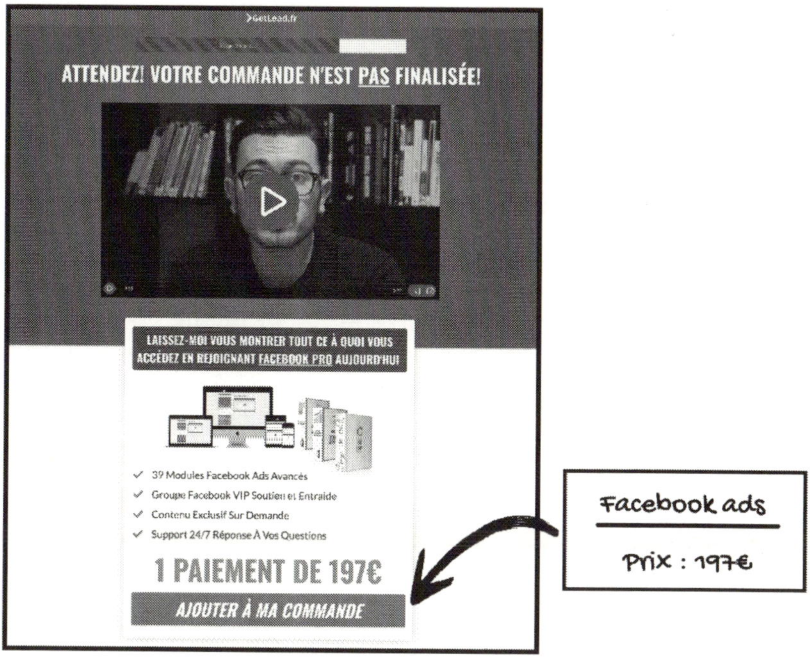

Page d'upsell

Théoriquement, on pourrait mettre autant d'upsell que l'on veut. Et plus on en rajoute, plus le panier moyen augmentera. Mais il y a un autre critère à prendre en compte, la satisfaction du client.

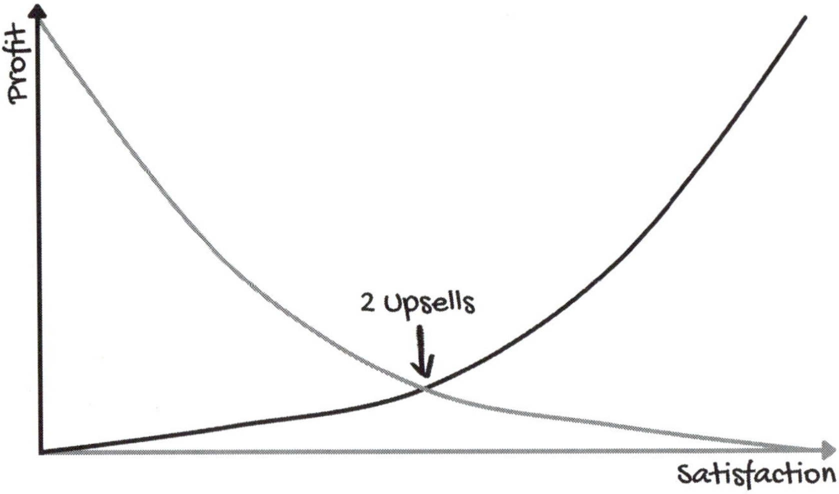

Plus vous ferez d'offres, plus la satisfaction baissera. Le juste milieu entre le bénéfice et l'expérience client est donc de 2 Upsells maximum.

Voilà pourquoi je ne dépasse jamais cette limite. Le bénéfice c'est bien, sauf si c'est aux dépens de la satisfaction de vos clients.

Dans notre exemple, la dernière offre que je propose dans ce Funnel est une formation à 197 €. Et, comme il s'agit d'un montant plus élevé, seulement **3,45%** des clients en profitent.

Mais cela suffit pour ajouter plus de 6,7 € par commande en moyenne. Voici donc mon panier moyen final pour ce Funnel.

Panier Moyen à cette étape : 7 € + 7,4 € + 4,7 € + 6,7 € = **25,8** €
Bénéfice sur chaque vente : 25,8 € - 13 € = **+12,8** €

ÉTAPE #5 - PAGE DE CONFIRMATION

La dernière étape est donc d'arriver sur une page qui résume leur commande. C'est également l'endroit idéal pour délivrer l'offre que vous venez de vendre, et de donner plus d'informations sur votre business.

Cela peut être un lien vers un blog, une chaîne Youtube, un podcast, etc. Montrer simplement à vos nouveaux clients que votre business ne s'arrête pas à ce simple Funnel.

Page de confirmation

Si je fais un Funnel pour vendre un produit physique, je me sers aussi de cette page pour mettre un lien vers d'autres produits qui pourraient potentiellement intéresser mes nouveaux clients.

FAISONS LE POINT

Dans le chapitre suivant, nous détaillerons comment créer une page de vente irrésistible. Il s'agit de l'étape la plus importante, puisque c'est elle qui va déterminer si un client achète ou non votre première offre. Si ce n'est pas le cas, il ne verra jamais vos upsells.

En attendant, j'aimerais être certain que vous avez bien compris à quel point un Sales Funnel peut changer votre business pour toujours. Voici donc quelques points que j'aimerais éclaircir pour vous.

▶ **Maximiser la valeur d'un client.** Le fait est que si le montant maximum qu'un client peut dépenser dans votre business est faible, alors vous aurez mécaniquement un panier moyen peu élevé.

Ce qui nécessitera plus de clients pour faire le même chiffre d'affaires. Et, parfois même l'incapacité d'être rentable avec des publicités, car votre marge est trop faible.

Dans l'exemple de Get Lead, si tout ce que je proposais était une formation à 7 €, cela aurait été la somme maximale qu'un client aurait pu dépenser. Avec des coûts publicitaires à 13 € pour faire une vente, il ne m'aurait pas fallu longtemps pour mettre la clé sous la porte.

Bien sûr, je pourrais augmenter mes prix, mais cela pourrait freiner davantage de personnes et m'empêcher de vendre quoi que ce soit au final.

Avec un Sales Funnel, non seulement j'ai pu garder une barrière à l'entrée très faible avec un prix à seulement 7 €, mais cela me permet en plus de propulser la somme maximum jusqu'à 288 € si la personne décide d'acheter toutes les offres complémentaires que je propose.

Et, comme une partie de mes clients prennent ces offres complémentaires, cela me permet d'augmenter mon panier moyen et de devenir rentable. Voire même, très profitable !

Un Sales Funnel est la meilleure façon d'augmenter votre chiffre, sans augmenter vos prix.

▶ **La surface immergée de l'iceberg.** Comme vous avez pu le remarquer, la majorité du bénéfice est en réalité généré par les offres complémentaires *(upsells)*.

Vous devez donc avoir une vision globale et réfléchir en termes de Funnel plutôt qu'en termes de produits. Peu importe si votre première offre n'est pas rentable *(comme c'est le cas pour Get Lead)*, ce qui compte, c'est le panier moyen sur la durée.

Dans notre exemple, il m'arrive d'avoir des journées où personne ne prend mes offres complémentaires et où je perds de l'argent par rapport à mes dépenses en publicités. Mais, parfois, c'est tout l'inverse et il suffit d'un client qui passe une commande pour 288 € pour que je devienne extrêmement profitable. Le plus important, c'est qu'en faisant la moyenne, je m'y retrouve.

▶ **Obtenir des clients gratuitement.** La publicité pour obtenir de nouveaux clients coûte très cher, et la plupart des entreprises rentabilisent cette dépense des mois, voire des années après l'avoir faite.

Si je vends une offre par abonnement à 10 € par mois par exemple, et que je dois dépenser 120 € en publicité pour obtenir un nouveau client. Je commence à gagner de l'argent seulement au bout d'un an.

Mais, avec un Funnel, on est rentable le jour même. Cela veut dire que vous gagnez de l'argent tout en obtenant de nouveaux clients.

Toujours dans l'exemple de Get Lead, je gagne 13,72 € de bénéfice à chaque nouveau client dans mon entreprise.

Une fois obtenu, rien ne m'empêche de lui proposer d'autres offres qui ne seront alors que du pur bénéfice. Mais cela veut aussi dire que ma croissance est en théorie illimitée.

À chaque fois que **je dépense 1 €, j'encaisse 2 €** et j'ai au passage un nouveau client pour mon business. Je ne connais à l'heure actuelle, aucun autre business modèle capable d'obtenir ce genre de résultats. Vous créez de la richesse à partir de rien.

"ET SI JE NE SUIS PAS TECHNIQUE ?"

Cela fait maintenant des années que j'enseigne mes stratégies sur internet, et la plus grosse peur que j'ai pu rencontrer était celle de la "**technique**".

En lisant tout ce que je viens de vous dévoiler dans ce chapitre, vous êtes peut-être en train de faire un pas en arrière dans votre tête.

Cela vous semble peut être beaucoup trop compliqué à mettre en œuvre. Vous n'êtes pas développeur web, ni designer, et ne savez probablement pas comment créer toutes ces pages.

Photo prise la première année où je me suis lancé sur internet.

Les bureaux de l'entreprise familiale que nous avions créé avec mes parents étaient voisins d'une agence de web marketing. Comme nous avions besoin d'un site pour l'entreprise, je me suis porté volontaire pour le gérer avec l'aide de Jean-Noel *(salarié de l'agence).*

C'est lui qui m'a tout appris sur la création de site. Ensemble, nous avons passé des heures sur WordPress *(un logiciel complexe pour créer des sites internet)* à faire du code HTML, structurer le site, lier les fournisseurs de paiement, etc.

Franchement, quand je vois ce que je faisais à l'époque, je ne sais même pas si je serais capable de le refaire aujourd'hui.

Je passais plusieurs heures tous les jours sur mon ordinateur à essayer de faire la moindre modification sur mon site. Que ce soit changer le prix, déplacer un bouton, etc.

J'étais lent dans mes taches, épuisé et je n'aimais pas ce que je faisais.

Mais, lorsque j'ai découvert le monde du business en ligne, je me suis aussi rendu compte que nous étions à une époque où **pour chaque problème il existait un logiciel** pour le faire simplement.

Que n'importe qui aujourd'hui, était capable de réaliser même les tâches qui semblent les plus difficiles, en échange de quelques dizaines d'euros par mois *(voir gratuitement)* grâce à un outil accessible en ligne.

Par exemple, vous n'avez en réalité besoin que de **six éléments** pour avoir un business en ligne fonctionnel. Et, tous sont inclus dans un seul et unique logiciel qui s'appelle ClickFunnels.

C'est celui que j'utilise le plus au quotidien, car c'est le pilier de mon business en ligne. Avant ça, vous n'imaginez même pas le casse-tête que c'était afin que tout fonctionne parfaitement.

▶ **#1 - L'hébergement.** Lorsque vous mettez du texte sur les pages de votre Funnel, les images, le design, etc. Tout ça est stocké quelque part, et c'est dans ce que l'on appelle un "hébergeur".

▶ **#2 - Nom de domaine.** C'est le fameux "monsite.com" ou ".fr" ou ".net", etc. Ce n'est autre que le lien que vous pourrez donner à vos prospects afin qu'ils puissent se rendre sur votre Funnel.

▶ **#3 - Accepter les paiements.** Vous devez créer des formulaires de paiement afin que vos clients puissent vous payer.

▶ **#4 - Envoyer des emails.** Que ce soit pour confirmer la commande d'un client, ou simplement envoyer des e-mails de ventes *(nous le verrons dans le chapitre 16 et 17)*, vous aurez besoin de cette fonctionnalité.

▶ **#5 - Création des pages du Funnel.** Nous ne sommes pas développeurs, et je ne recommande à personne de suivre le chemin que j'ai emprunté en apprenant le code HTML. Aujourd'hui, grâce à des outils comme ClickFunnels, n'importe qui peut créer un Funnel.

C'est un peu comme si vous faisiez une construction LEGO, vous avez différents éléments à assembler les uns sur les autres. Texte, vidéo, image, etc.

Aperçu de l'éditeur de ClickFunnels sur la page de vente de Get Lead.

▶ **#6 - Espace client.** Si vous vendez des produits digitaux, vous devrez créer ce que l'on appelle un “Espace Membre” afin d'organiser votre contenu vidéo ou de fichier de façon organisée et sécurisée par un mot de passe. Vous pourrez aussi permettre à vos clients de suivre une commande, de vous contacter, etc.

Espace membre de Get Lead créé sur ClickFunnels.

Les business en ligne sont perçus comme des entreprises étranges par la plupart des gens. Si vous vouliez ouvrir un restaurant par exemple, cela vous coûterait probablement plusieurs centaines de milliers d'euros et vous auriez besoin de faire un crédit à la banque.

Mais ça, c'est l'ancienne façon d'entreprendre qui consistait d'abord à poser de l'argent sur la table avant de pouvoir en gagner.

Sur Internet, vous pouvez commencer avec quelques dizaines d'euros, et pourtant générer beaucoup plus qu'une entreprise traditionnelle.

Mais l'erreur que je rencontre très souvent chez les entrepreneurs du web est que comme il est possible de ne presque rien investir, **alors ils n'investissent rien**.

Ils essayent de tout faire gratuitement ou à moindre coût. Que ce soit pour des logiciels, des formations, des outils, etc. Et ils se demandent encore pourquoi ils n'obtiennent pas de résultats.

Ils perdent plus de temps à chercher comment économiser 10 € par mois en trouvant une alternative gratuite que de réfléchir à une offre ou créer un Funnel leur permettant de devenir libre financièrement.

Tout ça n'a pas de sens.

Si vous lisez ce livre, c'est que vous êtes un(e) entrepreneur(e), et qu'en tant que tel vous savez qu'il faut investir pour réussir.

Prenez donc les meilleurs logiciels possibles, ils sont l'équivalent des fondations d'une maison pour un business en ligne.

Grâce à eux vous irez plus vite, chaque tâche sera plus simple *(voire automatisée)* et surtout bien mieux réalisée.

Voici quelques exemples de logiciels que j'utilise dans mon business au quotidien et à quoi ils me servent.

ClickFunnels - Pour les six éléments essentiels d'un business en ligne

Veed.io - Pour le montage de vidéo TikTok

Quaderno - Pour créer des factures en automatique

Calendly - Pour la prise de rendez-vous téléphonique

Ausha - Pour publier mon podcast sur des dizaines de plateformes

Canva - Pour créer tout type de design, image, logo etc.

HappyScribe - Pour extraire le texte écrit d'une vidéo

SimilarWeb - Pour espionner mes concurrents

Aujourd'hui, ce ne sont pas les personnes les plus techniques qui ont des facilités dans leur business. Mais ceux qui ont été suffisamment malin pour trouver les meilleurs logiciels pour tout faire simplement.

LES 9 ÉTAPES D'UNE PAGE DE VENTE IRRÉSISTIBLE

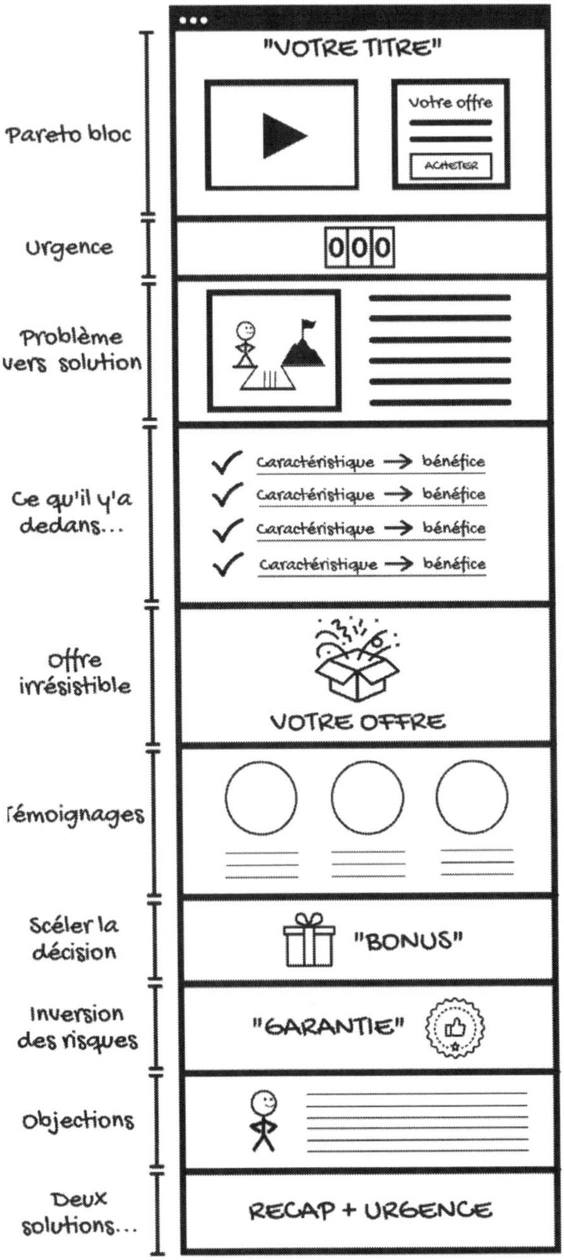

Lorsque j'étais petit, j'ai toujours adoré faire des activités manuelles. Je pouvais passer des heures les mercredis après-midi à assembler des Lego, faire de la pyrogravure sur du bois, fabriquer une cabane dans le jardin, etc.

Ce qui me plaisait le plus c'était de voir prendre vie une construction au fur à mesure qu'on lui ajoute des pièces. Et de ressentir le sentiment de satisfaction d'être arrivé jusqu'au bout une fois terminée. C'est pourquoi lorsque j'ai découvert les Funnel, je suis très rapidement devenu passionné. Car c'est un peu la même chose. Il faut imaginer qu'une page de vente est un assemblage de blocs. Un petit peu comme si vous construisiez une cabane, ou assembliez un Lego.

Ce qui montre également l'importance de ne pas faire n'importe quoi, et dans n'importe quel ordre. Si vous construisez une cabane par exemple, il faut utiliser un certain type de vis, de bois, d'outils, etc.

L'ordre dans lequel vous allez la fabriquer est aussi important. Il est logique de commencer par les fondations, puis d'avancer étape par étape jusqu'au toit. C'est exactement la même chose pour toutes les étapes de votre Funnel, et donc d'une page de vente.

Ainsi, dans ce chapitre, j'aimerais vous donner une structure pour votre page de vente qui est issu d'année de test, et de centaines de milliers de visiteurs sur mes différents Funnels et ceux de mes clients.

En gros, je vais vous donner les pièces et le plan pour construire la meilleure cabane qui soit.

VOTRE PAGE DE VENTE EN 9 BLOCS

Les étapes que vous allez découvrir ci-dessous constituent la structure de base d'une page de vente de haut en bas. Je vous invite également à vous référer à l'illustration présente dans ce chapitre afin de mieux vous situer.

Vous disposerez également à la fin de ce chapitre d'un lien vers un bonus qui vous donnera un accès gratuit à une vidéo d'analyse de page de vente que j'ai personnellement réalisée.

▶ Bloc #1 - Pareto (80/20)

Sur une page de vente de taille standard, seuls 15% des visiteurs feront défiler leurs écrans jusqu'en bas. La raison est que la majorité des gens vont venir et quitter votre page de vente avant même de l'avoir lu en entier. **Sachez également que 80% des visiteurs, n'iront jamais plus bas que ce premier bloc**. Tout comme le titre d'un journal ou d'un livre qui donne envie de l'acheter, c'est cette première partie qui vous donne envie d'aller plus loin ou de fermer votre navigateur.

C'est donc et de loin le bloc le plus important. C'est pourquoi je l'ai appelé le bloc Pareto, il constitue 20% *(ou moins)* de votre page de vente mais représente 80% de son efficacité.

On doit y trouver toutes les informations dont on a besoin pour comprendre de quoi il s'agit, à qui votre offre est destinée, et comment l'acheter. Ce bloc comprend généralement le titre de votre page de vente, ainsi qu'une vidéo *(ou texte)* qui reprend les arguments des autres blocs ci-dessous.

Pour faire simple, lorsque vous allez créer votre page de vente, posez-vous simplement la question suivante :

> Si ma page devait s'arrêter à ça, est-ce que mon client aurait toutes les informations dont il a besoin pour prendre sa décision d'achat ?

C'est notamment la raison pour laquelle j'aime réaliser une vidéo pour toutes mes pages de vente. Cela me permet en quelques minutes de partager ma nouvelle opportunité, de dévoiler mon offre et de casser toutes leurs fausses croyances. En théorie, cette seule vidéo pourrait suffire pour convaincre 80% des visiteurs.

▶ Bloc #2 - Problème vers solution

Suite au premier bloc, nous rentrons alors sur la partie *"copywriting"*. Il s'agit de l'art d'utiliser les mots pour convaincre. C'est à ce moment-là, et en suivant le script que vous aurez plus tard dans ce chapitre que vous allez rédiger le texte de votre page de vente.

En une phrase, l'objectif de votre copywriting est de :

Montrer à votre client que vous pouvez l'aider à passer du point A *(situation actuelle)* au point B *(objectif désiré)* tout en évitant les obstacles qu'il a connus par le passé grâce à votre nouvelle opportunité.

N'oubliez pas que la majorité des gens prendront leur décision sous l'émotion. C'est donc le rôle de ce bloc. Appuyez sur les raisons émotionnelles qui pourraient motiver votre client à passer à l'action.

Mais je sais à quoi vous pensez… Aujourd'hui, plus personne ne lit les longs textes sur les pages de vente, n'est-ce pas ?

Eh bien, c'est faux.

Une bonne page de vente convertira entre 6% à 10% des visiteurs en clients. Cela veut dire que 94% d'entre eux ne la liront pas, c'est vrai.

Mais les 6% qui achètent, si. **Les acheteurs lisent toujours**.

Dans un souci de productivité, j'utilise généralement le même texte à l'écrit que dans ma vidéo du Bloc Pareto. Cela vous permettra de faire d'une pierre deux coups.

▶ Bloc #3 - Détails et bénéfices de votre offre.

Là où dans le bloc précédent nous faisons appel à l'émotion, ici nous allons donner des arguments logiques pour travailler avec nous.

Il s'agira simplement de présenter votre offre en appuyant sur les bénéfices comme nous l'avons vu dans la section I du livre.

Le but de ce bloc est d'expliquer comment notre offre permettra au client d'atteindre son objectif désiré, en une faible période de temps et avec le moins d'efforts possible.

Pour cela, utiliser la formule :

(Élément de votre offre) pour **(Son bénéfice)**

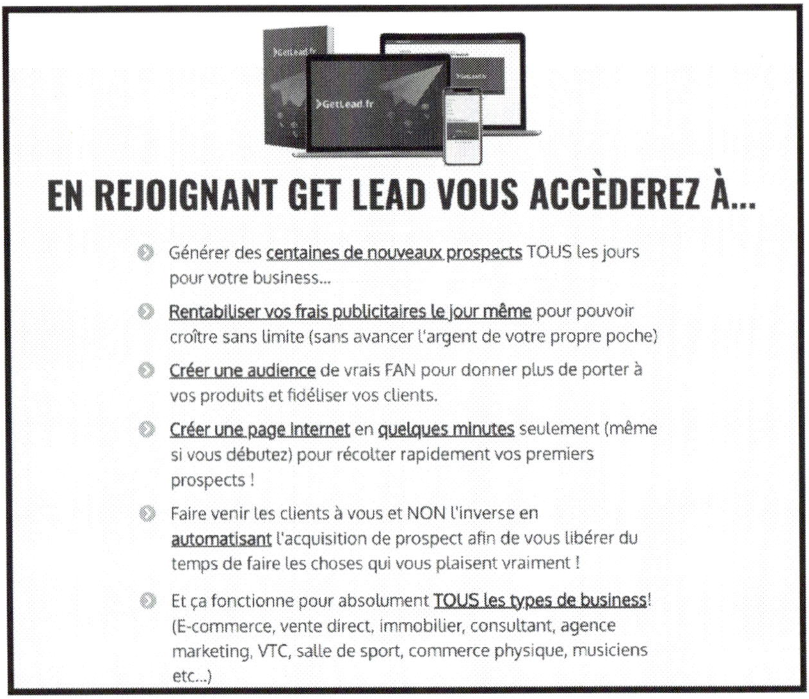

Voici par exemple comment ce bloc est représenté sur la page de vente de Get Lead.

▶ Bloc #4 - Le prix

C'est ici que votre client verra pour la toute première fois le prix de votre offre, ainsi que le “prix barré” *(c'est-à-dire le prix avant réduction)* si vous faites une promotion.

Parfois il m'arrive aussi d'afficher le prix dès le début de la page de vente. C'est d'ailleurs le cas pour Get Lead.

Mais, la question de savoir quel est le meilleur moment pour afficher le prix pour la première fois, n'est pas une science exacte. Chaque business est différent, vous devrez donc faire le test de votre côté.

Vous apprendrez à réaliser des tests plus tard dans le chapitre 20.

▶ **Bloc #5 - Témoignages.**

À présent, ils connaissent le prix et ils savent également tout ce à quoi ils vont accéder. Mais ce qui peut arriver à cette étape, c'est un manque de confiance.

Il peut être en eux, en vous, dans votre produit ou dans votre nouvelle opportunité.

Le simple fait de montrer un témoignage de vos clients, permet d'évaporer la majorité de leurs inquiétudes en les rassurant.

Vous pouvez y montrer des captures d'écran, des vidéos, ou même des citations. Mais je ne vous recommande pas de faire quelque chose de trop "corporate". Vous savez ce genre de vidéo ou une personne parle avec une caméra de très haute qualité, devant un décor beaucoup trop préparé pour que ça paraisse naturel. Un bon témoignage pour paraître vrai, doit l'être. Il doit être spontané.

Par exemple, le fait d'avoir des vidéos amateurs de mauvaise qualité, avec un mauvais cadrage, montre l'authenticité et rend ce témoignage plus sincère.

Si j'en ai la possibilité, j'aime aussi choisir des témoignages différents afin qu'un maximum de personnes puisse s'identifier à au moins l'un d'entre eux.

Dans mon business sur le régime cétogène par exemple, certaines de mes clientes voulaient gagner en énergie. D'autres voulaient mincir. Une partie d'entre elles avaient plus de 65 ans, alors que d'autres avaient autour de 35 ans. Nous avons donc fait en sorte de choisir des témoignages bien spécifiques pour que tous ces différents profils puissent se reconnaître. L'erreur aurait été simplement de prendre les témoignages les plus "Wahou", même s'ils ne parlaient pas à tout le monde.

Enfin, sachez qu'un témoignage sur votre page de vente est facultatif. Si vous démarrez et que vous n'en avez pas, ce n'est pas grave. Cela permet simplement d'améliorer les performances d'une page de vente déjà performante.

S'il vous plaît, **ne mettez pas de faux avis**. Ce n'est pas éthique, ce n'est pas légal et cela vous pénalisera sur le long terme.

▶ Bloc #6 - Les Bonus

Si vous avez des bonus à offrir pour augmenter encore la valeur de votre offre tout en gardant le même prix, c'est le moment de les présenter.

Vous pouvez également vous en servir pour créer de l'urgence. Par exemple un bonus offert pour les 10 premiers à s'inscrire, ou alors uniquement jusqu'à ce soir, etc.

▶ Bloc #7 - La garantie

Présenter votre garantie en inversant les risques afin de montrer qu'ils n'ont rien à perdre en décidant d'acheter votre offre. Que c'est vous qui assumerez s'ils ne sont pas satisfaits.

Voici l'exemple de ma garantie dans le domaine du régime cétogène :

"Notre garantie est très simple, si après avoir suivi votre challenge de 30 jours vous n'avez pas regagné en énergie et perdu du poids... Alors, nous vous rembourserons en intégralité !

Pas de questions ou de long formulaire à remplir. Contactez-nous simplement par email et nous vous rendrons votre argent !"

Voici un autre exemple dans l'un de mes Funnels :

*"Si, pour une raison quelconque, vous décidez que ce challenge n'est pas pour vous, alors, je vous donnerais un e-mail spécial afin que vous puissiez réclamer un remboursement si vous pensez que cela ne valait pas au moins **10 fois votre investissement de 47 €**. Si tel est le cas, nous annulerons votre commande et vous ne paierez rien... De cette façon, vous ne payez que si vous pensez que cela valait chaque centime !"*

▶ Bloc #8 - Les objections.

À cette étape de votre page de vente, il est possible que vous n'ayez pas encore répondu à toutes les questions, où les fausses croyances que vos clients pourraient avoir en votre offre, en votre nouvelle opportunité ou leur capacité à y arriver.

C'est dans ce bloc-là que vous allez boucler la boucle.

Faire une FAQ par exemple est une bonne solution. Pour un produit digital, j'aime aussi faire une vidéo de l'espace membre. S'il s'agit d'un e-book vous pouvez également partager un extrait, ou le sommaire.

Mettez simplement tous les éléments qui peuvent rassurer vos clients une dernière fois avant de prendre leur décision finale.

▶ **Bloc #9 - Récapitulatif et urgence**

Récapitulez très rapidement l'objectif de votre offre, tout ce à quoi ils accèderont, son prix et appuyez le tout avec de l'urgence.

Là encore, ne mettez pas de compte à rebours qui tourne en boucle. Si vous devez créer de l'urgence, faites en sorte qu'elle soit vraie.

Voici donc les 9 étapes d'une page de vente à succès. N'oubliez pas que la valeur perçue est essentielle. Pensez à ajouter des photos qui projettent vos clients vers leurs résultats souhaités. Des mockups qui mettent en valeur vos offres et de belles vidéos si vous le pouvez.

Le design de votre page de vente doit être moderne, et simple. Si vous n'avez pas d'idée, inspirez-vous simplement d'un site que vous trouvez beau. Reprenez ses codes couleurs et imitez son design.

LE COPYWRITING DE VOTRE PAGE DE VENTE

Il s'agit sans nul doute de l'élément le plus important d'une page de vente. Le script *(la structure du vôtre texte)* ci-dessous peut aussi bien être utilisé à l'écrit que pour une vidéo.

▶ **Étape #1 - “Qui” est votre client de rêve.**

Identifiez clairement à qui vous allez vous adresser sur votre page de vente. Pour qui *est* et *n'est pas* votre solution.

L'objectif étant de leur montrer qu'ils sont au bon endroit, et que la solution que vous allez leur présenter est adaptée à eux.

Sur la page de vente de Get Lead, je commence par *“Cher entrepreneur”* par exemple. Dans mon business sur le régime cétogène, les premiers mots sont *“Imaginez deux femmes, toutes les deux ont 39 ans… ”*.

Plus vous détaillerez “qui” est votre client de rêve à cette étape, moins de personnes se reconnaîtront c'est vrai, mais plus elles seront qualifiées.

▶ **Étape #2 - Identifier leurs “objectifs”.**

Montrer que vous connaissez clairement la destination qu'ils veulent atteindre *(Point B)* et celle qu'ils veulent fuir *(point A)*.

Pour cela, j'adore utiliser l'une des deux formules ci-dessous ;

“Si vous cherchez à…”
“Si vous ne voulez plus… ”

N'oubliez pas que plus votre texte ressemblera à une histoire, plus il sera facile à lire. Ne vous contentez pas simplement de faire une liste des éléments qu'ils veulent ou ne veulent plus, rajoutez des détails et des émotions.

Par exemple, sur la page de vente de mon business sur le régime cétogène, voici ce qui est écrit :

"Alors que je regardais de vieilles photos de moi, j'ai été frappé à quel point je semblais mince, avant.

En l'espace de quelques années j'avais pris plus de 23 kg !"

▶ Étape #3 - Identifier leurs "obstacles".

Si une personne se retrouve sur votre page de vente, c'est que vous n'êtes probablement pas la première solution qu'elle a essayé pour atteindre son objectif ou résoudre son problème.

Il y a de fortes chances qu'elle ait essayé tout un tas de solutions, mais qui n'ont jamais fonctionné à cause de différents obstacles.

Vous ne voulez pas faire comme s'ils n'existaient pas, au contraire. Vous voulez aborder les sujets qui fâchent.

L'objectif étant toujours le même, **montrer que vous les comprenez** et qu'en définitive vous avez trouvé **une solution meilleure** que toutes celles qu'ils ont essayées par le passé *(alias, votre nouvelle opportunité)*.

Voici par exemple ce qui est écrit sur la page de vente de mon business sur le régime cétogène :

"J'ai commencé à tester tout un tas de régimes pour perdre du poids... Mais c'est très déçu que je me suis rendu compte qu'aucun de tous les régimes que j'ai essayés ne fonctionnait pas.

Le vrai problème est qu'ils étaient tous basés sur la privation. Manger des aliments fades, en faibles quantités, etc. Je finissais toujours par reprendre les quelques kilos que j'avais perdus."

▶ Étape #4 - Quelle est votre "histoire" ?

De tout ce que vous allez écrire sur votre page de vente, c'est probablement l'histoire que vous allez raconter qui sera la seule chose que vos clients retiendront.

C'est encore une fois un moyen de renforcer la relation et la proximité que vous allez avoir avec les personnes qui lisent votre page. Il s'agit de montrer d'où vous venez *(Le point A)*.

Ne faites cependant pas l'erreur de paraître comme un super-héros qui a tout réussi. Au contraire, vous voulez montrer que vous étiez exactement comme eux. Que vous aviez des peurs, des doutes, des faiblesses, etc.

Soyez précis et donnez des détails pour faire vrai. Je précise que vous n'êtes pas obligé de raconter votre propre histoire, cela peut-être celle d'un client ou d'une étude de cas par exemple.

Voici un court extrait de ma page de vente pour Get Lead :

"Je n'avais absolument PAS les moyens d'investir des milliers (...voir des centaines) d'euros en publicité pour obtenir des clients !

Mes débuts se résumaient donc à passer ***des heures au téléphone*** *à essayer désespérément de convaincre les prospects à l'autre bout du fil d'acheter mes produits ! C'était dur et déprimant d'être rejeté à longueur de journée."*

▶ Étape #5 - Quelle "solution" avez-vous trouvé, et comment ?

C'est à ce moment-là que vous dévoilerez pour la toute première fois votre nouvelle opportunité. Une solution que vous avez découverte, et qui vous a permis d'atteindre l'objectif dont ils rêvent, tout en évitant les obstacles qu'ils ont rencontrés par le passé.

À cette étape de votre page de vente, décrivez simplement comment vous avez découvert cette nouvelle solution, et partagez le *"ah ah moment"* que vous avez eu.

Voici l'exemple de la page de Get Lead :

"Il fallait donc que je trouve une autre solution.

Plus performante, qui demande très peu de ressources et si possible, automatique !

Après des mois de recherches et d'échecs... J'ai enfin compris.

Si je voulais développer mon entreprise, il fallait que je trouve le moyen que les clients viennent à moi et non l'inverse !

Et après des mois de recherches et d'échecs... J'ai réussi !"

▶ Étape #6 - Quels sont vos "résultats" (et ceux de vos clients) ?

Montrer que vous avez réussi à atteindre l'objectif désiré *(le point B)* de votre client grâce à cette nouvelle opportunité.

"Plus de 15 000 prospects générés en moins de 3 mois (en partant de zéro).

Et, pour la toute première fois, c'étaient les clients qui venaient à moi et non l'inverse...

Ça a été le début d'une croissance exponentielle pour mon entreprise (et ma vie personnelle) !"

▶ Étape #7 - "Transition" vers l'offre.

Maintenant qu'ils sont convaincus que votre nouvelle opportunité est la clé qu'il leur faut pour obtenir les mêmes résultats que vous, faites une transition vers la prochaine étape de votre page de vente *(la présentation de votre offre)*.

"Vous pouvez utiliser cette stratégie pour votre propre entreprise afin de développer votre notoriété et votre clientèle !

Voyez-vous, j'ai appris tout ce que je sais aujourd'hui grâce à mon vécu et mes échecs... Je veux que vous puissiez atteindre les mêmes résultats encore plus rapidement que moi.

C'est pourquoi j'ai créé le programme Get Lead."

Voilà, c'est aussi simple que ça !

Mais je tiens à préciser qu'il ne s'agit pas du seul script disponible pour votre page de vente. Il en existe de beaucoup plus complexes avec des dizaines d'étapes.

Je voulais vous donner dans ce livre celui qui a un rapport *efficacité / simplicité* le plus élevé possible. S'il s'agit de votre première page de vente, faites simple. Vous aurez le temps de l'améliorer par la suite.

EXEMPLE BONUS

Si vous souhaitez aller encore plus loin, j'ai réalisé une vidéo bonus dans laquelle j'analyse l'une de mes pages de vente les plus performantes. Ce bonus est uniquement réservé aux lecteurs du livre, alors profitez-en !

Pour accéder à ce bonus gratuit, rendez-vous ici :
digital-selfmade.com/pagedevente

CRÉER L'UPSELL PARFAIT

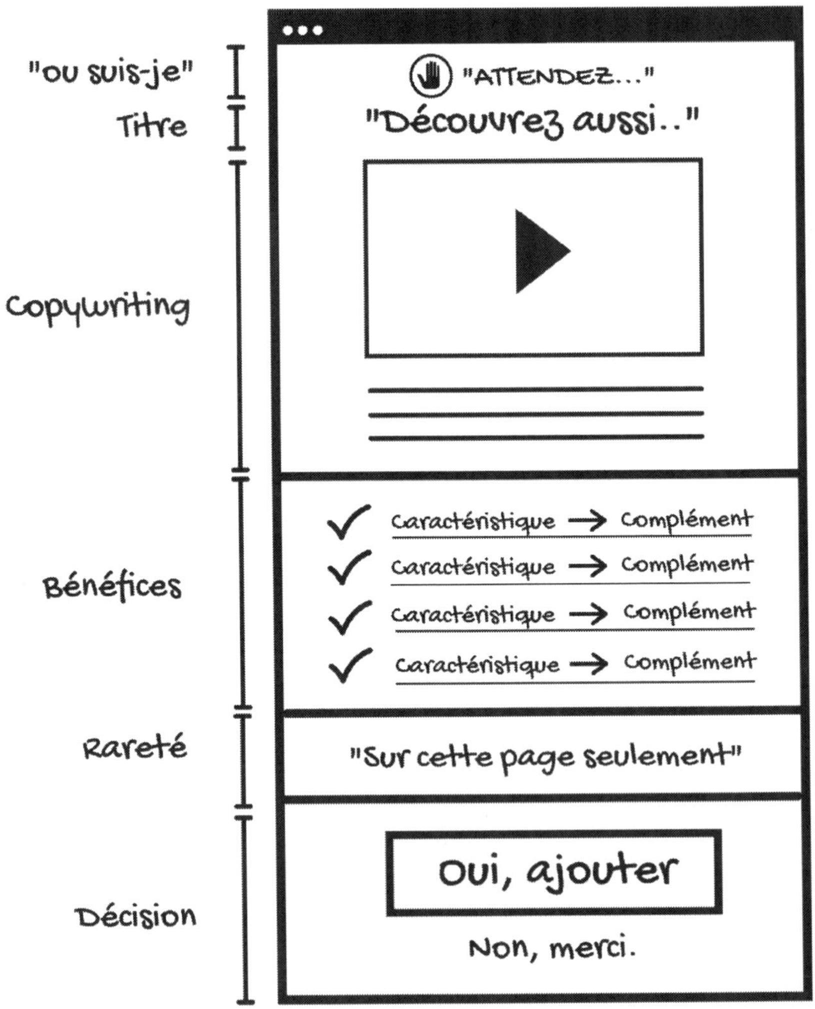

Lorsque j'ai créé ce tout nouveau business pendant le confinement sur le régime cétogène, mes clientes types étaient des femmes qui voulaient mincir mais qui n'avaient jamais entendu parler de cette solution avant.

Il fallait que j'imagine une offre afin qu'elles se familiarisent avec ce nouveau régime. C'est comme ça que j'ai eu l'idée de créer un challenge de 30 jours, avec toutes les informations dont elles auraient besoin pour démarrer. L'objectif n'était pas qu'elles atteignent leur but final de perte de poids, mais qu'elles perdent leurs premiers kilos.

Car si elles obtenaient leur premier résultat dans les 30 premiers jours, elles seraient alors convaincues que cette solution était la meilleure pour elles. Je pourrais alors leur proposer une deuxième offre pour les fidéliser dans le temps afin de continuer leur régime et d'atteindre leur objectif final.

Après avoir eu l'idée de ce challenge de 30 jours, je me suis donc posé la question suivante :

Quel sera leur prochain obstacle si elles arrivent à perdre quelques kilos au cours des 30 jours, et qu'elles veulent continuer ?

J'en suis arrivée à la conclusion que si elles ont suivi le régime à la lettre, elles auront alors eu largement le temps de se familiariser avec.

Elles n'auront donc pas besoin de plus de conseils, ou de plus d'informations. En revanche, pour continuer à manger cétogène, elles devront cuisiner, et pour cela, elles devront avoir des idées de recette.

J'ai donc eu l'idée de créer un livre avec plus de 150 recettes pour les aider à continuer le régime cétogène après avoir suivi le challenge.

Cela leur permettrait donc d'avoir assez d'idées de plats pour ne pas abandonner jusqu'à l'atteinte de leur objectif de perte de poids final.

Mais, bien qu'une partie de mes clientes attendront d'avoir leurs premiers résultats avant de se décider d'aller plus loin, certaines d'entre elles seront prêtes à **acheter ce livre de recettes le même jour que le challenge** si je leur fais une offre spéciale qu'elles ne peuvent pas rater.

Ainsi, une personne qui ne connaissait pas le régime cétogène quelques heures auparavant peut se retrouver à acheter le challenge pour démarrer, plus mon livre de recette dans la foulée pour ne pas s'arrêter après avoir commencé.

J'ai donc décidé de proposer ce livre de recettes avec une réduction de 50% afin de le vendre au tarif de 47 € à tous mes nouveaux clients qui venaient d'acheter le challenge à 37 €.

S'ils décidaient donc d'en profiter, cela ferait bondir leur panier à 84 €. Et, en moyenne, ce n'est pas moins de 15% de tous mes clients qui décidaient d'acheter ce livre le jour même de leur inscription au challenge. Simplement parce que je leur avais proposé de le faire pour une bonne raison.

Dans la quasi-totalité des Funnels sur lesquels j'ai travaillé, l'upsell est vital pour augmenter votre profit. C'est parfois même ce qui peut expliquer la différence entre un business rentable et un autre à perte.

Ce n'est d'ailleurs pas rare de multiplier son chiffre d'affaires par deux, par trois ou plus encore.

Mais il ne s'agit pas de proposer simplement une offre inutile pour que vos clients dépensent plus dans une chose dont ils n'ont pas réellement besoin. Elle doit avoir du sens, et les aider à faire un pas de plus vers leur objectif *(point B)*.

C'est pourquoi dans ce chapitre je vais vous dévoiler ma stratégie pour créer un upsell irrésistible qui a la capacité de décupler le panier moyen dans votre business plus que vous ne pouvez encore l'imaginer.

CRÉER UN UPSELL IRRÉSISTIBLE

L'upsell est l'offre suivant l'achat de votre offre principale. Pour qu'il ait du sens, il doit montrer à vos clients que ça leur permettra *d'aller plus loin* ou *plus vite* vers l'atteinte de leur objectif. J'ai regroupé pour vous les 4 types d'upsell que vous pouvez utiliser dans votre Sales Funnel.

▶ **Anticiper les prochains obstacles de vos clients.**

Il s'agit ici d'énoncer la prochaine étape par laquelle ils devront passer, et les problèmes qui y sont liés. L'upsell sera la solution à ces futurs obstacles.

Par exemple, voici le texte utilisé pour vendre mon livre de 150 recettes à mes nouveaux clients qui viennent d'acheter le challenge de 30 jours.

"Félicitations pour avoir commandé le challenge, mais avant que vous ne le commenciez... Découvrez la raison n°1 pour laquelle un régime cétogène échoue.

Tous les jours des gens abandonnent leurs régimes. Un seul jour de "laisser aller" se transforme rapidement en 2 puis 3 puis 6 jours !

Plus cela dure longtemps, et plus il est difficile de reprendre son régime. Mais en ce qui concerne le régime cétogène, la plupart des gens échouent pour une SEULE raison, et cette raison est... Le MANQUE de créativité !

C'est pourquoi nous avons élaboré la solution idéale à ce problème..."

Voyez comment cette upsell se présente comme la solution par anticipation de leur futur obstacle auquel il n'avait peut-être pas pensé avant d'arriver sur cette page, mais qui semble à présent une évidence.

▶ **Identifier leurs besoins supplémentaires.**

Il s'agit des autres *outils*, *formations* ou *support* dont ils pourraient avoir besoin pour atteindre leurs objectifs plus rapidement, ou simplement obtenir plus de résultats.

Dans un Funnel qui vendait des places pour un événement que j'organisais en direct par exemple, j'ai simplement proposé la rediffusion en upsell plus quelques bonus. Cela leur permettait d'avoir accès aux informations à tête reposée après que l'événement ait eu lieu.

Plus de 50% de personnes qui avaient réservé leur place décidaient d'accéder au replay et d'autres bonus pour 198 € supplémentaires.

▶ **Identifier leurs besoins complémentaires.**

La différence avec le type d'upsell précédent, est qu'il s'agit ici de donner une solution complémentaire qui ne fait PAS nécessairement partie de la même niche.

Elle contribue cependant à les aider à atteindre le même objectif.

Je peux proposer par exemple une formation de crypto-monnaie aux personnes ayant déjà acheté une formation d'investissement en Bourse.

Il s'agit de deux sujets complètement différents, mais qui sont dans le même thème de l'investissement et de la liberté financière.

▶ **Plus de la même chose.**

Je vous déconseille d'utiliser ce type d'upsell pour un produit digital.

En revanche, il est parfaitement adapté à l'e-commerce. Il vous suffit simplement de vendre exactement la même chose que la personne vient d'acheter, avec une promotion.

Si je vends des compléments alimentaires par exemple, je pourrais proposer en upsell un pack supplémentaire à un tarif réduit. Idem pour n'importe quel produit physique. Plus du même bijou, du même produit cosmétique, etc.

VOTRE PAGE D'UPSELL EN 6 BLOCS

Après avoir défini le type d'Upsell que vous vouliez utiliser, il sera temps de le présenter et de le mettre en valeur dans votre Funnel.

J'ai voulu vous partager ci-dessous la structure exacte que j'utilise pour créer des pages d'upsell qui convertissent un maximum. Tout comme pour la page de vente, il s'agit simplement d'un assemblage de blocs mis les uns sur les autres.

▶ Bloc #1 - "Où suis-je ?"

Il est possible que la plupart de vos clients s'attendent après avoir acheté votre première offre à arriver sur une page de confirmation.

Rassurez-les en leur disant que leur achat a bien été validé, mais qu'avant d'y accéder vous avez une offre à leur proposer.

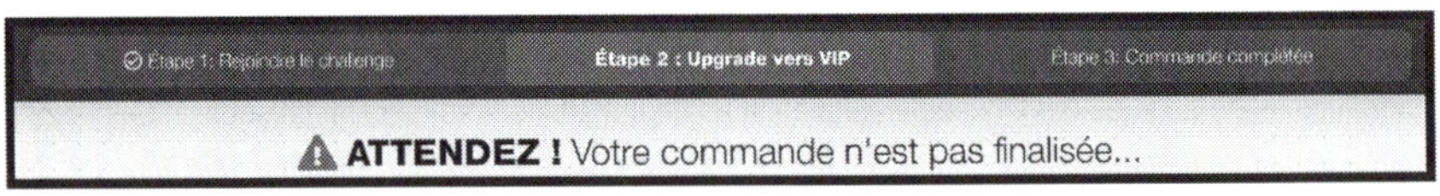

Pour cela j'aime représenter trois étapes tout en haut de la page qui montre que la dernière est la *"commande complétée"* et inscrire une phrase du type *"Attendez, votre commande n'est pas finalisée…"*

▶ Bloc #2 - Le titre.

Le titre est l'élément le plus important de cette page. Tout comme sur la page de vente, votre client doit être capable de comprendre exactement de quoi il s'agit uniquement en le lisant.

Il doit aussi créer de la curiosité afin de donner envie de lire le reste de votre page d'upsell ou de regarder la vidéo.

Par exemple, voici le titre que j'ai créé pour l'upsell du livre de 150 recettes dans mon business sur le régime cétogène :

"Découvrez la raison N°1 pour laquelle un régime cétogène échoue…"

▶ Bloc #3 - Le copywriting de l'upsell.

Concernant ce bloc, il est faisable sous différentes formes.

Cela peut être du texte dans lequel vous allez suivre le script que nous verrons plus tard dans ce chapitre.

Mais pour ma part, j'aime faire une vidéo. La structure de la vidéo est exactement la même que pour le texte, à la différence que je peux transmettre plus de confiance car j'utilise également ma voix et mon visage. Cependant, sachez qu'il m'arrive aussi de faire des vidéos pour des Upsells sans montrer mon visage, mais uniquement mon écran. Et, ça fonctionne très bien.

▶ **Bloc #4 - Les bénéfices de votre upsell.**

À cette étape, détaillez votre offre et tous ses bénéfices exactement comme sur une page de vente traditionnelle.

Appuyez chacune de ses parties en fonction du type d'upsell que vous avez décidé de faire. Il peut répondre au prochain obstacle, à un besoin complémentaire, supplémentaire ou simplement vendre plus de la même chose.

▶ **Bloc #5 - Rareté.**

Le secret d'un upsell qui convertit est sa rareté et son exclusivité.

Précisez qu'il s'agit d'une offre faite uniquement aux clients ayant **déjà acheté votre premier produit**. Qu'elle n'est valable que ici, maintenant, sur la page en question. Mentionnez aussi le fait que s'ils décident de fermer cette page, alors ils n'y auront plus jamais accès. De votre côté, assurez-vous de ne faire cette offre nulle part ailleurs dans votre business.

Par exemple, Voici le texte d'urgence utilisé pour vendre l'upsell du livre de 150 recettes :

"Comme vous venez de rejoindre notre challenge... Nous avons une offre à vous faire qui n'est disponible que maintenant, sur cette page.

Vous pouvez accéder au Livre de 150 recettes aujourd'hui et profiter de toutes les futures recettes gratuitement avec une réduction de 50% pour seulement 47 €.

Mais vous devez en profiter maintenant, car il s'agit d'une offre très limitée qui ne vous sera plus jamais reproposée une fois cette page fermée."

▶ Bloc #6 - Prise de décision.

Confronté à cet ultimatum, vos clients auront donc un choix à faire tout en bas de la page. Soit, ils peuvent dire *"oui"* et ajouter cette offre à leur commande, soit, ils peuvent dire *"non"* et la rater à jamais.

Comme je vous l'ai déjà précisé précédemment, j'utilise l'outil **ClickFunnels** pour réaliser tous mes Funnels.

Ce n'est autre que le leader du marché, et de loin le plus performant. L'une des fonctionnalités les plus folles dont il dispose est le *"one click upsell"*.

Comme les personnes qui vont atterrir sur notre page d'upsell ont rentré leurs coordonnées de carte bancaire à l'étape précédente *(pour acheter notre offre principale)*, on peut à présent les débiter d'un seul clic de leur part. Un peu comme sur Amazon avec leur fonctionnalité *"achat en 1 clic"*, ou lorsque vous payez un abonnement par carte et que l'on vous débite tous les mois sans que vous ayez besoin de réinscrire vos numéros à chaque fois.

C'est tellement simple pour le client qui n'est qu'à un clic d'ajouter votre upsell dans sa commande. C'est l'une des clés qui permet d'avoir autant de personnes qui en profitent.

LE COPYWRITING DE VOTRE UPSELL

Afin de vous partager les différentes étapes du script à utiliser dans le copywriting de votre page d'upsell. Prenons l'exemple de celui fait aux personnes venant de réserver une place pour un événement en direct. Il s'agissait du replay proposé ici en upsell.

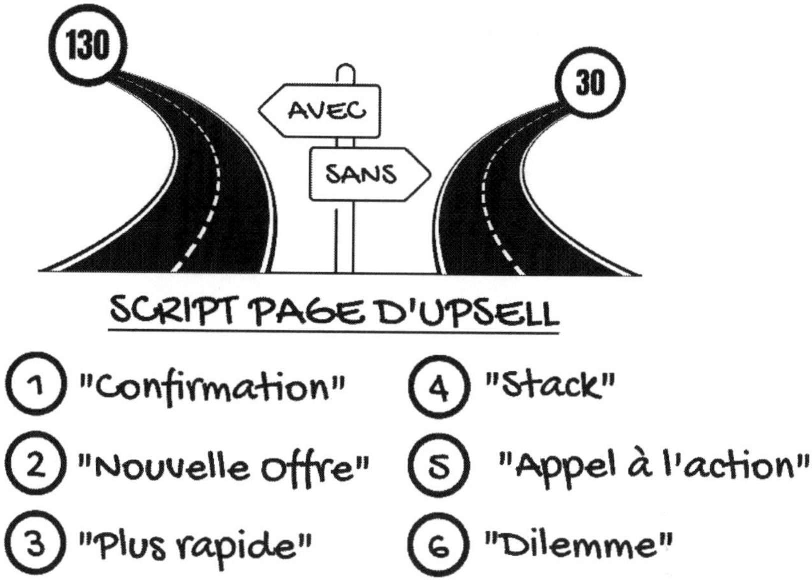

▶ **Étape #1 - Confirmation.**

Félicitez vos clients pour avoir acheté votre première offre, et confirmez qu'il s'agissait d'une bonne décision. L'objectif étant de les rassurer sur le fait qu'ils n'arrivent pas sur une page de confirmation comme ils pourraient s'y attendre.

"Félicitations d'avoir réservé votre place pour cet événement en direct, vous avez pris une excellente décision, et ce que nous allons voir ensemble pourrait bien faire décoller votre business plus rapidement que tout ce que vous avez essayé par le passé"

▶ **Étape #2 - Introduction de votre nouvelle offre.**

Précisez que vous avez une offre à leur faire avant qu'ils ne finalisent leur commande. Et qu'elle n'est disponible que ici, maintenant et sur cette page pour vos nouveaux clients uniquement.

"Mais avant d'aller plus loin, j'ai une offre à vous proposer qui ne sera disponible que ici, maintenant et sur cette page uniquement car vous venez de réserver votre place pour l'évènement".

▶ Étape #3 - Plus rapide, plus de résultats.
Précisez comment cette upsell leur permettra de compléter l'offre principale qu'ils viennent d'acheter pour avoir plus de résultats ou aller plus vite vers l'atteinte de leur objectif final *(point B)*.

"Voudriez-vous accéder à l'expérience VIP de cet évènement ? Je l'ai mise en place pour aller encore plus loin, et vous permettre d'avoir plus d'idées pour votre business afin d'atteindre plusieurs milliers d'euros par mois de chiffre d'affaires"

▶ Étape #4 - Stack de votre offre d'upsell.
Détaillez ce à quoi vont accéder vos clients en profitant de cette offre tout en mettant l'accent sur les bénéfices, comme sur votre page de vente.

"Premièrement, les VIP accéderont au replay de l'évènement afin d'avoir accès à vie et de le regarder autant de fois que vous voulez à tête reposée. Deuxièmement, ils accéderont à 4 études de cas de mes propres business pour (...). Troisièmement, (...). Quatrièmement, (...). Etc."

▶ Étape #5 - Appel à l'action.
Dites-leur qu'ils n'ont qu'un simple clic à faire sur le bouton qui se trouve sur cette page afin d'ajouter cet upsell à leur commande.

"Tout ce que vous avez à faire pour réserver votre place VIP, est de cliquer sur le bouton qui se trouve ci-dessous pour l'ajouter à votre commande"

▶ Étape #6 - Dilemme.
Rappelez-leur qu'ils rateront définitivement cette offre s'ils décident de fermer cette page ou de ne pas en profiter.

"Mais n'oubliez pas que si vous fermez cette page, alors cette offre ne vous sera plus jamais reproposée."

Comme vous pouvez le voir, ce script n'est pas compliqué et il n'a pas besoin de l'être. N'oubliez pas que les personnes qui verront cette offre sont déjà clientes. Elles ont déjà confiance en vous, alors pas besoin d'en faire trop.

EXEMPLE BONUS

Si vous souhaitez aller encore plus loin, j'ai réalisé une vidéo bonus dans laquelle j'analyse l'une de mes pages d'upsell les plus performantes. Il est uniquement réservé aux lecteurs du livre, alors profitez-en !

Pour accéder à ce bonus gratuit, rendez-vous ici :
digital-selfmade.com/upsell

ACTE DE BONNE VOLONTÉ

"Les gens qui aident les autres (sans rien attendre en retour) ressentent un plus haut niveau d'accomplissement, vivent plus longtemps et gagnent plus d'argent" **- Alex Hormozi**

À l'école, j'ai presque tous les ans été le dernier de ma classe en anglais. Mais, lorsque j'ai commencé à entreprendre, je me suis très rapidement rendu compte que j'avais besoin de maîtriser cette langue pour atteindre mes objectifs.
C'est pourquoi j'ai dédié une année de ma vie à devenir meilleur en anglais afin de pouvoir lire des livres inaccessibles pour moi avant.

La plupart des meilleurs livres que j'ai lus, et qui m'ont beaucoup aidé à progresser dans mon entreprise sont en anglais. Et ils ne sont pas assez répandus pour avoir été traduits.

Lorsque l'idée d'écrire un livre pour créer un business en ligne au service de sa vie a émergé dans ma tête, j'ai d'abord commencé à regarder les autres bouquins en français disponibles sur le sujet.

Je ne voulais pas faire une autre synthèse, ou énoncer des principes banals que vous avez déjà vu partout sur internet.

Et, pourtant, sur le marché des livres français il n'y avait que ça. Aujourd'hui, je pense qu'**il est mieux de ne pas lire un livre que d'en lire un mauvais**. Il peut nous détourner de l'objectif que l'on veut atteindre dans notre vie, en nous donnant de mauvais conseils, au mauvais moment. C'est pourquoi j'ai voulu prendre la responsabilité d'écrire exactement le livre que j'aurais voulu avoir lorsque j'ai démarré mon entreprise en ligne. Et c'est pourquoi j'ai une question à vous poser :

Aideriez-vous quelqu'un que vous n'avez jamais rencontré, si cela ne vous coutait rien, mais que vous n'auriez rien à y gagner ?

Si oui, alors j'ai une "demande" à vous faire, au nom d'une personne que vous ne connaissez pas, et que vous ne rencontrerez peut-être jamais.

Il s'agit de quelqu'un tout comme vous, qui a les mêmes rêves, les mêmes objectifs et qui voudrait lui aussi développer un business en ligne à succès. Il est probablement à la recherche d'informations, et de réponses à ses questions. Peut-être se sent-il seul, incompris par son entourage et à la limite d'abandonner son projet pour atteindre la liberté financière.

La seule façon que j'ai d'aider des entrepreneurs à développer leur propre business en ligne est de commencer par les atteindre.

La plupart des gens jugent un livre à sa couverture et à **ses avis**. Ainsi, si jusqu'à maintenant ce livre vous a apporté de la valeur, voudriez-vous prendre un instant pour donner un avis sincère à son propos ? **Cela ne vous coûtera rien, et prendra moins de 60 secondes.**

Votre avis permettra d'aider une personne de plus à développer son propre business en ligne pour devenir libre. Une personne de plus pour donner plus de sens dans sa vie et son travail. Une personne de plus à pouvoir vivre ses passions. Une personne de plus à pouvoir passer plus de temps avec ceux qui comptent vraiment pour lui ou elle.

Pour faire de cette vision une réalité, tout ce que vous avez à faire est de prendre quelques secondes pour rédiger un avis.

▶ **Si vous lisez le livre au format e-book ou physique**, vous pouvez-vous rendre sur le lien qui se trouve ci-dessous afin d'être redirigé sur la page d'avis d'Amazon : **digital-selfmade.com/avis**

Vous pouvez aussi simplement taper le nom du livre sur Amazon.fr ou Amazon.com et laisser un commentaire.

Je tiens aussi à préciser que nous sommes loin d'avoir fini, vous allez adorer les stratégies que je m'apprête à vous dévoiler dans les prochains chapitres.

P.S. : Lorsque vous envoyez quelque chose de valeur à quelqu'un, il associera cette valeur à vous. Si vous pensez que ce livre peut aider une personne de votre entourage, alors envoyez-le-lui, il vous remerciera ! Bien, continuons.

Section III

VENDRE DES OFFRES "HIGH TICKET"

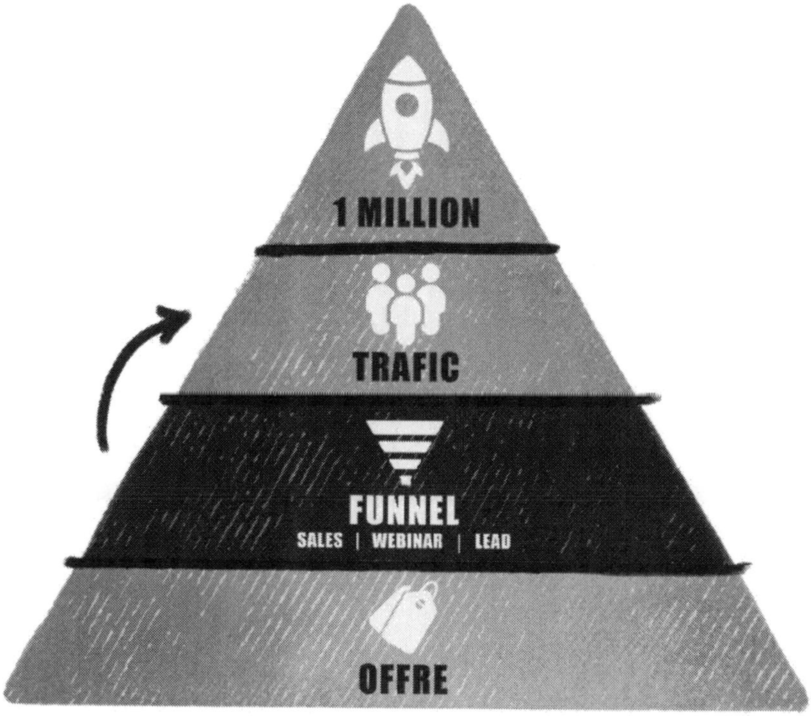

LE WEBINAR FUNNEL

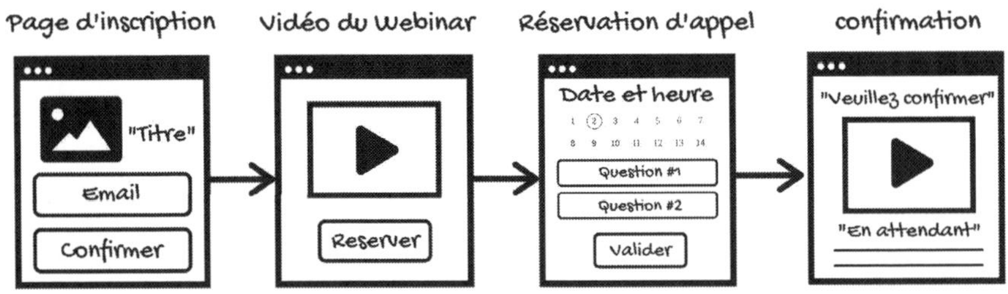

Cela faisait déjà quelques années que je faisais du business en ligne, et que je commençais à en vivre. Notamment en vendant des offres peu chères avec des Sales Funnel. Mais ce qui me drive le plus, c'est de faire de nouvelles choses et de toujours me dépasser afin d'aller toujours plus loin.

Il n'a pas fallu longtemps avant que je me lance le défi de créer et vendre des offres à plusieurs centaines d'euros. Quelque chose qui me paraissait inimaginable quelques mois plus tôt.

En fait, j'avais développé une compétence très poussée au niveau de la publicité Facebook. J'y avais dépensé des centaines de milliers d'euros, et j'étais persuadé de pouvoir aider d'autres entrepreneurs sur Internet à avoir les mêmes résultats que moi. C'est comme ça que j'ai eu l'idée de faire pour la première fois une offre à plus de 500 €. Aujourd'hui c'est une somme qui me paraît faible, mais à l'époque je devais encore me battre avec moi-même pour me convaincre que quelqu'un serait prêt à me payer ce montant-là pour l'aider.

Mais je n'avais qu'une seule façon de le savoir, et c'était d'essayer. Pour identifier quelle stratégie j'allais devoir appliquer, j'ai simplement regardé ce que les autres qui vendaient des offres à ce prix-là faisaient.

La plupart organisaient des réunions virtuelles en direct dans lesquelles ils donnaient de la valeur et où ils faisaient une offre à la fin.

Ils appelaient ces réunions, un **Webinar**.

J'ai donc commencé à me renseigner sur ce sujet. J'ai acheté des livres, suivi des formations, payé des coachings à plusieurs milliers d'euros dans le but de faire mon tout premier webinar moi aussi.

Pour être honnête, même avec tous ces conseils, je ne savais pas vraiment ce que je faisais. Cela m'a pris plus de deux mois pour créer une centaine de slides sur PowerPoint, que j'allais devoir présenter en direct devant environ 200 personnes.

Une fois les slides terminés, je me suis mis à créer mon Funnel. J'ai donc mis en place une page pour que les gens puissent s'inscrire au Webinar, une pour qu'ils puissent payer l'offre que j'allais leur faire à la fin et une pour confirmer leur achat.

Tout était prêt, il était temps de lancer les publicités et de prévenir mon audience. J'avais rarement ressenti un stress aussi intense juste avant d'appuyer sur le bouton *"Passer au direct"* en ce 28 mars à 18h.

Finalement, je n'ai pas réussi à avoir 200 personnes. Seuls 80 se sont connectés ce jour-là. Rien qu'en voyant ce chiffre, j'avais déjà l'impression d'avoir raté quelque chose. Mais bon, j'avais dépensé beaucoup d'argent en publicité pour que ces personnes soient présentes, j'ai donc fait la présentation.

C'était la première fois, j'étais donc maladroit, stressé, et les quelques commentaires rabaissants des gens qui l'avaient remarqué dans le chat ont été déstabilisants.

Les publicités m'ont coûté exactement 375,99 € et lorsque j'ai proposé mon offre à la fin, cinq personnes ont décidé de l'acheter. En une 1 h 30 de Webinar, j'ai encaissé 1 165 € car tout le monde n'a pas payé en une fois. Et je me suis prouvé à moi-même que je pouvais le faire.

Avec la confiance au maximum, j'ai donc organisé un autre webinar quelques jours plus tard, le 9 avril. En me disant que si cette fois j'arrivais à dépenser plus en publicité, j'aurais alors plus de vente et je gagnerais plus. J'ai donc investi 443 € en publicité pour ce second webinar en direct. Et, cette fois-ci, devinez combien de ventes j'ai réalisé.

Pas une seule, même pas de tentative de paiement.

Je venais d'anéantir quasiment la totalité du bénéfice que j'avais fait lors du webinaire précédent. Tout ce temps, et cette énergie pour rien.

Pour être totalement sincère, il m'a fallu quelques jours pour m'en remettre. Mettez-vous à ma place, cela faisait des mois que je travaillais sur ce projet, avec l'espoir que ça allait être le Funnel qui allait changer ma vie. Quand je me suis rendu compte que ce ne serait pas le cas, je suis tombé de mon nuage. Mais, forcé de constater que d'autres réussissaient avec ce type de Funnel, j'ai continué d'essayer.

Trois mois plus tard et des dizaines de tests après, j'ai décidé de passer à autre chose.

J'avais échoué, et je suis retourné vendre mes offres à quelques dizaines d'euros. Jusqu'au jour où j'avais assez récupéré pour essayer à nouveau. C'était un an plus tard, et j'ai décidé de créer une toute nouvelle offre cette fois-ci à 1 000 €.

Entre-temps, j'avais appris beaucoup de choses et je m'en sentais capable. J'ai donc suivi la seule stratégie que je savais faire, j'ai créé mes slides et organisé un webinar en direct. Mon objectif était de le faire une fois par semaine pendant autant de temps que ça fonctionnerait.

La première fois que j'ai organisé ce Webinar, j'ai gagné 10 000 € en une soirée. C'était juste inimaginable, mais la semaine d'après le bénéfice est retombé à 5 000 €. Deux fois moins de résultats, ce n'est pas grave, on continue quand même. La semaine suivante on était cette fois à 3 000 €. La 4e fois, j'étais à la limite de la rentabilité.

Si ça continuait comme ça, j'allais perdre de l'argent au prochain webinar. J'ai donc décidé de ne pas l'organiser.

Finalement, cela n'a duré que quatre semaines. Seulement un mois.

J'avais découvert une méthode qui me permettait en effet de vendre des offres à plus de 1 000 €, mais **impossible de la faire durer dans le temps**. C'est bien de gagner 10 000 € en une soirée. Sauf si tu ne peux le faire qu'une fois par an. Mais ça, les gourous du web avaient oublié de me le préciser apparemment. Le prochain défi que je devais relever, était donc de pouvoir vendre ce type d'offre chère de manière *régulière* et *stable*.

J'ai donc essayé ce que l'on appelle les webinar automatisées. Le concept est simple *(et il est fort probable que tu en es déjà suivi un)*. Tu prends le replay d'un Webinar que tu as organisé en direct, et utilise un logiciel qui simule que tu es en live. Je n'étais déjà pas très enthousiaste à l'idée d'utiliser ce genre d'outils, mais je n'avais rien à perdre à essayer.

Cette fois-ci, ça a fonctionné, j'avais enfin réussi à vendre de manière régulière des offres à plusieurs centaines d'euros, voire à plus de 1 000 €. Et au cours de l'année entière qui a suivi, j'ai réalisé plusieurs Webinar dans différents domaines avec ce modèle. Mais il y avait plusieurs problèmes.

Premièrement après toutes les dépenses publicitaires, la marge était faible. Je brassais finalement beaucoup de vent pour pas grand-chose.

Deuxièmement, j'ai fini par détester mes clients. Ils se croyaient tout permis car ils avaient payé quelques centaines d'euros. Ils ne faisaient pas le travail que je leur demandais et n'étaient pas sérieux dans l'application de mes conseils. J'étais frustré, car j'avais mis énormément de temps et d'énergie pour les faire réussir, mais j'avais l'impression qu'eux-mêmes n'en avaient pas envie.

Et, pour finir, je n'étais pas à l'aise avec l'idée de créer *"une fausse urgence"* pour vendre mon offre. Je voulais qu'un client décide de travailler avec moi car il en a réellement envie, et pas parce que je lui mets un couteau sous la gorge.

C'est pour toutes ces raisons que j'ai décidé de faire un virage à angle droit et de tout arrêter du jour au lendemain. Il me fallait une autre stratégie.

À partir de cet instant, il s'était déjà écoulé des années depuis mon tout premier webinar, et je n'avais toujours pas réussi à atteindre l'objectif que je m'étais fixé. Trouver la stratégie que je vais vous dévoiler dans ce chapitre a été *(et de loin)* la chose la plus longue et difficile que j'ai eu à faire dans mon business.

Un jour, une formation gratuite que j'ai vue en publicité sur Youtube m'a intrigué. J'ai donc mis mon email pour la regarder, et à la fin, je m'attendais à ce que l'on me vende un énième programme à 1 000 €.

Mais pas cette fois-ci, et pour la toute première fois, on m'a proposé de réserver un appel. Je n'en comprenais pas vraiment la raison, mais c'est ce que j'ai fait. Je voulais aller au bout du Funnel pour voir comment ils rentabilisaient leurs publicités.

Au téléphone, un Australien me posa tout un tas de questions sur mon business et mes objectifs. De fil en aiguille, nous en sommes arrivés à la présentation du programme qu'ils ont mis en place pour m'aider.

Je lui ai alors demandé le prix, et il m'annonça "$7800".

Mon souffle s'est coupé.

Depuis le début de l'appel, nous échangions en anglais. Je réponds donc…

Moi : "Euh… What did you say ?" *(Qu'avez-vous dit ?)*
Lui : "$7800"

Wow, je n'en revenais pas !

Je ne me doutais absolument pas que ça valait ce montant, mais je n'aurais jamais cru possible de proposer une telle offre à un nouveau client comme je l'étais. Par la suite, j'ai fait mon enquête. J'ai vu qu'il n'y avait pas moins de 20 nouvelles personnes qui avaient rejoint le groupe Facebook de ce programme au cours du dernier mois. J'ai pris mon téléphone et j'ai fait le calcul.

20 x $7800 = **$156000** *(par mois)*

Je n'avais pas les mots. Je savais que j'avais mis la main sur une pépite et il fallait à tout prix que j'essaye.

Le jour même, je me suis mis au travail. J'ai repensé totalement mon Funnel en m'inspirant du leur. J'ai mis en place toutes les étapes nécessaires pour que mes prospects venant de la publicité puissent réserver un appel avec moi directement, afin que je puisse leur proposer mon offre.

Avant de me lancer sur internet, les seules méthodes que j'avais trouvées pour développer mon business était de passer des centaines d'appels tous les jours avec les pages jaunes. Et bien malgré cette expérience, j'étais quand même terrifié à l'idée de prendre le téléphone. Je pense que c'est humain.

Mes premiers appels étaient catastrophiques, je ne savais pas trop quoi dire ni comment le dire. Puis un jour, alors que j'étais au téléphone avec un prospect dans mon bureau face à la fenêtre, juste après avoir annoncé le prix, un silence qui m'a paru être une éternité s'est installé.

Puis la personne à l'autre bout du fil m'a dit *"c'est ok"*. Quelques instants plus tard, cet inconnu me payait 1 000 € cash.

Au cours des mois suivants, j'ai passé des centaines d'appels et plus le temps passait, plus je m'améliorais et gagnais confiance en moi. Jusqu'à ce que j'arrive à ma limite, car je n'avais plus assez de temps dans une journée. C'est à partir de là que j'ai donc commencé à constituer mon équipe et que mon business a commencé à grandir.

Petit à petit, j'ai commencé à créer des offres encore plus haut de gamme à plusieurs milliers d'euros. Et, devinez quoi ? Ça se vendait encore mieux.

Comme nous avions nos futurs clients au téléphone, nous pouvions les filtrer pour être certain de ne travailler qu'avec les bonnes personnes.

Il n'était plus question d'accepter n'importe qui, mais uniquement des membres qui allaient pousser le reste du groupe vers le haut.

Comme nos clients payaient plus cher pour se former, ils étaient beaucoup plus impliqués dans leur projet et nous avions davantage de ressources pour les aider.

C'est aujourd'hui une réelle fierté à chaque fois que je vois le succès d'un de nos membres. Au moment où j'écris ces lignes, cela fait plus de deux ans et demi que ce Funnel tourne sans interruption de manière extrêmement stable, et nous rapporte de nouveaux clients **TOUS** les jours. Voici toutes les étapes de ce Funnel enfin dévoilé.

ÉTAPE #0 - LA PUBLICITÉ

Le gros point fort du webinar Funnel, c'est qu'en plus de vous apporter des clients il vous permet également de vous constituer une base de prospects. Vous allez en effet d'abord apporter de la valeur dans une vidéo gratuite, avant de vendre quoi que ce soit.

En échange de cette vidéo, vous allez demander un email. Comme nous n'avons rien à vendre dans la publicité, cela facilite grandement notre travail. Néanmoins, ne pensez pas que comme c'est gratuit ça ne vaut rien. Même si vos prospects ne vont pas dépenser d'argent, ils vont investir leur temps. Ce qui est une valeur encore plus précieuse.

À vous de démontrer dans votre publicité que votre formation gratuite *(alias webinar)* vaut largement le temps qu'ils vont passer à la regarder.

Publicité YouTube

La publicité va donc rediriger le trafic sur la première étape de notre Funnel, à savoir la page d'inscription.

Pour savoir si votre publicité est performante, vous devrez vous baser sur la somme que vous dépenserez lorsqu'une personne décidera de s'inscrire à votre webinar. Mais il ne s'agit pas d'un montant universel.

En réalité, cela dépend de la niche dans laquelle vous vous trouvez. Le prix que vous payerez pour un inscrit à votre webinar dépendra notamment de la *taille* et de la *concurrence* sur votre niche.

Je vous donnerai le moyen d'identifier ce montant dans votre situation en particulier dans la section V de ce livre.

ÉTAPE #1 - LA PAGE D'INSCRIPTION

Il s'agit d'une simple page sur laquelle se trouvera le titre de votre webinar, ainsi qu'un champ pour y inscrire son email afin de le visionner.

Mon expérience m'a appris que plus cette page est simple, plus elle convertira. Je ne mets ni vidéo, ni description détaillée du webinar.

Le rôle de cette étape est crucial pour le reste de votre Funnel, car **elle va jouer le rôle de filtre**. Les personnes qui mettront leur email pour visionner votre webinar, seront celles qui se reconnaîtront dans le titre de votre page d'inscription.

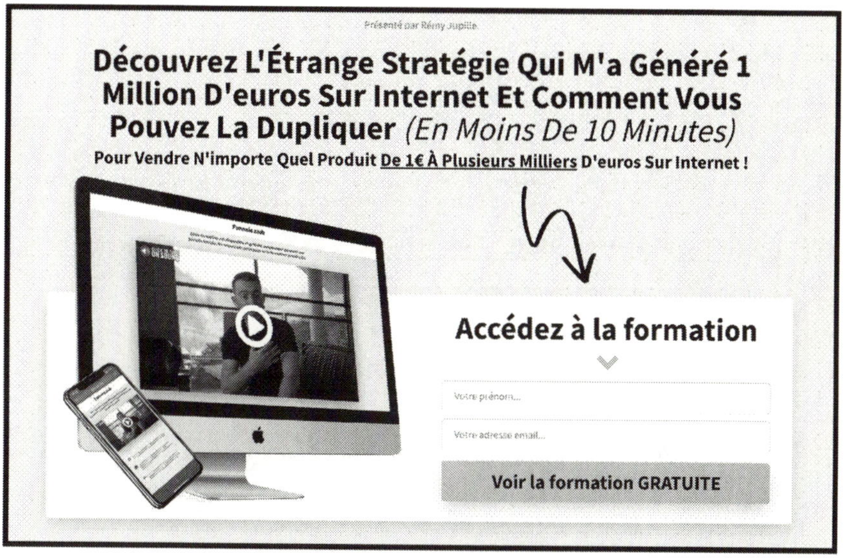

Page d'inscription

Par exemple, si dans votre titre il y a la mention suivante : *"stratégie pour démarrer un business de zéro"*. Les personnes qui s'inscrivent à votre webinar, seront des **débutants**.

En revanche, si votre titre dit plutôt *"Stratégie pour développer son business à plus de 10 000 € /mois"*. Cela sous-entend que votre webinar s'adresse à des personnes qui ont déjà un business, et qui veulent croître.

Bien entendu, c'est valable peu importe le domaine dans lequel vous exercez. Voilà pourquoi vous devez faire extrêmement attention aux mots que vous utilisez car cela impactera énormément le type de personne que vous attirerez. Un excellent moyen de savoir si la page d'inscription convertit, est ce que l'on appelle **le taux d'inscription**.

Sur 100 visiteurs, combien de personnes s'inscrivent. Il doit être supérieur à 35%. En dessous de ce chiffre, vous devrez retravailler votre page, où votre publicité.

ÉTAPE #2 - LA PAGE DU WEBINAR

Les personnes que votre page d'inscription aura filtrées, et qui auront mis leur email seront immédiatement redirigées sur la page de votre webinar. C'est l'une des pages les plus simples de ce Funnel. Elle ne présente qu'une vidéo à regarder et un bouton pour passer à l'étape d'après.

Page du Webinar

Ici, pas besoin de simuler le fait que vous êtes en live. Il s'agit simplement d'une vidéo pré-enregistrée *(votre webinar)* qui suit une structure bien précise que je vous dévoilerai plus tard dans ce chapitre.

À la fin de ce webinar, ils auront alors la possibilité de cliquer sur un bouton sous la vidéo afin de réserver un appel avec vous. Si votre webinar est performant, environ 10% à 15% des personnes s'étant inscrites pour le regarder, réserveront un appel pour aller plus loin.

ÉTAPE #3 - LA PAGE DE RÉSERVATION

Après avoir cliqué sur le bouton sous votre webinar, ils arriveront sur la page de réservation sur laquelle ils pourront choisir un jour et une heure pour le rendez-vous, avant de répondre à une série de questions pour réserver leur appel.

L'objectif étant d'avoir plus d'informations sur les cinq critères ci-dessous afin de préparer notre appel ou de l'annuler si la personne ne correspond pas à notre client de rêve. C'est un peu comme un entretien d'embauche ou vous sélectionnez votre futur client.

Page de réservation d'appel

▶ Question #1 - Quel est leur objectif désiré ?

L'une de vos questions doit vous permettre de connaître l'objectif de votre prospect afin de savoir avant même que l'appel est commencé si vous pouvez l'aider et s'il a les pieds sur terre.

▶ Question #2 - Quels sont leurs obstacles ?

Nous voulons comprendre d'où ils viennent. Ce qu'ils ont essayé avant et qui n'aurait pas fonctionné afin de situer leur niveau d'avancement.

C'est aussi un bon moyen de savoir s'ils prennent la responsabilité de leur échec. Vous ne voulez pas de clients qui rejettent systématiquement la faute sur les autres.

▶ Question #3 - L'urgence.

Mieux vaut annuler le rendez-vous si la personne n'est pas prête à travailler avec vous dès maintenant. Vous risqueriez d'être au téléphone avec un prospect qui ne vient que rechercher des informations. Posez une question vous permettant d'identifier si votre prospect est pressé d'atteindre son objectif. C'est également une question essentielle pour savoir si son projet est une priorité

▶ Question #4 - Les ressources financières.

Nous voulons savoir si le prospect est prêt à investir son argent pour atteindre son objectif. Et s'il a les ressources financières pour travailler avec nous.

Lorsque tous ces critères sont réunis, on dit alors que vous avez un **prospect qualifié**. Forcément, ce n'est pas toujours le cas, et c'est pourquoi nous annulons certains rendez-vous afin de ne pas faire perdre de temps à qui que ce soit.

Si le formulaire de votre prospect montre clairement un manque d'ambition, aucune prise de responsabilité sur sa situation actuelle, aucune urgence d'en changer et une situation précaire... Alors, économisez votre énergie, votre temps et annulez cet appel qui ne mènera à rien. Notre objectif n'est pas d'avoir un agenda rempli à ras bord, mais seulement quelques appels qualifiés tous les jours de prospect qui veulent travailler avec nous maintenant et qui ont les moyens de le faire. Ce Funnel vous permet de vendre des offres entre 500 € et plusieurs milliers d'euros. Vous n'avez pas besoin d'avoir des centaines de clients tous les mois pour devenir libre financièrement.

Parfois un seul peut même suffire.

ÉTAPE #4 - LA PAGE DE CONFIRMATION

Après avoir rempli le formulaire pour réserver leur appel, ils seront immédiatement redirigés sur une page de confirmation de rendez-vous.

Elle est indispensable si vous voulez avoir un maximum de réponse au téléphone. En effet, ce n'est pas parce qu'une personne a réservé un appel *(qualifié ou pas)* qu'elle va répondre au moment où vous allez l'appeler. Beaucoup de choses peuvent se passer entre-temps, et elle peut oublier ou juste changer d'avis.

Page de confirmation d'appel

D'ailleurs c'est entre 40% et 50 % des personnes qui réservent un appel qui ne répondront pas. On appelle ça des *"no show"*. Notre objectif avec cette page est donc de réduire ce chiffre au minimum.

Pour cela, nous allons réaliser plusieurs vidéos dans lesquelles nous leur dirons exactement à quoi s'attendre lors de cet appel.

Mais également des bonus, des témoignages, des études de cas, etc. Plus vous ajouterez de la valeur, plus la personne aura envie d'en parler avec vous au téléphone, et plus ses chances de répondre seront élevées.

Pas de réponse, pas de vente.

ÉTAPE #5 - LE RENDEZ-VOUS TÉLÉPHONIQUE

Résumons donc le parcours de la personne que vous avez au téléphone à cette étape. Elle a cliqué sur votre publicité. Elle a ensuite fait partie des 35% de personnes ayant mis leur email pour regarder votre webinar. Après quoi, elle l'a visionné en intégralité comme seulement 10% des inscrits. Elle a répondu au formulaire que vous avez considéré comme "qualifié", et lorsque vous l'avez appelé, elle a répondu. Rendez-vous compte du chemin qu'elle a parcouru. Après toutes ces étapes, pensez-vous que cette personne ait envie de travailler avec vous ? La réponse est oui. C'est pourquoi il ne s'agit pas d'un appel de vente, mais d'un appel de closing. Laissez-moi vous expliquer la différence.

Rémy faisant un appel de closing à Grimaud, en France.

Lorsque vous **vendez**, vous essayez de convaincre votre prospect qu'il a besoin de votre offre. Il faut alors que vous arriviez à créer le besoin de l'acheter directement au téléphone. C'est très difficile car personne n'aime qu'on lui vende quelque chose.

Mais, lorsque vous **closez**, vous parlez à un prospect qui est déjà convaincu que vous pouvez l'aider.

Cette tâche a notamment été remplie par votre webinar qu'il a visionné. Mais il a encore des petites questions, des interrogations, des doutes, etc. Votre rôle dans un appel de closing n'est pas de vendre quoi que ce soit, c'est de rassurer et d'accompagner votre futur client dans sa prise de décision.

Voyez les appels de closing comme un rendez-vous chez le médecin. Afin de prescrire le meilleur traitement possible, le médecin va poser tout un tas de questions à son patient. Le but étant d'identifier les symptômes, comment il se sent, est-ce qu'il a mangé quelque chose qu'il ne fallait pas, etc.

Une fois tous les éléments en sa possession, le médecin pourra alors lui prescrire le traitement adapté.

Et bien dans le closing c'est exactement la même chose. La pire erreur à faire, serait de détailler tous les éléments de votre offre. En réalité, on n'en parle quasiment pas. On parle de notre prospect.

Quels sont ses objectifs ? Pourquoi c'est important pour lui ? Etc. On réalise un travail d'enquêteur pour comprendre exactement ce dont il a besoin. Tout comme un médecin qui va poser des questions à son patient. En fonction de ses réponses, on pourra lui proposer notre offre uniquement si elle est adaptée à lui.

Pour vous aider à avoir une structure lors de vos premiers échanges téléphoniques, je vous dévoilerai un script de closing ultra-efficace au cours des pages suivantes. Mais avant ça…

FAISONS LE POINT

Dans le chapitre suivant, nous verrons ensemble comment vous allez pouvoir créer votre propre webinar. En attendant, j'aimerais revenir sur quelques points essentiels à comprendre en ce qui concerne cette stratégie.

▶ Un webinar ne vend PAS d'offre, mais une nouvelle opportunité.

Personne ne veut regarder une vidéo publicitaire de 30 minutes ou d'une heure dans laquelle on lui présente tous les détails d'une offre qui pourrait l'aider. Vos prospects veulent des informations de valeur pour monter en niveau de conscience sur un domaine en particulier.

L'erreur la plus fréquente que j'ai constatée lorsqu'il s'agissait de créer un webinar, est de parler de vous et de tout ce qui fait que vous êtes meilleur que les autres. Mais, en réalité, vous n'allez presque pas parler de votre offre dans ce webinar.

Son but est de convaincre vos clients que votre nouvelle opportunité est celle qui leur faut pour atteindre leur objectif. Si vous y parvenez à travers ce webinar, alors votre offre sera la suite logique pour l'appliquer.

Par exemple, si je devais faire un webinar pour un accompagnement minceur avec le régime cétogène, mon but serait de les convaincre à travers ma vidéo que *le régime cétogène est la meilleure solution pour mincir*. J'aurai environ 30 minutes pour le faire.

Et si j'y parviens, alors ce seront eux qui réclameront mon aide pour essayer ce régime. Je pourrais alors les inviter à réserver un appel afin de voir comment nous pourrions travailler ensemble.

▶ Faire monter le niveau de conscience de vos clients.

Rien de pire qu'un appel dans lequel vous allez mettre toute votre énergie afin d'essayer de convaincre votre prospect au téléphone que votre solution est la meilleure pour l'aider à réussir.

Si cela arrive, c'est que soit votre webinar n'est pas bon, soit la personne ne l'a tout simplement pas regardé. N'oubliez pas que le but d'un webinar est d'avoir des prospects au téléphone qui savent déjà ce qu'ils veulent *(votre nouvelle opportunité)*.

Il m'est par exemple déjà arrivé de *"closer"* une offre à plus de 5 000 € en moins de 15 minutes car la personne voulait simplement savoir où mettre sa carte. La raison est que l'on automatise *(grâce à une vidéo de 30 min)* la phase d'éducation de nos clients au lieu de leur expliquer un par un comment nous pouvons les aider.

Cette étape est cruciale, car personne n'achète ce qu'il ne comprend pas.

Pour résumer, votre prospect doit être convaincu que votre nouvelle opportunité est la seule capable de l'aider à réussir et il doit comprendre de quoi il s'agit.

Pour reprendre l'exemple du régime cétogène, très peu de gens savent ce que c'est. Ils n'ont jamais entendu parler du mot “Cétogène”.

Il faut donc leur expliquer et les éduquer sur comment ce régime fonctionne sur leur corps. Leur démontrer qu'il est possible de perdre du poids en mangeant gras.

Et tout cela demande des histoires, des exemples, et donc un peu de temps. Voici pourquoi une vidéo de 30 minutes est nécessaire.

Sauter cette étape pour prendre directement les prospects au téléphone reviendrait à passer la majorité de notre temps à essayer de les convaincre que ce régime fonctionne.

Le problème, c'est que c'est infiniment plus dur de le faire au téléphone *(si ce n'est impossible)*.

▶ Ce sont les clients qui viennent à vous.

Nous en avons déjà parlé, mais je voudrais appuyer sur cet aspect pour que vous compreniez à quel point c'est important.

Lorsque j'ai démarré dans l'entrepreneuriat, la seule solution que je connaissais pour trouver des clients était la prospection téléphonique.

En gros, je passais ma journée à éplucher des pages jaunes pour appeler tous les numéros qui semblaient être qualifiés. Mais il y avait plusieurs problèmes à cette stratégie.

Les personnes au téléphone n'étaient pas forcément qualifiées, ce n'était peut-être pas non plus le bon moment pour elles, et surtout, je les dérangeais. En fait, j'avais déjà perdu l'appel au moment où je disais *“Bonjour, auriez-vous quelques minutes à m'accorder”*.

C'est la raison pour laquelle je passais la majorité de mon temps à être rejeté, voire même insulté. C'était l'une des façons les plus difficiles et les moins productives que j'ai pu tester dans ma vie pour trouver de nouveaux clients.

Le vrai problème de fond est que lorsque vous appelez quelqu'un qui n'a rien demandé, vous êtes **demandeur**. Vous réclamez de l'attention, et cela donne du pouvoir à votre interlocuteur qui ne se privera pas de s'en servir pour vous raccrocher au nez.

Lorsque c'est le prospect qui réserve un appel avec vous, *c'est lui qui demande de l'aide pour atteindre son objectif.* Dans ce cas, la situation s'inverse, et vous devenez **offreur**.

La position de force que cela vous donne vous permet non seulement d'avoir l'attention de votre client, mais de poser vos conditions pour travailler ensemble. Que ce soit pour le prix, l'attitude du client, etc.

Vous ne pourrez jamais vendre cher si vous êtes demandeur. En revanche, vous seriez surpris du prix que vous pourriez facturer en tant qu'offreur. Mettre en place un webinar est donc bien plus que l'attraction de nouveaux clients, mais une stratégie capable de changer l'intégralité de votre business, ses résultats et la relation que vous avez avec eux.

► Une vidéo suffit pour briser la glace.

J'aimerais que vous compreniez que si votre webinar est bien structuré, alors il constituera l'intégralité de vos efforts marketing pour vendre une offre à plusieurs milliers d'euros.

Je sais que cela peut paraître fou, mais vous pouvez littéralement vendre une offre à ce genre de montant à un inconnu qui vous a découvert seulement quelques minutes auparavant.

Là est toute la puissance du webinar. En une trentaine de minutes, vous allez répondre à toutes les questions de vos clients. Apaiser tous leurs doutes et leur donner une solution à leur problème. Leur prouver que seule votre nouvelle opportunité leur permettra d'atteindre leur objectif et qu'ils peuvent aussi y parvenir grâce à votre aide.

Après l'avoir visionné, ils n'auront plus aucun frein au fait de travailler avec vous et se jetteront sur vos services, même s'ils viennent de vous découvrir. Mais pour cela, votre webinar doit suivre une structure bien précise, et c'est ce que nous allons voir dans le chapitre suivant.

CRÉEZ VOTRE PROPRE WEBINAR

Lundi 17 mai 2021, presque immédiatement après l'annonce du président sur l'ouverture des frontières françaises à l'étranger après des mois d'interdiction, je réservais un billet d'avion pour un voyage de 45 jours pour Bangkok avec ma copine au départ du 27 mai.

Selfi à Pattaya, Thaïlande.

De mon côté, je connaissais déjà l'Asie. J'étais allé en Chine plusieurs fois pour rendre visite à mon grand-père qui y a travaillé plusieurs années. Pour ma copine en revanche, c'était la première fois.

Tout ce qu'elle avait vu de la Thaïlande, c'était des documentaires et quelques films comme Kickboxer (avec JCVD).

Elle s'attendait à un pays sous-développé, avec uniquement des marchés en extérieur au milieu de la circulation pour faire les magasins ou acheter sa nourriture. Et bien que je lui aie dit que ça ne serait pas le cas, elle a insisté pour remplir sa valise d'une pile de vêtements au lieu d'en mettre le moins possible comme moi, pour en acheter là-bas.

Elle pensait qu'il n'y aurait aucune marque occidentale, et que les seuls vêtements que l'on trouverait seraient de mauvaise qualité.

Lorsque nous sommes arrivés à Bangkok, elle a été subjuguée. Non seulement le pays était bien plus avancé que ce qu'elle ne pensait, avec de superbes hôtels, des restaurants délicieux, etc.

Mais il s'avérait en plus qu'il y avait le plus grand centre commercial que nous n'avions jamais vu. Un gigantesque bâtiment sur plus de neuf étages avec des centaines de magasins et des marques comme Gucci, Louis Vuitton, Nike, etc. Il s'appelle Iconsiam, et est d'une taille juste impensable avant d'y avoir mis les pieds.

C'est ce centre commercial qui lui a fait avoir un *"ah ah moment"* et briser toutes les fausses croyances qu'elle avait à propos de la Thaïlande.

Comme je connaissais l'Asie, j'aurais pu anticiper toutes ses fausses croyances et y répondre les unes après les autres. J'aurais pu alors lui faire avoir des *"ah ah moment"* afin qu'elle se rende compte du développement de la Thaïlande AVANT qu'elle n'y mette les pieds, et peut-être ainsi divisé le poids de sa valise par deux.

Et bien c'est exactement les deux objectifs d'un webinar.

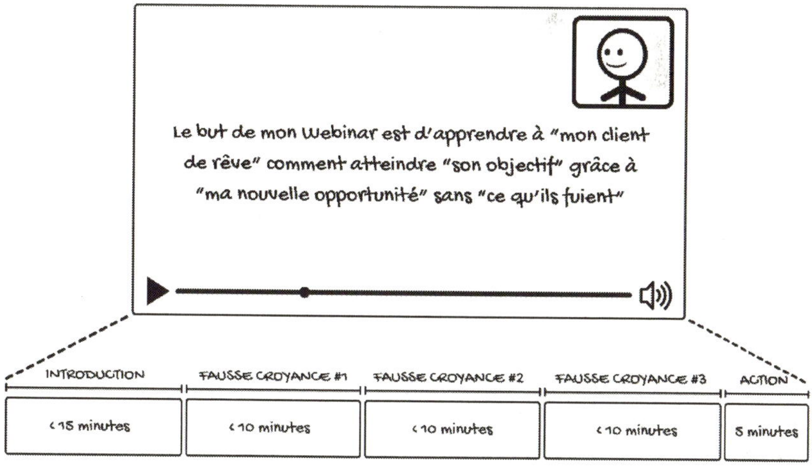

Briser toutes les fausses croyances de vos clients, et leur créer des **"ah ah moment"** afin qu'ils comprennent que votre nouvelle opportunité est la seule qui puisse leur permettre d'atteindre leur objectif.

Pour cela, un webinar utilise une structure bien précise sous forme de slide créé avec PowerPoint ou Google Slides. Il s'agit de celle que j'utilise à chaque fois que je crée un nouveau webinar. Voici les étapes que je suis systématiquement.

ÉTAPE #0 - LE BUT DE VOTRE WEBINAR

La toute première fois que j'ai créé un webinar, j'ai mis énormément de temps à tourner en rond car je n'avais pas clairement défini son but.

J'avais simplement fait une présentation qui répondait à toutes les problématiques de mes clients qui me passaient par la tête, mais en réalité ça ne menait à rien. Et, comme je ne savais pas où j'allais, je doutais et réfléchissais trop.

C'est pourquoi aujourd'hui, avant de faire quoi que ce soit, je commence toujours par rédiger une phrase qui me servira de boussole pendant toute la création du Webinar.

Et si j'ai une idée qui me vient en tête, j'aurai simplement à répéter cette phrase dans ma tête pour la valider.

Le but de mon Webinar est d'apprendre à ***"mon client de rêve"*** comment atteindre ***"son objectif"*** grâce à ***"ma nouvelle opportunité"*** sans ***"ce qu'ils fuient"***.

Exemple #1 - Webinar sur les Funnels

Le but de mon Webinar est d'apprendre **aux personnes qui veulent lancer une entreprise sur Internet** comment **j'ai gagné 1 million d'euros** grâce aux **Funnels** sans **site internet** ni **compétences techniques.**

Exemple #2 - Webinar sur le Régime Cétogène

Le but de mon Webinar est d'apprendre **aux femmes qui veulent mincir** comment **perdre du poids** grâce au régime **cétogène** sans **se priver de manger ce qu'elles aiment.**

Remarquez ici que le but n'est pas de vendre quoi que ce soit, mais **d'apprendre** à votre client de rêve à atteindre son objectif.

Si lors de sa création vous vous rendez compte que vous êtes en train de vendre votre produit ou que vous déviez de son réel objectif, alors lisez cette phrase et revenez sur la bonne voie.

En parlant du fait d'apprendre à vos prospects, de quoi s'agit-il ? Que pouvez-vous dévoiler sans faire de l'ombre à l'offre que vous allez vendre ? Si vous vous posez la question, sachez que c'est légitime.

C'est d'ailleurs l'une des plus grosses interrogations de toute personne qui fait un webinar pour la première fois, moi y compris. On a peur d'en dire trop, et ce doute nous paralyse dans la réalisation du webinar. Mais il y a une solution.

Vous devez distinguer les **"quoi"** des **"comment"**.

Votre webinar va simplement dévoiler *qu'est-ce que* votre client doit faire pour atteindre son objectif *(c'est-à-dire le quoi)*, et votre offre quant à elle lui montrera *comment* le faire.

Ainsi, un webinar ne montre jamais le **"comment"** atteindre son objectif mais **"quoi"** faire pour l'atteindre. Comme les étapes, le plan, les exemples, etc.

Exemple #1 - Webinar sur les Funnels
Quoi : Le Sales Funnel à 5 étapes (Page de vente, upsell, etc..)
Comment : La réalisation du Funnel lui-même.

Exemple #2 - Webinar sur le Régime Cétogène
Quoi : Pour mincir avec le régime cétogène il faut suivre un plan de 30 jours
Comment : La liste des recettes qu'il faut suivre pendant 30 jours

Le fait est que si votre objectif est d'aider vos clients, vous allez les desservir en parlant du "comment" dans votre webinar.

La raison est que vous ne pourrez jamais apporter toutes les solutions et les subtilités nécessaires pour atteindre un objectif dans une vidéo de 30 min. C'est impossible.

Et si votre client pense qu'il a tout à sa disposition à la fin de votre webinar, c'est la meilleure façon de l'envoyer droit dans le mur avec la fleur au fusil.

Lorsque j'accompagne quelqu'un dans la création de son business en ligne par exemple, j'ai besoin qu'il comprenne tous les aspects du business. L'acquisition client, la gestion, la fiscalité, l'optimisation de son Funnel, la publicité, son état d'esprit, les litiges, et des dizaines d'autres aspects.

Pour cela, j'ai besoin qu'il suive un programme de formation très précis, dans l'ordre, qu'il fasse des exercices que je vais personnellement corriger, qu'il assiste à des coachings chaque semaine et me pose ses propres questions au moment où elles surviennent, etc.

Je ne pourrais jamais faire autant dans un webinar de 30 min. C'est pourquoi lorsque vous aurez votre prospect au téléphone après qu'il ait vu votre webinar, il saura exactement **"quoi"** faire.

Vous n'aurez alors plus qu'à lui proposer votre solution qui lui montrera **"comment"** le mettre en œuvre.

Je précise qu'en fonction du business que vous créez, le "comment" peut-être une formation, une prestation de service, de l'affiliation, un produit physique, une société de marketing de réseau, etc.

ÉTAPE #1 - L'INTRODUCTION - 15 MIN

Après avoir défini le but de votre webinar, il est maintenant temps de réfléchir aux différentes parties qui vont le constituer. Tout commence avec l'introduction qui doit contenir 3 éléments et qui représentera environ **15 min** de votre webinar une fois terminé.

▶ **Élément #1 - L'accroche.** Tout comme un film qui démarre en plein milieu de l'action, vous devez dès les premières secondes créer une intrigue qui donne envie d'en savoir plus.

C'est ce qui empêchera un maximum de personne de quitter votre webinar dès les premières secondes. J'aime par exemple montrer des témoignages clients, des résultats, un article de presse, ou tout autre élément qui peut choquer.

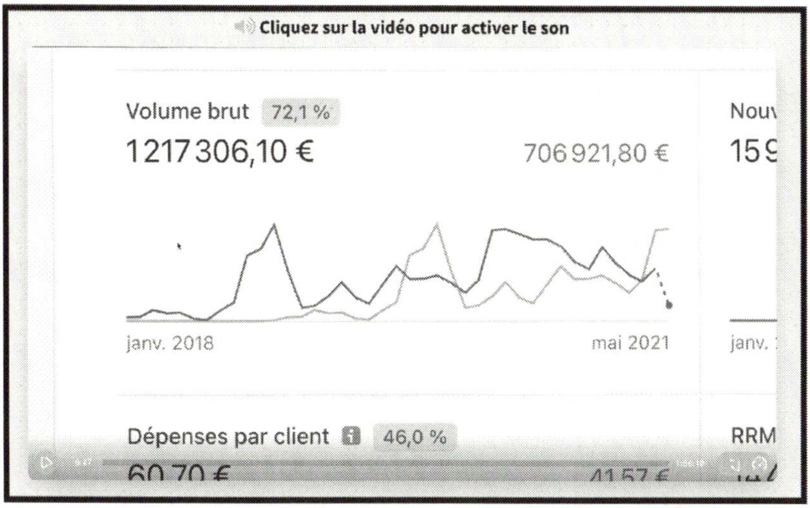

Par exemple dans l'un de mes webinar sur le business en ligne, je partage l'écran de mon compte Stripe *(outils de facturation)* sur lequel il est inscrit que j'ai généré largement plus d'un million d'euros de vente avec mon business en ligne et précise que je vais dévoiler exactement comment j'ai fait dès les 30 premières secondes. Cela me permet de capter l'attention de mes auditeurs dès le début.

Ou bien dans le webinar pour le régime cétogène où je commence par annoncer l'idée contre-intuitive que l'on peut mincir en mangeant gras.

▶ Élément #2 - Pour qui ?

Après avoir attiré leur attention, vous devez clairement définir pour qui votre webinar est, et pour qui il n'est pas. L'objectif est double.

En identifiant clairement à qui s'adresse votre webinar, vous permettez à vos prospects de s'identifier et donc de se rassurer sur le fait qu'ils sont au bon endroit, au bon moment.

Vous permettez aussi à toutes les personnes qui ne sont pas vos clients de rêve, de quitter la vidéo dès le début pour ne pas perdre leur temps et réduire votre nombre d'appels non qualifiés.

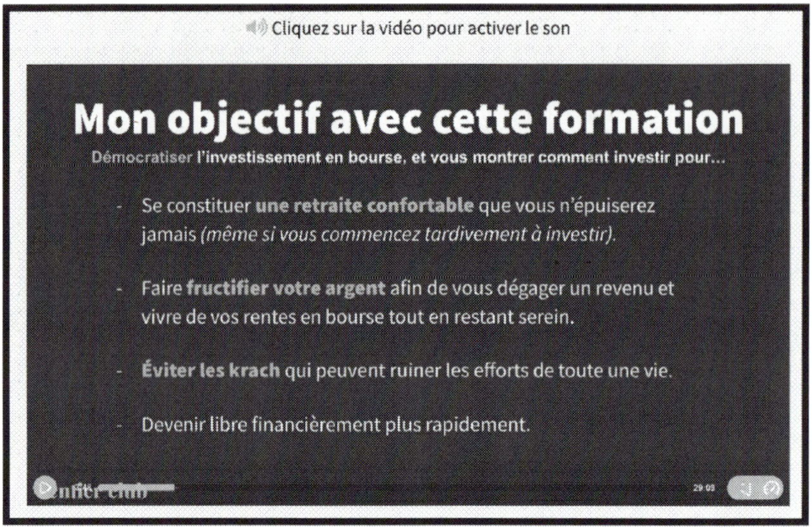

Pour cette partie de ma présentation, j'aime faire une liste des objectifs du webinar et de la personne elle-même afin qu'elle puisse s'identifier.

C'est notamment ce que j'ai fait pour mon Webinar qui parle d'investissement en Bourse dans l'exemple ci-dessus.

Je précise également pour qui ce webinar n'est PAS destiné. *(Principe de polarité vu dans le chapitre 3).*

▶ Élément #3 - Raconter votre histoire.

On me demande souvent ce qui explique que quelqu'un décide de travailler avec moi plutôt qu'un autre dans un marché concurrentiel.

La réponse n'est pas parce que j'ai plus de résultats, que je suis plus intelligent ou charismatique. Mais, parce qu'en **racontant ma propre histoire**, ils s'identifient et pensent pouvoir faire la même chose.

Mon client de rêve est exactement dans la même situation que moi il y a quelques années. Je sais à quoi il pense, je sais quelles sont ses peurs, je connais son objectif final.

En racontant ma propre histoire qui m'a fait passer du point A *(sa situation actuelle)* jusqu'au point B *(son objectif, qui est aussi MA situation actuelle),* je crée l'espoir que c'est possible pour lui aussi. C'est la clé pour créer un lien avec votre prospect qu'il ne trouvera chez aucun de vos concurrents.

Mais pour que cette histoire fonctionne, elle doit respecter au moins trois règles essentielles :

- **Règle #1 - Vous n'êtes pas un super héros**. Personne ne peut s'identifier à quelqu'un qui a atteint un objectif qui paraît irréalisable. Qui paraît trop loin ou trop gros. Qui

semble plus intelligent, avec plus de compétences et d'atouts dès le départ.
Une bonne histoire c'est lorsque vous vous mettez au même niveau que votre prospect. S'il se reconnaît en vous, alors il pourra se dire que ça pourra fonctionner pour lui aussi.

- **Règle #2 - Baissez les armes, montrez vos faiblesses**. Nous avons tous des pensées en tête que nous ne disons à personne. Cela peut être lié à la peur du jugement des autres, la honte, la timidité, etc. Peu de personnes osent se livrer complètement et montrer leurs faiblesses, leurs peurs et leurs doutes. C'est en faisant le premier pas et en vous dévoilant complètement à travers votre histoire que vous allez créer un lien de *confiance* et de *respect* très fort avec votre prospect. Surtout à une époque où tout le monde se cache derrière des filtres et effets sur les réseaux sociaux pour masquer leur *"point faibles"*. N'ayez pas peur de montrer les vôtres.

- **Règle #3 - Décrivez les détails et les émotions.** Ce qui nous plonge dans une histoire, ce sont tous les adjectifs que nous allons utiliser pour décrire à la fois nos émotions et le décor. Par exemple, au lieu de dire simplement *"J'ai peur de lancer mon business en ligne"* je vais ajouter tout un tas de détails pour créer des émotions et rendre la scène vivante. Je pourrais par exemple raconter la même chose sous cette forme :

"Je me souviens encore du jour où j'ai lancé des publicités en ligne pour la toute première fois. Il était tard, et je venais de passer ma journée derrière l'ordinateur à me former et à créer mes publicités. Ma carte bancaire dans la main gauche tremblait alors que j'inscrivais les numéros sur le clavier. Une fois terminée, il était temps de cliquer sur le bouton PUBLIER. Au même moment, tout un tas d'émotions se sont bousculées dans ma tête. Un mélange d'espoir car je sentais que c'était enfin à mon tour de réussir. Et, aussi, de peur que ce soit encore un échec de plus qui allait retarder mon succès de quelques années. Je

me suis finalement lancé alors que mon cœur battait à toute allure, j'ai cliqué et immédiatement fermé mon ordinateur pour la soirée."

Pas besoin de rédiger une fiction, mais simplement d'écrire les détails auxquels on ne pense pas forcément. Je précise qu'il ne s'agit pas forcément de votre histoire personnelle. Vous pouvez très bien utiliser l'histoire de quelqu'un d'autre. C'est exactement ce que j'ai fait dans mon business sur le régime cétogène.

À présent, voici la structure simple que j'utilise pour rédiger une histoire et l'exemple de l'histoire de Monica avec le régime cétogène.

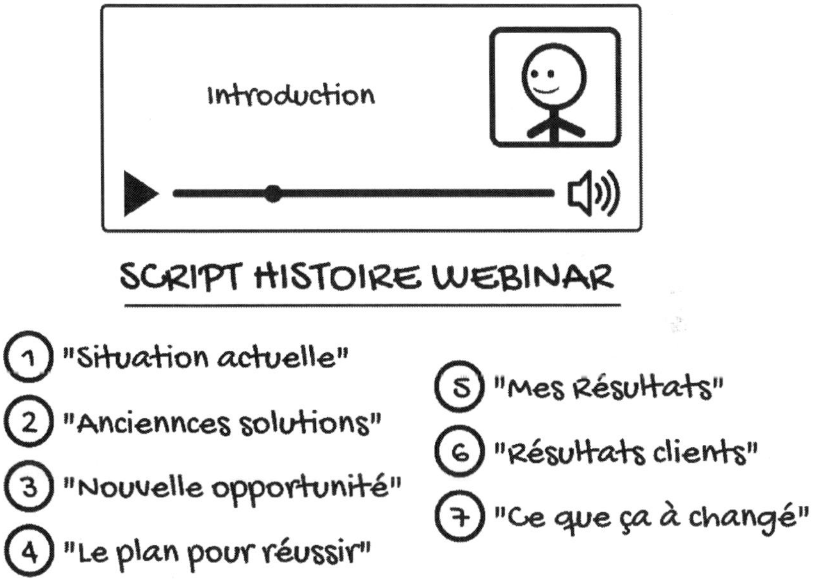

▶ **Étape #1 - La situation actuelle.**

Décrivez le personnage principal de votre histoire. Sa situation actuelle et l'objectif qu'il souhaite atteindre.

"Bonjour, je m'appelle Monica. Je suis une femme comme les autres, à la différence que ***j'étais en surpoids de plus de 23 kg****.*

Et pour cause, j'ai toujours aimé la BONNE nourriture et me faire plaisir en sortant manger au restaurant avec des amis ou de la famille.

Jusqu'à ce jour où TOUT changea !

Alors que je regardais de vieilles photos de moi avec des amis, j'ai été frappée à quel point je semblais mince, ***avant****.*

En l'espace de quelques années, j'avais pris plus de ***23 kg*** *(sans m'en rendre compte). Mais ce n'est qu'à partir de ce jour que j'ai commencé à ressentir un malaise quotidien lié à mon surpoids.*

Dès lors, je me suis fixé l'objectif clair de perdre du poids pour retrouver mon corps d'avant... Mais ce que je désirais par-dessus tout était de ***retrouver ma confiance en moi****, de* ***me sentir belle*** *et* ***bien dans ma peau****."*

▶ **Étape #2 - Anciennes solutions (ce qu'ils fuient)**

Décrivez les anciennes solutions que vous avez essayées par le passé et qui n'ont pas fonctionné. Montrer le temps que ça vous a pris, les émotions que cela a engendrées et les problèmes qui expliquent pourquoi elles ne fonctionnent pas.

"C'est à cet instant que j'ai commencé à tester tout un tas de régimes pour perdre du poids... Mais c'est très déçu que je me suis rendu compte qu'aucun d'eux ne fonctionnait vraiment.

Le vrai problème est qu'ils étaient tous basés sur la privation.

Manger des aliments fades, en faibles quantités, etc. ***Je finissais toujours par reprendre les quelques kilos que j'avais perdus.****"*

▶ **Étape #3 - Votre nouvelle opportunité (La solution à ce qu'ils veulent)**. Expliquez comment vous avez découvert la nouvelle opportunité qui vous a fait réussir.

"Un jour, et par le plus grand des hasards, je suis tombée sur cet article de blog qui parlait d'un "Régime Qui Cartonne Aux États-Unis" et dont je n'avais jamais entendu parler.

Il s'agissait du ***régime cétogène*** *(ou autrement appelé régime keto)*

Au début, j'étais confuse... C'était la première fois que je voyais un régime dans lequel je pouvais manger SANS me priver !

J'ai découvert qu'avec l'alimentation cétogène, il était possible de mincir tout en profitant de mes plats préférés (même les plus gras), de manger des aliments gourmands et surtout de manger à sa faim !

Avec les témoignages incroyables sur lesquels je suis tombée... Il n'y avait plus aucun doute, il fallait que j'essaye par moi-même !"

▶ Étape #4 - Votre plan pour réussir.
Quelles sont les étapes que vous avez mis en place pour atteindre votre objectif.

"C'est donc plein d'enthousiasme que je me suis bâti un plan de repas avec des recettes cétogènes pour une semaine afin de faire le test.
Si je n'obtenais pas de résultats, je pourrais arrêter et passer à autre chose... ***Je n'avais donc rien à perdre à essayer.***
Pour être honnête, pendant cette semaine, je me suis régalée... Pizza, glace, omelette, burger et plein d'autres repas délicieux !"

▶ Étape #5 - Vos résultats.
Décrivez les résultats que vous avez eus en suivant ce plan, et qui sont normalement les mêmes que vos clients de rêve *(le point B).*

« Au bout de seulement 7 jours et en suivant mon plan à la lettre... J'avais perdu pas moins de 2 kg, j'étais sidérée !
C'est suite à cette expérience que j'ai vraiment pris conscience de l'efficacité du régime cétogène... Et que c'était ***la seule manière pour moi de mincir à long terme car j'ai à présent trouvé une solution avec laquelle je n'aurais plus jamais à me priver !***
J'ai donc continué (sans me forcer) et le premier mois j'ai perdu environ 8 kg jusqu'à atteindre aujourd'hui le corps dont je rêvais ! »

▶ Étape #6 - Résultats de vos clients (facultatif)
Si vous en avez, décrivez les résultats que vous avez apportés à d'autres ayant acheté votre offre. Si vous n'en avez pas, ce n'est

pas grave, vous les rajouterez plus tard dans une version 2.0 de votre webinar.

"Depuis, j'ai eu la chance d'aider plus de ***1500*** *autres femmes à elles aussi perdre du poids avec le régime cétogène ! Comme Isabelle qui a perdu 7 kg en seulement 2 semaines, Laëtitia qui a perdu 5 kg en 3 semaines"*

► **Étape #7 - Ce qui a changé.**

Qu'est-ce que l'atteinte de votre objectif a changé dans votre vie ? Montrer que vous avez atteint le point B et ce que l'on ressent quand on y parvient.

"Le régime cétogène m'a permis de retrouver mon corps d'avant avec 23 kg en moins et cette alimentation est aujourd'hui devenue ***un mode de vie*** *que je ne suis pas prête d'arrêter !*

Mais le plus important est que j'ai pu jeter tous mes vieux vêtements et me sens aujourd'hui bien dans ma peau et pleine de confiance en moi."

ÉTAPE #2 - LES 3 FAUSSES CROYANCES - 30 MIN

Suite à l'introduction, il est temps de rentrer dans le vif du sujet et de casser leurs fausses croyances en notre nouvelle opportunité. Pour cela, nous allons créer trois parties.

Dans la première partie, nous allons briser la plus grosse fausse croyance qu'il pourrait avoir **en notre nouvelle opportunité**.

Dans la deuxième partie, il s'agira de leur plus grosse fausse croyance en ce qui concerne **leurs capacités à réussir** avec notre nouvelle opportunité.

Dans la troisième et dernière partie, nous casserons la plus grosse fausse croyance qu'il pourrait avoir **en un élément hors de leur contrôle** et qui pourrait les empêcher de réussir.

Afin de briser ces fausses croyances, chacune de ces parties durera environ 10 minutes et sera structurée avec les cinq étapes suivantes.

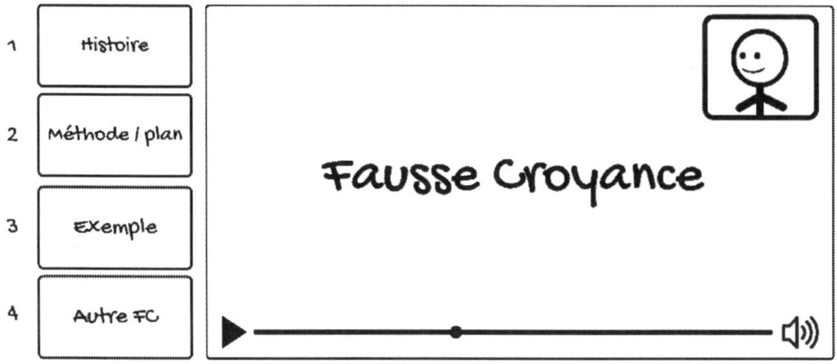

▶ Étape #1 - Identifier la fausse croyance.

Écrivez simplement la fausse croyance que vous allez devoir briser en vous mettant à la place de votre prospect, et en utilisant le pronom personnel “je”.

Par exemple, pour la première partie d’un webinar sur le régime cétogène, cela pourrait-être : *“Il est impossible de mincir en mangeant les aliments que l’on aime”*. Il s’agit de la fausse croyance que j’ai sélectionnée et que je vais devoir briser dans la première partie.

Ou dans mon webinar sur l’investissement en bourse, cela peut être *“Je ne pense pas que la bourse puisse me permettre de devenir rentier”* qui est une fausse croyance en ma nouvelle opportunité.

▶ Étape #2 - Raconter une histoire.

Quelle histoire pouvez-vous raconter pour leur faire avoir un *“ah ah moment”* par rapport à cette fausse croyance. Utilisez la méthode que nous avons vue précédemment dans le chapitre 3 du livre.

▶ Étape #3 - Quelle est votre méthode / plan ?

Expliquer *"le quoi"* pour réussir avec votre nouvelle opportunité. Pourquoi ça fonctionne de manière logique. Voici l'exemple des étapes que je présente dans le webinar de mon business sur le régime cétogène. J'y consacre une slide par étape.

"Montrer qu'il suffit de :
#1 trouver les bons aliments,
#2 réduire sa consommation de glucide,
#3 pour entrer en état de cétose.
C'est cet état final qui fera perdre du poids."

▶ Étape #4 - Montrer des exemples.

L'objectif ici est de donner des études de cas et de sortir de la théorie afin de mieux comprendre comment votre méthode s'applique dans la réalité. Vous pouvez pour cela utiliser des exemples ou des témoignages.

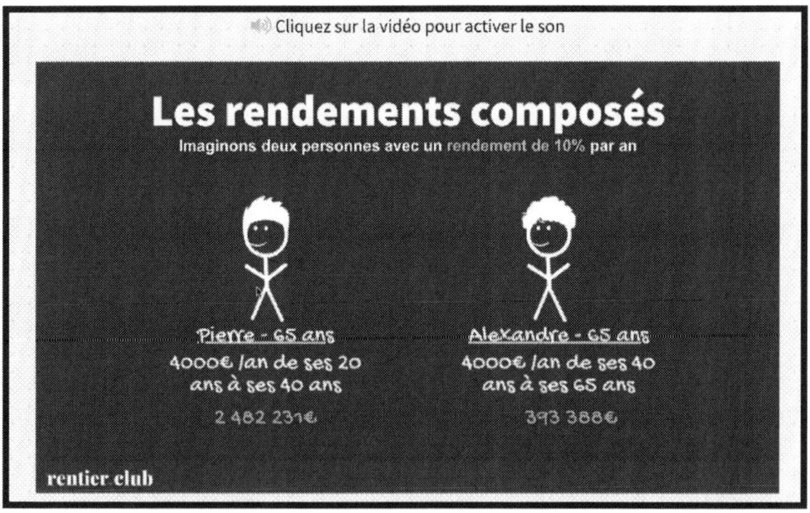

Dans mon webinar sur l'investissement bourse, j'ai par exemple comparer les résultats qu'auraient eus deux personnes imaginaires sur une période de 40 ans afin de mieux illustrer le principe des *"rendements composés"*.

▶ Étape #5 - Casser les autres fausses croyances.

Vous avez répondu à la fausse croyance principale envers votre nouvelle opportunité *(partie #1)*, leur capacité à réussir *(partie #2)* ou en un élément hors de contrôle *(partie #3)*.

Mais pour chacune de ces parties, il en existe des secondaires que vos clients pourraient encore avoir. Répondez-y les unes après les autres.

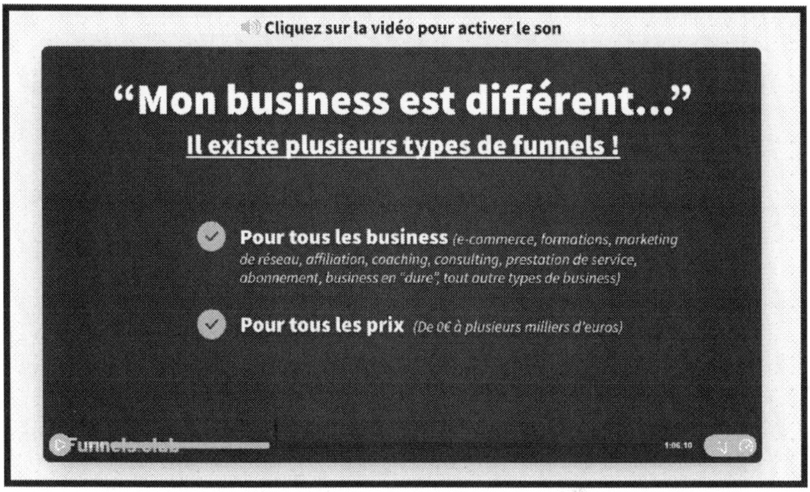

Par exemple, l'une des *"autres fausses croyances"* à laquelle je réponds dans mon webinar sur le business en ligne, et la fameuse *"mon business est différent… "*. J'ai donc dédié une slide dans mon webinar pour y répondre.

▶ Étape Finale - Donner un titre à votre partie.

Il sera toujours beaucoup plus facile de donner un titre à votre partie, après avoir réfléchi à ce que vous inclurez dedans, c'est pourquoi c'est généralement la dernière chose que je fais.

Il servira de repère pour savoir où est-ce que vous en êtes dans votre présentation, mais, s'il est bien choisi, il permettra surtout de donner envie à vos prospects de regarder votre Webinar jusqu'au bout. Simplement car nous allons leur dévoiler le titre des trois parties, dès les premières minutes du webinar.

En utilisant ces étapes pour chacune des trois parties, voici à quoi ressemble le squelette de votre webinar.

Partie #1 - Fausse croyance en ma nouvelle opportunité.
La fausse croyance principale :
- Histoire :
- Méthode (ou plan) :
- Exemple (ou témoignage) :
- Autre(s) fausse(s) croyance(s) :

Titre de ma partie :

Partie #2 - Fausse croyance en leur capacité à réussir.
La fausse croyance principale :
- Histoire :
- Méthode (ou plan) :
- Exemple (ou témoignage) :
- Autre(s) fausse(s) croyance(s) :

Titre de ma partie :

Partie #3 - Fausse croyance en un élément incontrôlable.
La fausse croyance principale :
- Histoire :
- Méthode (ou plan) :
- Exemple (ou témoignage) :
- Autre(s) fausse(s) croyance(s) :

Titre de ma partie :

Une fois que vous aurez défini chacun de ces éléments, vous pourrez utiliser autant de slides que vous le voulez pour raconter votre histoire, expliquer votre plan, donner des exemples et briser les dernières fausses croyances pour chaque partie. N'hésitez pas à mettre des images, des vidéos et des phrases clés afin d'être certain que vos clients comprennent bien le message que vous voulez leur transmettre.

Il n'existe rien de pire pour un webinar que si vos clients de rêves ne comprennent pas ce que vous dites.

Illustrez vos propos et utilisez des mots simples que tout le monde peut comprendre.

Si vous êtes dans un domaine avec des termes compliqués *(comme la fiscalité par exemple)*, vous pouvez utiliser la formule *"C'est comme..."*.

Pour vous expliquer ce qu'est un *"Funnel"* j'ai par exemple dit *"C'est comme lorsque vous allez à IKEA..."*.

Voici par exemple la structure détaillée du webinar que j'ai réalisé dans mon business sur le **régime cétogène** ci-dessous.

Partie #1 - Fausse croyance en ma nouvelle opportunité.
"Je ne pense pas que le régime cétogène fonctionne pour perdre du poids"

Histoire : Expliquer qu'il y a du "bon" et du "mauvais" gras.
Méthode (ou plan) :
#1 trouver les bons aliments,
#2 réduire sa consommation de glucide,
#3 pour entrer en état de cétose.
Exemple (ou témoignage) : Trois témoignages de clientes
Autre(s) fausse(s) croyance(s) : *"C'est encore un régime à la mode"*

Titre de ma partie : "Comment mincir tout en mangeant les aliments gras que vous aimez afin de ne jamais vous sentir frustré"

Partie #2 - Fausse croyance en leur capacité à réussir.
"Suite à la première partie, je suis convaincu que le régime cétogène fonctionne, mais je ne suis pas certain qu'il fonctionnera pour moi"

Histoire : Raconter une histoire de deux personnes qui vont à la salle, une à des résultats alors que l'autre stagne. Pourquoi cette différence ?
Méthode (ou plan) :
#1 Calculer ses macronutriments
#2 Suivre un plan de repas adapté
#3 Le faire pendant au moins 30 jours.
Exemple (ou témoignage) : D'autres témoignages clients
Autre(s) fausse(s) croyance(s) : *"Faire un régime c'est trop compliqué"* , *"À mon âge, c'est plus difficile de perdre du poids"* et enfin *"Les bons aliments, ça coûte cher"*.

Titre de ma partie : "La seule et unique solution qui vous garantira d'atteindre votre objectif minceur à tous les coups".

Partie #3 - Fausse croyance en un élément incontrôlable.
"Suite à la deuxième partie, je suis convaincu que je pourrais mincir avec le régime cétogène, mais je vais devoir faire une croix sur les sorties"

Histoire : Pourquoi se restreindre est une mauvaise idée
Méthode (ou plan) :
#1 Manger sainement au quotidien
#2 S'autoriser un repas plaisir par semaine
Exemple (ou témoignage) : Encore plus de témoignages de clientes
Autre(s) fausse(s) croyance(s) : *"Je vais devoir arrêter les glucides"* et *"je vais devoir arrêter l'alcool"*.

Titre de ma partie : "Pourquoi se refuser un écart est une mauvaise idée pour définitivement perdre du poids".

▶ **Pour finir - Donnez un titre à votre webinar.**

Tout comme le titre de chacune des parties de votre présentation, le titre de votre webinar lui-même sera plus facile à réaliser en dernier.

Voici une structure simple que vous pouvez utiliser :

Comment ***(objectif qu'ils souhaitent atteindre)*** sans ***(ce qu'ils fuient)***

Voici par exemple le titre de mon webinar sur le régime cétogène :

"Comment perdre du poids en un temps record, sans être frustré et en mangeant à sa faim ?"

ÉTAPE #3 - L'APPEL À L'ACTION - 5 MIN

Après l'introduction et toutes ses fausses croyances brisées les unes après les autres au cours de votre webinar, votre prospect ne devrait plus avoir aucune objection au fait de travailler avec vous. **Je dirais même qu'il ne voudra que ça.**

C'est alors que nous finissons notre webinar en lui proposant de réserver son appel afin d'avoir plus d'informations sur le "comment" on peut l'aider à atteindre son objectif *(le point B).*

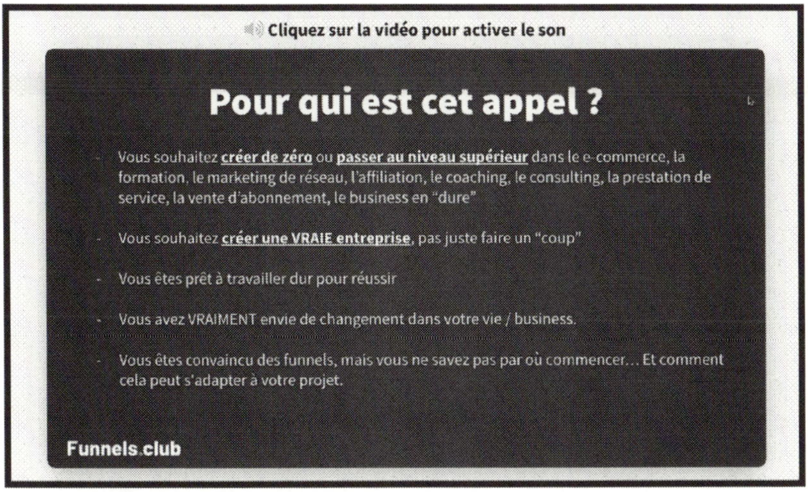

Faites simplement une liste qui précise *“pour qui est cet appel”* et une qui précise *“pour qui il n’est pas”*. Exactement comme nous l’avons fait dans l’introduction.

EXEMPLE BONUS

Si vous souhaitez aller encore plus loin, j'ai réalisé une vidéo bonus dans laquelle j'analyse les slides d'un webinar. Il est uniquement réservé aux lecteurs du livre, alors profitez-en !

Pour accéder à ce bonus gratuit, rendez-vous ici :
digital-selfmade.com/webinar

LE CLOSING PAR TÉLÉPHONE

Comme je travaille à la maison, je passe l'essentiel de ma journée en jogging. Mais le problème c'est que bien souvent les poches ne se ferment pas.

Et, ce jour-là, alors que j'étais en train de m'installer dans ma voiture, mon téléphone a glissé de la poche et s'est explosé contre le bitume.

Tombé face contre terre, j'ai vraiment eu la main hésitante au moment de le retourner pour constater les dégâts. Dommage, l'écran était brisé. Il fallait donc que j'en achète un nouveau.

Comme à chaque fois que je dois remplacer un appareil, j'adore regarder des vidéos sur YouTube de déballage et de test pour décider quel modèle je vais choisir. Bon pour être honnête, je suis plutôt iPhone, le choix est donc limité.

Mais, quand même, ça faisait déjà près de 4 ans que j'avais le même téléphone, et entre-temps la technologie avait bien évolué. Sans parler du fait que les prix avaient varié de plusieurs centaines d'euros.

Malgré toutes les recherches que j'avais faites sur internet et les vidéos que j'ai regardées, il me manquait toujours un élément pour prendre ma décision. J'avais besoin de voir le téléphone en vrai pour l'essayer, de le toucher et comparer les coloris de mes propres yeux.

Internet avait atteint sa limite, et j'avais besoin d'en sortir pour prendre ma décision. J'avais besoin de changer d'environnement *(d'internet au magasin)*.

C'est exactement la raison pour laquelle nous appelons nos prospects. En les prenant au téléphone, nous les faisons quitter Internet pour discuter avec eux de vive voix.

Nous les faisons changer d'environnement *(d'internet au téléphone)*.

Car internet et l'automatisation atteint sa limite lorsqu'il s'agit de vendre des prestations à plusieurs milliers d'euros à des personnes qui viennent de nous découvrir.

C'est aussi un marché qui commence à mûrir. Aujourd'hui, la majorité de vos clients ont déjà travaillé avec une autre entreprise avant vous sur internet. Ils ont peut-être été déçus et veulent être rassurés. Ou au contraire, ils sont habitués à un niveau d'attention et de service tellement élevé que vous devez être au niveau pour les intéresser.

Dans tous les cas, que ce soit au téléphone, en visioconférence, dans un rendez-vous physique, un Mastermind, ou quoi que ce soit d'autre, si vous souhaitez amener votre client vers des prestations plus haut de gamme, **vous devez les faire changer d'environnement**.

C'est exactement l'objectif du rendez-vous téléphonique dans un webinar Funnel.

Commençons donc tout de suite cette partie par la structure que vous allez devoir suivre au cours de vos appels, le script de closing.

SCRIPT DE CLOSING

Je vais à présent vous dévoiler ci-dessous le script que vous allez pouvoir suivre pour vos appels de closing. Prenez bien la mesure de ce que vous avez entre les mains, il m'a généré énormément d'argent.

Cependant, sachez qu'il faut l'adapter en fonction de votre client de rêve, et de l'offre que vous allez proposer.

Il ne s'agit que d'une base qui n'est pas fixe mais souple en fonction de votre business. En définitive, souvenez-vous que le but de cet appel est d'en savoir plus sur le prospect, ses objectifs et comment vous pouvez travailler ensemble.

Je tiens également à préciser qu'il ne s'agit pas d'un interrogatoire, mais d'une discussion. Ne vous contentez pas simplement de poser question sur question, **discutez**.

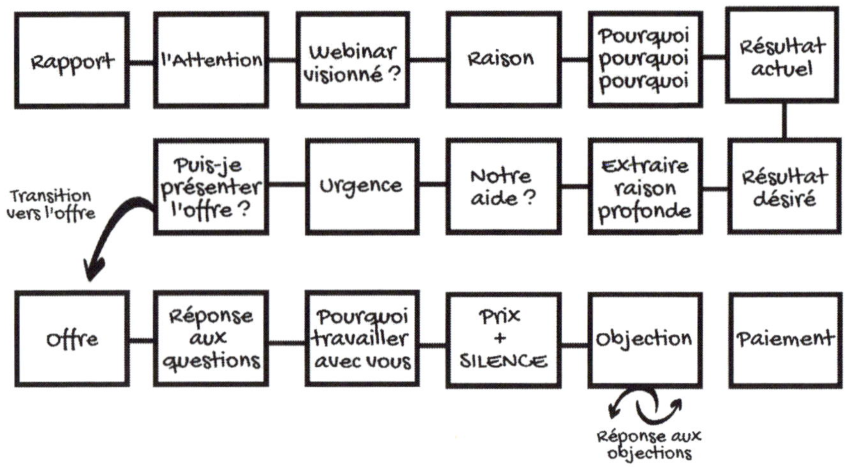

▶ Étape #1 - Créer le rapport.

Quoi de plus désagréable qu'une personne qui répond froidement au téléphone, n'est-ce pas. Commencez la discussion en montrant que vous êtes une personne sympathique, qu'il n'y a aucun stress à avoir concernant cet appel.

Vous pouvez parler de l'actualité, trouver des points communs, dire une blague. Bref, soyez vous-même. En gros, brisez la glace.

"Bonjour, comment allez-vous ? J'ai remarqué sur votre formulaire que vous vouliez lancer une activité dans la guitare, j'ai moi-même essayé quand j'étais petit..."

▶ Étape #2 - Validez l'attention de votre prospect.

Il peut arriver qu'au moment de votre appel, votre prospect soit en plein milieu d'une situation de distraction. Il peut être en train de conduire, entouré d'enfants qui courent dans tous les sens, dans la rue, etc. Vous devez vous assurer qu'il est dans un endroit calme et concentré sur l'appel. N'hésitez pas à le reporter à plus tard si ce n'est pas le cas.

"Pouvez-vous me confirmer que vous êtes bien concentré pour cet appel ? J'ai beaucoup de choses à aborder avec vous qui demanderont toute votre attention."

▶ Étape #3 - A-t-il visionné le webinar ?

Il peut arriver que la personne que vous avez au téléphone n'ait pas regardé le webinar en entier, voire ne sait même plus qui vous êtes.

Il sera impossible d'expliquer votre nouvelle opportunité au téléphone, c'est le rôle de votre webinar. Si vous découvrez que votre prospect ne l'a pas regardé, envoyez-lui le lien et reprogrammez un appel pour plus tard. Croyez-moi, vous gagnerez beaucoup de temps.

“Avez-vous visionné la formation gratuite en entier ? Et qu'en avez-vous pensé ?”

▶ Étape #4 - Pour quelle raison avez-vous réservé cet appel ?

En demandant à votre prospect pour quelle raison il a réservé cet appel avec vous, il devrait se dévoiler sur les raisons qui le motivent à aller plus loin dans sa vie. Ce qu'il souhaite développer, ses projets, etc.

“Pouvez-vous me dire pour quelle raison avez-vous réservé cet appel ?”

▶ Étape #5 - Quel est son objectif ?

À présent, il est temps de trouver la raison profonde qui est à l'origine de son envie de changement entre son point A et son point B. Beaucoup ne s'étaient jamais posé la question avant d'être au téléphone avec vous. Cela peut être un moment fort en émotion.

Pour cela, nous voulons connaître la raison de façade et poser trois fois la question “pourquoi” afin d'identifier cette raison profonde.

“Pouvez-vous me dire l'objectif que vous souhaitez atteindre ?
“Pourquoi ?”
“Pourquoi ?”
“Pourquoi ?”

Je vous rappelle que nous avons déjà abordé ce point-là précédemment dans le livre au chapitre 2.

► **Étape #6 - Situation actuelle et obstacle.**

Maintenant que nous connaissons son réel objectif, nous voulons comprendre pourquoi il veut l'atteindre. Pour cela, il nous faut les détails sur sa situation actuelle *(le point A)* et tous les obstacles qu'il a rencontrés pour atteindre son but par le passé mais sans succès.

"Merci beaucoup d'avoir partagé tes objectifs avec moi. Je comprends mieux aujourd'hui pour quelle raison tu veux te lancer. Mais pourrais-tu me dire où est-ce que tu en es actuellement ? As-tu déjà essayé d'autres solutions pour atteindre ton objectif ? Pourquoi n'ont-elles pas fonctionné ?"

À cette étape, vous devriez pouvoir identifier un trait de caractère extrêmement important chez votre prospect. Le fait de *prendre la responsabilité de ses échecs passés*. Si vous voyez qu'il remet la faute systématiquement sur les autres, alors vous ne voulez pas travailler avec cette personne. Il sera ce que l'on appelle *"non coachable"* et *"borné"*.

► **Étape #7 - Que veut-il ?**

Nous voulons savoir le plan que notre client a déjà en tête pour résoudre tous ses obstacles et atteindre son objectif. Il n'est pas question de le convaincre que votre solution est la bonne pour lui, vous devez au contraire lui dire que vous pouvez l'aider à la manière dont il avait imaginé. La différence est subtile mais essentielle.

"Que veux-tu aujourd'hui pour atteindre ton objectif ?"

Avec cette étape, nous voulons savoir ce que notre client cherche. Est-ce du coaching, une formation, de la prestation de service, etc ?

► **Étape #8 - En quoi est-ce important ?**

Suite à la question précédente, demandez-lui de préciser en quoi c'est si important pour lui d'avoir cela. S'il vous a dit qu'il voulait du coaching par exemple, demandez-lui pourquoi c'est important pour lui d'en avoir.

"En quoi est-ce important pour toi d'avoir ____ ?"

Étape #9 - Comment peut-on t'aider ?

Ce n'est pas à nous de lui proposer nos services, mais à lui de nous demander. Il sera alors beaucoup plus attentionné au moment de la présentation de votre offre.

Ainsi, ne dites pas *"Puis-je te présenter mon offre"* mais plutôt *"Et de notre côté, en quoi pouvons-nous vous aider ?"*.

La plupart du temps, si votre webinar est bien fait, le prospect vous dira qu'il cherche exactement ce que vous avez à proposer. Vous n'aurez alors plus qu'à faire la transition vers la présentation de votre offre. Mais, avant ça, nous voulons leur demander l'autorisation de le faire.

Étape #10 - Quelle est l'urgence ?

Avant de présenter votre offre, validez le fait que votre prospect en aura besoin tout de suite et maintenant. Que ce n'est pas un projet pour dans 3 ou 6 mois *(ou plus parfois)*.

"J'aimerais comprendre l'urgence de ce projet pour vous. Est-ce que si vous avez la possibilité d'obtenir notre aide dès aujourd'hui, vous la saisirez où est-ce pour plus tard ?"

Étape #11 - Demandez l'autorisation pour présenter l'offre.

Encore une fois, l'idée n'est pas d'être un vendeur agressif mais de gagner la confiance de votre prospect. Demandez-lui simplement s'il accepte que vous lui parliez de votre offre afin d'être certain qu'il soit attentif au moment où vous lui expliquerez tous les détails.

"Par rapport à tout ce que vous m'avez dit dans cet appel, je pense que nous pouvons vraiment vous aider.

Nous avons mis en place une solution qui pourrait vous intéresser, mais avant de vous en parler, je voulais savoir si vous étiez d'accord pour que je vous la présente."

▶ Étape #12 - Présentez votre offre.

Maintenant que vous avez l'autorisation, cela va être le moment où vous allez parler sans interruption. Vous allez simplement décrire les éléments de votre "stack" les uns après les autres en adaptant leur bénéfice aux envies de votre client.

"Premièrement vous accéderez à ____ pour ____"
"Vous m'avez dit vouloir ____ c'est pourquoi nous avons créé ___"
"etc."

▶ Étape #13 - Réponses aux questions.

Suite au détail de l'offre, vous allez simplement demander à votre client s'il a des questions et y répondre les unes après les autres.

"Voilà. Avez-vous des questions ?"

Vous allez continuer de répondre à toutes ces questions jusqu'à la fameuse question du prix. N'en parlez pas avant. Dès qu'il l'a posé, passez à l'étape suivante.

▶ Étape #14 - Que veut-il ?

Comme le prospect vient de vous demander le prix, il semble intéressé. Mais vous devez lui faire prendre conscience que ce n'est pas qu'une question d'argent. Que cet appel est également un filtre pour choisir les clients avec qui vous travaillez.

En d'autres termes, même s'il peut s'offrir vos services, vous devrez tout de même l'accepter sur la base d'autres critères. Le principe ici est *"suis-moi, je te suis"*.

Plus vous donnerez l'impression de vouloir vendre à tout prix, moins le prospect aura envie de travailler avec vous. À l'inverse, plus vous semblez inaccessible, plus vous devenez irrésistible.

"Juste une chose avant d'aller plus loin, nous apportons énormément d'importance aux personnes que nous décidons d'accompagner. Nous voulons uniquement travailler avec des personnes qui sont motivées, qui sont prêtes à travailler dur et se donner les moyens pour réussir. Est-ce qu'aujourd'hui, si j'accepte de te faire rejoindre _____, seras-tu cette personne-là ?"

C'est également cette position qui vous permettra indirectement de travailler uniquement avec des personnes avec le bon état d'esprit.

► Étape #15 - Annonce du prix.

Si la personne a le bon état d'esprit, tout ce qu'il vous reste à faire c'est de simplement dévoiler votre prix. De la manière la plus naturelle possible, comme si vous annonciez le montant d'un paquet de chewing-gum.

Une fois ceci fait, taisez-vous et laissez le client réfléchir. Comme on dit dans le jargon, *"le premier qui parle a perdu"*.

"Nous facturons ____€ "

ATTENDEZ, NE DITES RIEN. Le silence peut durer une seconde comme 5 minutes. Ce qui peut être très long au téléphone. Peu importe, patientez.

► Étape #16 - La boucle d'objection.

Une fois que le client a fini de réfléchir, soit, il sera partant immédiatement et dans ce cas-là, vous pouvez procéder à l'inscription. Soit il aura encore quelques objections à propos de votre offre, de votre nouvelle opportunité ou de sa capacité à réussir. Vous allez simplement répondre à toutes ces objections les unes après les autres jusqu'au moment où toutes les barrières seront levées, et alors il sera prêt à vous rejoindre. Cette simple étape peut-être à elle toute seule plus longue que l'intégralité de votre appel. Cela dépend du prospect que vous avez en face de vous.

▶ **Étape #17 - Procédez à l'inscription.**

Envoyez simplement le lien de la page d'inscription de votre offre à votre prospect par email, et restez au téléphone avec lui jusqu'à la page de confirmation.

Voici les **17 étapes** que vous pouvez suivre pour commencer à réaliser vos premières ventes au téléphone.

Bien entendu, il s'agit d'un script à adapter à votre business comme je vous l'ai précisé précédemment. Si vous souhaitez mon aide pour créer votre script et vous accompagner à travers vos appels, c'est exactement ce que je fais tous les jours dans mon entreprise. Nous pouvons en discuter ensemble au téléphone.

Vous pouvez réserver votre appel ici :
digital-selfmade.com/appel

Si vous n'avez pas l'habitude, et que vous souhaitez vous entraîner avant votre premier appel, je vous invite à faire ce que l'on appelle un "Role Play" avec un proche. Dites-lui de se faire passer pour un client, et entraînez-vous à closer grâce à ce script. Au bout de quelques dizaines d'appels, vous l'aurez presque déjà totalement intégré.

Il y a néanmoins deux grosses erreurs à ne pas commettre.

Premièrement, évitez de poser des questions fermées ou la seule réponse possible est un *"oui"* ou un *"non"*. Plus votre prospect répond à une question avec des détails, plus vous aurez d'éléments pour comprendre ce qu'il cherche afin de l'aider.

Deuxièmement, vous ne devez parler que pendant 20% *(ou moins)* de l'appel. Lors d'un appel de closing, il ne s'agit pas d'être un beau parleur.

Au contraire, vous devez travailler votre écoute. Posez des questions simples et brèves, et laissez vos prospects s'exprimer.

DÉLÉGUER LES APPELS À DES "CLOSERS"

Lorsque je dévoile cette stratégie pour avoir des prospects au téléphone, la première chose que l'on me dit très régulièrement c'est comment déléguer cette tâche à quelqu'un de plus compétent que nous.

Mais ce que cela veut dire réellement, c'est que *soit on n'ose pas le faire, soit on à la flemme*.

Vous pouvez bien entendu déléguer vos appels à des "Closers". Ce sont des personnes formées spécialement pour ça.

Néanmoins, voici pourquoi je ne vous recommande pas de le faire avant d'avoir fait au minimum *100 appels vous-même*.

▶ **Le niveau du closer.**

Ce n'est pas parce qu'une personne se dit closer qu'elle est compétente.

Cependant, vous ne pourrez jamais identifier son niveau si vous ne savez même pas "closer". À terme, je suis d'accord, le but est d'avoir une équipe que vous allez manager. Mais pour ce faire, *vous devez être le meilleur closer de votre équipe*.

Vous devez pouvoir identifier leurs faiblesses afin de les résoudre. Sans cette compétence, un mauvais closer vous mènera en bateau en vous expliquant qu'il n'a pas pu closer car *"les prospects n'étaient pas qualifiés"*.

▶ **Un closer c'est un investissement.**

La plupart des closers sont payés à la commission. Ainsi, s'ils ne closent pas, vous n'avez rien à leur payer. Mais cela ne veut pas dire que ça ne vous coûte rien, au contraire.

Le fait est qu'un closer compétent close déjà. Au début, les seules personnes à qui vous pourrez déléguer vos appels seront des débutants.

Et bien qu'ils aient suivi une formation, la pratique est à des années-lumière de la théorie. Il faudra donc accepter qu'ils "crament" des prospects qualifiés pour se former.

Des prospects que vous aurez attirés grâce à des publicités qui coûtent de l'argent. Ainsi, prendre un mauvais closer peut être une très mauvaise décision pour votre business.

- **Un script demande du temps à peaufiner.**

Avant votre premier appel, vous allez réfléchir à un script qui se base sur votre intuition. Et, au fur et à mesure que vous aurez des personnes au téléphone, vous remarquerez que tout le monde pose les mêmes questions et ont les mêmes objections.

Plus vous ferez d'appels, plus votre script s'affinera et plus vous pourrez anticiper les demandes de vos prospects.

Lorsqu'un nouveau closer rejoint votre équipe, vous devrez lui fournir un script qui fonctionne déjà car il a été travaillé sur des dizaines d'appels.

Cela réduira d'autant plus la période pendant laquelle votre closer vous coûtera plus qu'il ne vous rapportera. Vous êtes généralement la meilleure personne pour élaborer ce script. Car vous avez réfléchi à votre client de rêve, vous savez ce qu'ils veulent, ce qu'ils fuient et votre offre en est la conséquence.

Alors oui, je sais, ce n'est peut-être pas ce que vous vouliez entendre. Mais c'est ce dont vous avez besoin d'entendre. Si votre objectif est de devenir libre financièrement et de créer un business au service de votre vie, **vous devez être prêt à tout pour le faire**.

Et si la peur d'avoir un inconnu au téléphone, ou la flemme de passer une centaine d'appels vous freine, c'est que vous n'avez au fond de vous pas une réelle envie de changement.

Je connais des entrepreneurs qui sont prêts à tout pour réussir, alors est-ce votre cas ? Êtes-vous un “winner” ou un “looser” ?

Vous savez ce que vous avez à faire.

LA PSYCHOLOGIE DU “HIGH-TICKET”

Dans le jargon, une offre chère se dit “High Ticket”. C'est-à-dire des offres haut de gamme. Mais j'ai voulu consacrer ce rapide paragraphe à la psychologie derrière cette stratégie. Car il ne s'agit pas seulement de fixer un prix élevé et basta, ça va beaucoup plus loin que ça.

Pour vous l'expliquer, j'ai voulu reprendre l'histoire qui m'a moi-même fait avoir un *“ah ah moment”* d'un de mes mentors américains, Dan Henry.

Dan expliquait qu'en février 2019, il a réalisé 1 million de dollars de chiffre d'affaires en un seul mois *(Oui, c'est énorme, mais c'est valable à n'importe quel niveau, rassurez-vous).* Que ce chiffre semblait cool, mais que ça a été l'un des pires mois qu'il n'est jamais fait, voici pourquoi :

- Il vendait une offre à 1 000 $, il a donc eu 1000 clients.
- Cela a entraîné plus de 1920 demandes au support email *(c'est énorme).*
- Comme il y avait énormément de monde, chaque client avaient moins d'attention et le taux de remboursement était de 12% *(un bon taux est normalement de – 1%)*

Il fait alors la comparaison avec son mois de février 2020 ou il a réalisé 550 000 dollars de chiffre d'affaires. *(Soit près de deux fois moins qu'un an auparavant).*

- Cette fois-ci, il vendait une offre à 10 000 $, il a donc eu seulement 100 clients.
- Cela a entraîné seulement 23 demandes au support email.
- Comme il en avait beaucoup moins, il avait le temps d'apporter une aide personnalisée à chacun et son taux de remboursement est tombé à 0%.

Mais, bien qu'il ait généré près de deux fois de chiffre d'affaires sur ce mois, **il a généré 30% de profit en plus !**

C'était donc la meilleure méthode pour maximiser son bénéfice, tout en réduisant sa charge de travail. Mais le plus important, c'est la mentalité des personnes qui achètent ces offres "High-Ticket".

▶ Un bon état d'esprit.

Une personne qui paye jusqu'à $10 000 pour être accompagné est forcément sérieuse à propos de son projet. Elle aura réellement envie d'avancer, et sera prête à se remettre en question pour atteindre son objectif avec vous.

J'ai déjà vendu des offres à quelques centaines d'euros *(ou moins)*, et j'ai été frustré de constater que près de 50% d'entre eux n'ouvraient jamais leur espace membre. Ça ne m'est jamais arrivé sur des offres High Ticket.

- **Plus de chance de réussir.**

Plus on investit, plus on a envie de travailler pour rentabiliser notre investissement. Le simple fait de payer plus cher nous engage davantage.

On s'impose une situation où l'échec n'est pas une option. Je l'ai moi-même constaté, le taux de résultat de mes clients est **énormément** plus important sur des offres High-Ticket.

- **Moins d'assistanats.**

Les personnes que vous allez attirer seront plus autonomes, et demanderont paradoxalement moins d'attention.

Contrairement à ce que l'on pourrait croire, il est aussi beaucoup plus facile de vendre une offre à "High-Ticket".

Est-ce que vous imaginez un acheteur de Rolex ou de Ferrari entrer dans le magasin et négocier ? La réponse est non, il paie le prix affiché.

Quand ils vont dans la concession Ferrari par exemple, ils savent déjà qu'ils en veulent une. Ils savent qu'il faudra dépenser beaucoup d'argent et ils sont prêts à le faire. Ils ne négocient pas, ils sont décidés.

Et c'est ce type de personne avec qui nous voulons travailler.

Section IV

ATTIRER UNE AVALANCHE DE CLIENT

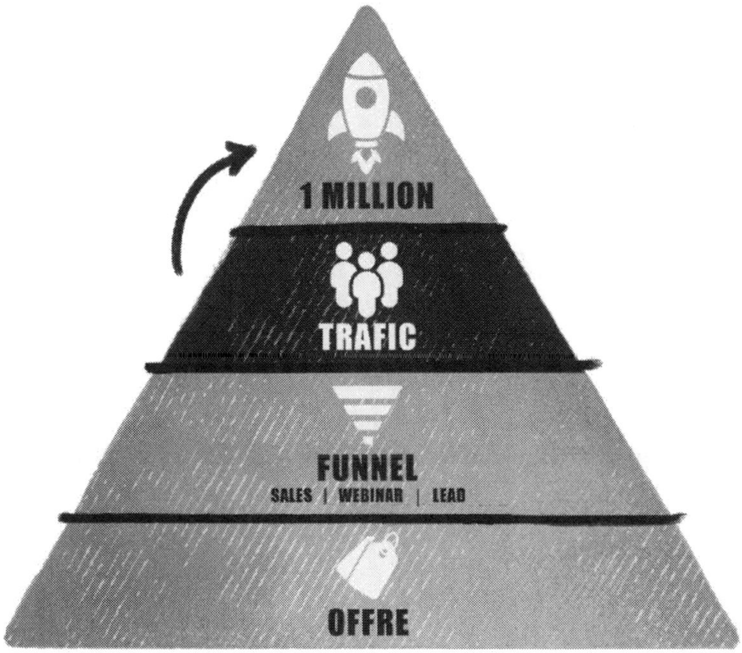

QU'AVEZ-VOUS À OFFRIR ?

Comme mon grand-père a travaillé pendant des années en Chine, j'ai souvent eu l'occasion quand j'étais plus jeune d'y aller deux ou trois semaines pour passer du temps avec mes grands-parents.

C'est probablement là-bas *(car je n'ai pas encore fait le Japon)* que j'ai mangé les meilleurs sushis de ma vie. Là-bas, on peut trouver des restaurants sur plusieurs étages avec des sushis extravagants au possible. Ça coûte beaucoup moins cher qu'en France et c'est surtout délicieux !

C'est pourquoi quand j'ai vu pour la toute première fois ces nouveaux "stands" à sushi qui s'installent dans tous les supermarchés en France, j'étais vraiment sceptique.

Pour moi, les sushis c'est un produit frais, fait de poisson cru et qui doit donc être préparé quelques minutes avant d'être consommé. J'en avais déjà mangé dans un restaurant spécialisé en France, mais dans un supermarché… J'avais des doutes.

Voilà pourquoi à chaque fois que je passais devant ce stand quand j'allais faire mes courses, je ne m'étais jusqu'à présent jamais arrêté pour en ajouter dans mon caddie.

Jusqu'au jour où ils ont décidé de mettre une personne devant le stand avec tout un tas de sushis que l'on pouvait goûter gratuitement.

Comme je suis de nature curieuse, j'ai décidé d'aller la voir et de goûter leur sushi. Eh là, ce fut la révélation ! Ils étaient délicieux *(presque comme ceux que j'ai mangés en Chine)*. Je n'en revenais pas qu'un simple stand au beau milieu du magasin puisse faire des sushis aussi bons.

Le jour même, j'ai décidé d'en acheter pour en manger le soir chez moi. Depuis, à chaque fois que j'ai une envie de sushi, mon premier réflexe est d'aller au supermarché !

En fait, ils ont réussi à faire de moi un client fidèle avec une stratégie vieille comme le monde. Ils m'ont attiré avec un **appât** comme un poisson. Et, c'est grâce à cet appât que l'on transforme un prospect ou un inconnu en client.

Sur Internet, c'est exactement comme cela que ça fonctionne. Pour attirer du trafic qualifié dans votre Funnel, on utilise ce que l'on appelle un *"Lead Magnet" (autrement dit en français, un "aimant à prospect")*.

Il s'agit d'offrir quelque chose de valeur à notre client de rêve qu'il ne pourra pas refuser afin de les attirer comme un aimant. Mais, avant d'aller plus loin, j'aimerais que vous compreniez pourquoi vous devez absolument avoir un *"Lead Magnet"* dans votre business en ligne. Et ce peu importe ce que vous vendez et à qui vous le vendez.

POURQUOI CRÉER UN "LEAD MAGNET"

Il faut comprendre que lorsque l'on attire du trafic dans notre Funnel, ces personnes étaient déjà quelque part sur Internet.

Sur Facebook, Tik-Tok, Instagram, YouTube par exemple. Le but de tout contenu que vous allez créer sur Internet, que ce soit une publicité ou un post sur les réseaux sociaux, va être de faire passer les personnes de là où elles sont déjà vers votre Funnel.

Il faut donc les attirer avec un appât, et c'est le rôle de notre Lead Magnet. Voici donc cinq raisons vitales d'en mettre un en place dans votre business en ligne.

▶ **Un bon premier contact.**

Le lead magnet est généralement le tout premier contact que votre client aura avec votre business. Comme il est totalement gratuit, il est presque impossible de le refuser par vos clients de rêve.

Imaginez par exemple qu'à la fin de chacune de mes vidéos YouTube, je vous incite à acheter une formation payante.

Au bout d'un moment, ça paraît lourd car les gens n'aiment pas qu'on leur vende des choses. En revanche, si je vous offre quelque chose de gratuit qui va réellement vous apporter de la valeur dans le but de vous aider, alors non seulement vous allez vouloir en profiter, mais vous me remercierez de l'avoir créé.

▶ Le principe de réciprocité.

Il s'agit d'un comportement humain naturel très connu dans le domaine du marketing. C'est le fameux concept du *“donner avant de recevoir”*. En apportant de la valeur gratuitement avant d'essayer de leur vendre quoi que ce soit, vous déclenchez un sentiment de redevance chez votre futur client.

Dans le domaine du régime cétogène par exemple, nous avons créé un Lead Magnet qui dévoile *sept principes pour perdre du poids* grâce à cette méthode d'alimentation. Si après avoir eu toutes ces informations de valeur gratuitement, notre client décide de se lancer dans le régime cétogène, il aura alors naturellement envie de travailler avec nous.

Pas parce que nous sommes les meilleurs dans notre domaine, ou que nous avons le plus de témoignages. Mais, simplement parce que nous avons été *les premiers à lui faire découvrir*. Et, par réciprocité, nous serons donc la seule possibilité dans son esprit.

Dans la vie de tous les jours par exemple, c'est ce même sentiment qui vous donne envie de laisser un pourboire lorsqu'un serveur a été particulièrement agréable et gentil avec vous.

▶ Augmenter leur niveau de conscience.

Tout comme un webinar *(qui peut être considéré comme un type de Lead Magnet, nous en reparlerons plus tard)*, le rôle de votre Lead Magnet est aussi d'éduquer vos clients afin *d'amplifier* leur besoin pour l'offre que vous allez leur proposer juste après.

Toujours dans le domaine du régime cétogène. En dévoilant les sept principes pour perdre du poids avec cette alimentation, nous leur faisons prendre conscience de son efficacité et de ses atouts.

Notre offre se vendrait beaucoup moins si nos clients n'étaient pas au courant de tous les avantages de cette alimentation. En les éduquant avant de leur vendre notre offre, nous nous assurons qu'ils savent ce qu'ils achètent. Cela facilite grandement le rôle de votre page de vente.

▶ **Filtrer vos clients.**

C'est probablement l'une des raisons les plus importantes et les moins comprises au fait de créer un Lead Magnet. C'est peut-être celle qui devrait vous convaincre d'en faire un immédiatement.

Notre Lead Magnet est un filtre qui nous permet d'identifier et d'extraire nos clients de rêve sur Internet.

Pour mieux vous le faire comprendre, j'adore prendre l'exemple de *"Boom by Cindy Joseph"*, une marque de cosmétique réservée aux femmes de plus de 50 ans. Ça a le mérite d'être précis.

L'idée est donc de savoir comment sur une publicité montrer à 100 personnes il est possible d'extraire celles qui correspondent *exactement* à notre client de rêve. Eh bien c'est très simple. On crée un Lead Magnet tellement spécifique, que seuls nos clients de rêves pourraient s'y intéresser. Dans le cas de notre exemple, voici le titre du Lead Magnet de *"Boom By Cindy Joseph"*

"5 conseils de maquillage pour femmes âgées afin de faire ressortir votre beauté naturelle à 50, 60, 70 ans et au-delà"

À votre avis, est-ce qu'un homme de 30 ans serait intéressé ?

Et une femme de 20 ans ?

Et une femme de 60 ans qui ne se maquille pas ?

La réponse est NON.

En revanche, si vous êtes une femme et que vous avez plus de 50 ans avec l'envie de vous maquiller, ce Lead Magnet parait *irrésistible*. C'est comme cela que vous allez pouvoir filtrer vos clients de rêve afin de les attirer vers une offre qui leur correspond parfaitement et qui tombe pile au moment où ils en ont besoin.

▶ **Créer une base email.**

Votre Lead Magnet est gratuit, mais cela ne veut pas dire que vous ne demandez rien en échange. *Vous allez récupérer une adresse email*. Les centaines, voire les dizaines de milliers d'emails de prospects extrêmement qualifiés que vous allez récolter au fil du temps, seront le pilier de votre business.

Il y a un principe étrange qui s'est avéré vrai dans mon business, celui de tous mes amis qui font du business en ligne et de mes mentors du quatre coins du monde.

On a tous remarqué un lien étroit entre notre revenu mensuel et le nombre d'e-mails présents dans notre base. Plus votre base email grandit, plus notre revenu mensuel augmente au rythme de minimum **1 € par mois et par email** *(minimum)*.

Lorsque j'ai commencé à avoir mes 500 premiers emails, je gagnais environ 500 € par mois avec mon business en ligne. Lorsque je suis passé à 1000 emails, mon revenu a suivi. Avec le temps, j'ai pu me créer une base de dizaines de milliers d'emails et enrichir mes connaissances me permettant de gagner jusqu'à 3 € ou 5 € par email, par mois.

Voilà pourquoi j'aime fixer l'objectif à mes clients de créer une base de 10 000 emails, car c'est pour moi le pallier de la liberté financière sur internet. *(Vous en découvrirez davantage dans le chapitre 17).*

LES 3 TYPES DE TRAFIC

Si votre objectif est de devenir réellement libre financièrement avec votre business en ligne sur le long terme. C'est-à-dire que vous ne voulez PAS avoir un business qui fait des montagnes russes, et qui est instable.

Alors, le Lead Magnet est une pièce fondamentale pour y parvenir. Le nerf de la guerre sur Internet c'est le trafic. C'est d'ailleurs ce qui vaut le plus cher.

C'est parce que des influenceurs ont des millions d'abonnés, qu'ils vont pouvoir facturer des dizaines de milliers d'euros pour faire un placement de produit. Ils sont payés en échange du trafic qu'ils vont apporter.

C'est aussi pour cette raison que la plus grosse dépense d'un business en ligne est généralement la publicité. Le trafic, c'est un peu le sang qui coule dans les veines de votre business.

Mais le vrai problème c'est que pour pouvoir envisager une liberté financière totale, il faut être capable d'avoir du trafic au cours des 5, 10, 15, 20 prochaines années *(et plus encore)*.

Cela veut dire que l'on doit pouvoir **répondre** à la question suivante :

Comment ferons-nous pour continuer d'avoir du trafic dans notre business en ligne si Facebook, Instagram, TikTok, Google, et tous les autres réseaux sociaux venaient à disparaître ? **Ou** S'ils décidaient d'arrêter de travailler avec nous *(la version la plus probable) ?*

J'ai commencé à me poser cette question il y a maintenant quelques années à une époque où je réalisais 100 000€ de chiffre d'affaires par mois grâce à une boutique e-commerce.

Je m'en souviens comme si c'était hier, nous avions des centaines de commandes tous les jours générées par +1000€ de budget **quotidien** investit dans la publicité Facebook.

Résultats Pub Facebook

Entre le 1er et le 31 décembre 2018, avec pas moins de **35.526,74€** de dépenses en publicité Facebook, c'est exactement **88,95%** de mon trafic qui venait de Facebook. C'était presque une machine à cash.

À chaque fois que j'investissais 1 €, j'en encaissais 3,5 €. Pour moi, tout allait à la perfection, et je me disais que ça allait continuer comme ça pour le restant de mes jours. **Quelle grosse erreur**.

Alors que j'étais dans le bureau de mon père en train de discuter avec lui, j'ai entendu mon téléphone vibré sur la table. Je me suis dit que c'était la même notification que je recevais plus de 200 fois dans la journée pour me dire que je venais de réaliser une vente. Mais, cette fois-ci, ce n'était pas le cas. Il s'agissait d'un message du gestionnaire de publicité Facebook qui disait :

"Votre compte publicitaire, ses publicités et certains de ses éléments publicitaires sont désactivés. Vous ne pouvez pas l'utiliser pour diffuser des publicités."

J'ai ressenti l'accélération soudaine de mon cœur, passant de 60 battements à près du double en un quart de seconde.

Mon thorax a commencé à se contracter m'empêchant de respirer normalement et une chaleur intense a envahi ma tête. C'est avec les mains tremblantes que j'ai cliqué sur la notification pour constater en ouvrant l'application que mon compte publicitaire était désormais désactivé et que je ne pourrai plus faire de publicité avec.

C'était la première fois que ça m'arrivait, et avant ça je pensais que ça n'arrivait qu'aux autres.

Ce jour-là, **mon business a chuté de 90%** et n'a jamais plus atteint ce niveau depuis. Quelque mois plus tard, je décidais de mettre la clé sous la porte. Cette expérience m'a fait comprendre deux choses.

Premièrement, si je veux réellement devenir libre financièrement *(non pas pendant 1 an, mais pour la vie)*, je dois devenir indépendant de ces géants d'internet qui font la pluie et le beau temps.

Deuxièmement, je dois avoir une vision à long terme. La publicité est géniale et je la recommande à tout le monde, mais n'oublions pas que c'est un raccourci.

Un jour il ne sera peut-être plus possible d'en faire, il faut donc arriver à générer du trafic sans faire de publicité au cas où.

Si je vous raconte cette histoire, c'est pour vous dire que vous n'êtes pas obligé de faire la même erreur que moi. Et, pour l'éviter, vous devez comprendre qu'il existe trois types de trafic.

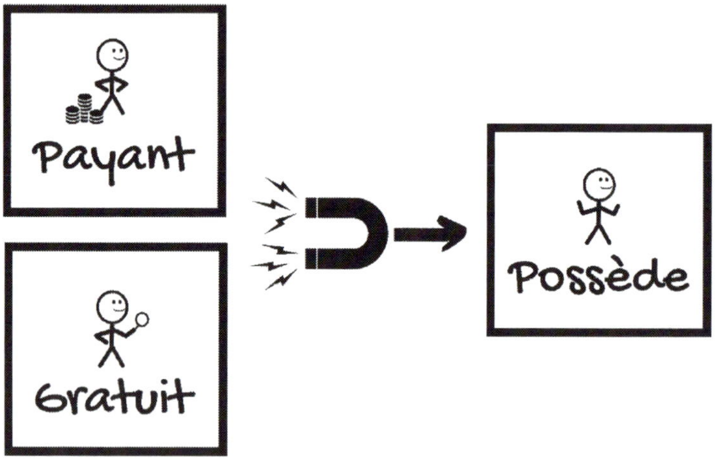

▶ Le trafic que vous contrôlez (Payant)

Typiquement, c'est la publicité. Vous voulez plus de trafic, mettez plus d'argent. Le problème c'est que ça coûte cher et que l'on est dépendant des règles fixées par les plateformes.

▶ Le trafic que vous ne contrôlez pas (Gratuit)

Il s'agit de toutes les personnes qui vont venir dans votre Funnel, d'une source incontrôlable. Typiquement, le bouche-à-oreille, une personne qui tape le nom de votre entreprise sur google, une vidéo sur Youtube, etc. On ne peut pas appuyer sur un bouton pour instantanément faire fois dix avec ce trafic.

À l'inverse de la publicité, il peut prendre énormément de temps avant de se mettre en place. Mais, une fois que c'est fait, il continuera de vous apporter des clients pour le restant de vos jours.

▶ Le trafic que vous possédez

C'est celui-là *la clé de votre indépendance financière*. Le trafic que vous possédez. Autrement dit, une audience d'abonnés et surtout d'emails que vous construisez avec le temps.

Si demain toutes les plateformes venaient à disparaître, j'aurai toujours ma base email stockée dans une clé USB dans la poche de mon jeans.

Personne ne peut décider de couper cette source, car je la possède ! Ce qui n'est même pas le cas de mes abonnés sur les réseaux sociaux comme YouTube ou Instagram par exemple.

Oui, ils sont abonnés à mon compte mais je ne fais que louer l'emplacement sur ces plateformes. Ils peuvent très bien décider du jour au lendemain de me bloquer s'ils le souhaitent. C'est d'ailleurs déjà arrivé à des influenceurs très connus.

Peut-être commencez-vous mieux à comprendre l'utilité d'un Lead Magnet. Il permet de **transformer le trafic que vous contrôlez et celui que vous ne contrôlez pas en un trafic que vous possédez**.

C'est en échange de ce Lead Magnet que vous récolterez des e-mails et vous constituez le matelas de sécurité de votre liberté financière.

Souvenez-vous, **10 000 emails** suffisent.

Je vous dévoilerai comment cette base email sera la source de revenu la plus importante de votre business dans les chapitres 16 et 17.

Lorsque je crée un business, je fais systématiquement de la publicité pour obtenir du trafic immédiatement et en parallèle créer du contenu *(sur YouTube ou un blog par exemple)* afin d'obtenir du trafic gratuit sur le long terme.

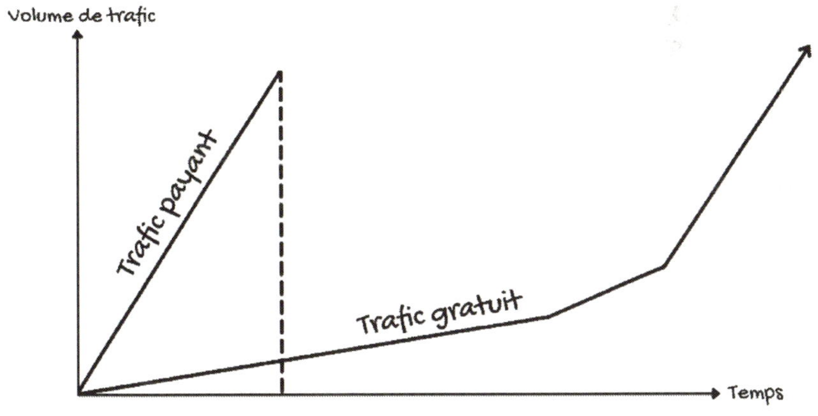

Mis ensemble, ces deux stratégies me permettront de vivre de mon business en ligne aujourd'hui *(grâce à la publicité)* tout en assurant son avenir et sa pérennité *(grâce à la création de contenu intemporel)*.

Mais pour réellement devenir libre financièrement, géographiquement et temporellement je dirigerai tout ce trafic vers unique direction : mon **Lead Magnet** afin de posséder mon propre trafic et être au contrôle de mon business.

LE PARFAIT LEAD MAGNET

Un lead magnet n'a pas besoin d'être compliqué, ni trop sophistiqué. Le plus important est qu'il doit s'adresser à votre client de rêve spécifiquement, et répondre à un problème ou une fausse croyance.

Considérez que votre Lead Magnet est performant si au minimum *35% des personnes* que vous touchez avec vos publicités ou contenu en ligne décident de mettre leurs emails pour l'obtenir.

Le secret est la curiosité. Plus votre client ressentira le besoin de savoir ou d'obtenir ce que vous lui offrez, moins il hésitera à vous donner son email en échange. Mais, attention à ne pas sur-promettre en affirmant quelque chose d'irréalisable, cela pourrait tuer la vente de votre offre qui va suivre si votre client est déçu.

Voilà pourquoi le plus important n'est pas la quantité mais la qualité. Votre Lead Magnet peut-être un e-book, une vidéo, un bon de réduction *(dans l'e-commerce par exemple)*, un échantillon, etc.

Fait preuve d'originalité, mais le plus important c'est qu'il doit apporter de la valeur à votre client de rêve. Ne sous-estimez pas la valeur qu'un email peut avoir aux yeux de vos clients. Si ça ne valait rien, alors est-ce que vous le donneriez à un inconnu dans un bar ? Probablement pas, car il représente une partie de notre vie privée. Il a donc une valeur.

Si vous brisez cette confiance que vous a accordé votre client en lui donnant un Lead Magnet bâclé, c'est la meilleure façon de s'autosaboter. Mais encore une fois, pas besoin d'en faire trop. Parfois une simple page ou une vidéo de 5 minutes peut faire l'affaire.

Imaginez par exemple que vous voulez lancer une chaîne Youtube, mais vous êtes freiné car vous ne savez pas quel matériel utiliser.

Je pourrais alors vous offrir un Lead Magnet de la taille d'une simple feuille A4, sur laquelle il y aurait une liste des liens vers tout le matériel dont vous aurez besoin pour vous lancer.

Pas très compliqué n'est-ce pas ? Et pourtant tellement important pour votre client à qui vous allez faire économiser des heures de recherches. Voilà un exemple de Lead Magnet simple et efficace.

Dans le cas où vous avez décidé de mettre en place un Webinar Funnel, **votre webinar est déjà votre Lead Magnet**.

C'est l'appât idéal pour attirer vos clients de rêve tout en les préparant à votre offre. Mais dans le cas où vous souhaitez mettre en place un Sales Funnel, *vous aurez besoin d'un Lead Magnet en plus de votre offre*. C'est pourquoi cette situation exige de rattacher un autre Funnel. Il s'agit du **Lead Funnel**, et c'est ce que nous allons voir dans le chapitre suivant.

EXERCICE

Si vous souhaitez vendre une offre éclatée avec un Sales Funnel, vous aurez besoin de créer un Lead Magnet. Suivez les étapes ci-dessous pour réfléchir à celui que vous pourriez proposer à vos futurs clients de rêves pour les attirer.

Étape n°1

Réfléchissez au type de Lead Magnet que vous allez créer. Cela peut être un document PDF, une checklist, une vidéo, etc. Le plus important est que ce soit quelque chose que vos clients de rêve ne pourront pas refuser.

Étape n°2

Créer ou déléguer sa création. *(Nous verrons comment déléguer quasiment toutes les tâches de votre business dans le chapitre 22)*

ALLONS PLUS LOIN ENSEMBLE

Si vous souhaitez que je vous accompagne pour créer et valider votre Lead Magnet, vous pouvez réserver un appel avec mon équipe pour parler de votre projet.

Voici le lien pour réserver votre appel gratuit :
digital-selfmade.com/appel

LE LEAD FUNNEL

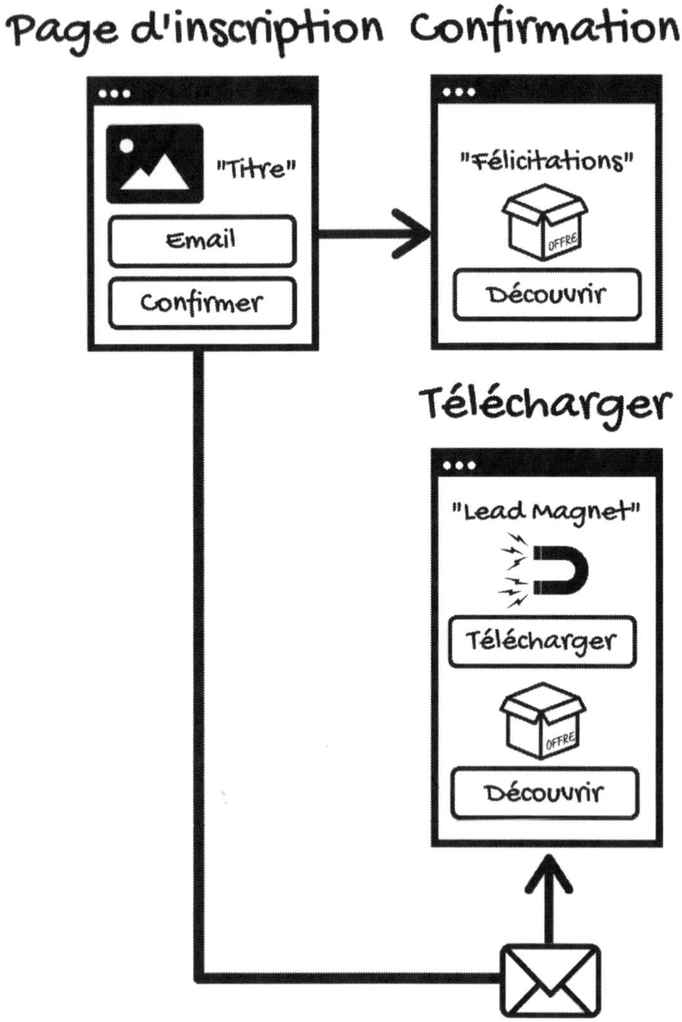

Je venais de finir le Sales Funnel qui allait me permettre de vendre la formation **Get Lead** dont je vous ai déjà parlé précédemment dans le livre. Il me fallait donc un Lead Magnet pour attirer mon client de rêve.

J'avais plusieurs possibilités car ce programme pouvait s'adresser à plein de business différents, mais je voulais pour commencer, attirer des entrepreneurs qui vendaient ou voulaient vendre uniquement des *"produits digitaux" (formation, e-book, etc.)* sur Internet.

J'ai donc créé une rapide vidéo de formation que j'offrais en échange d'un email, et qui avait pour but d'apporter de la valeur avant de faire un appel à l'action pour acheter mon offre : Get Lead.

Parcourons ensemble ci-dessous le Lead Funnel que j'ai créé et qui constituent les étapes que vous devrez vous aussi mettre en place dans votre business.

ÉTAPE #0 - LA PUBLICITÉ

On va généralement faire un choix. Soit on va rediriger la publicité directement vers notre offre, sur notre Sales Funnel.

Soit vers un Lead Funnel afin de **filtrer le trafic** et de **récupérer l'email** avant de dévoiler notre offre. Lorsque je présente cette seconde stratégie, la majorité des gens se disent que ça fonctionnera moins bien. Car il y a plus de frictions et donc moins de chance de réaliser des ventes. En réalité, c'est l'inverse qui se produit. Laissez-moi vous poser une question : *pensez-vous réellement qu'une personne achètera votre offre payante si elle n'est même pas intéressée par des informations gratuites ?*

Sur une page de vente, on va généralement convertir entre **10% à 15%** des visiteurs. Ce sont les mêmes qui mettront leur email pour obtenir votre Lead Magnet. La friction a donc du bon, car elle élimine tous les "*touristes*" et permet en plus d'apporter de la valeur gratuitement avant de leur vendre quoi que ce soit.

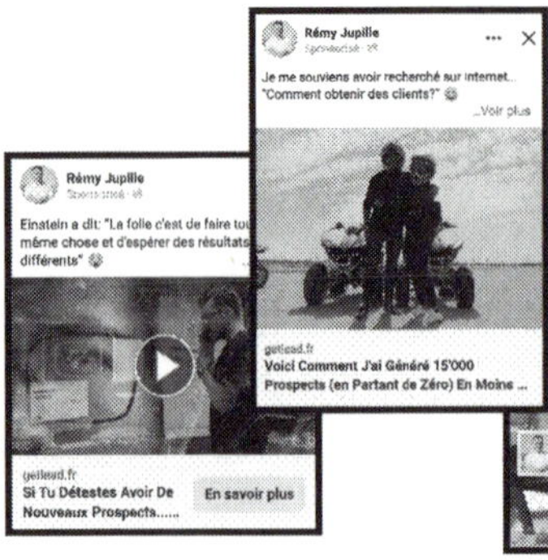

Publicités Facebook

Publicités YouTube

Dans le cas de Get Lead, j'ai essayé les deux stratégies, mais à part le lien de destination *(sur quelle URL redirige la publicité)* et le message de ma publicité, rien ne change. La stratégie au niveau de la plateforme publicitaire reste toujours la même.

ÉTAPE #1 - LA PAGE D'INSCRIPTION

Cette page n'a qu'un seul objectif, **obtenir l'email de mon client de rêve**. Il ne s'agit pas de présenter mon business, de dire qui je suis, ni même de montrer les résultats de nos clients. Il s'agit de leur faire comprendre ce qu'ils obtiennent en échange de leur email. **Et c'est tout**.

Voilà pourquoi cette page ne contient que le strict nécessaire. Un titre, un sous-titre, une image de votre Lead Magnet, un champ pour inscrire l'email et un bouton pour valider.

Tout élément supplémentaire est inutile. En fait, j'ai réalisé que plus j'en mettais sur cette page, moins je convertissais de visiteurs. Il s'agit donc d'en faire le moins possible.

Page d'inscription

C'est grâce à cette simplicité que j'arrivais à convaincre plus de **60,73%** des visiteurs de ma page d'inscription de me donner leur email pour accéder à cette vidéo de formation offerte.

Ou dans le cas de mon business sur le régime cétogène, où **58,64%** y inscrivaient leur email pour obtenir un guide gratuit *(E-book PDF)* sur le régime cétogène.

Tout comme pour la page d'inscription du Webinar Funnel, vous devriez avoir au minimum 35% de taux d'inscription. Si vous êtes en dessous, cela vient généralement du titre de votre page qui ne donne pas assez envie ou du ciblage de vos publicités.

ÉTAPE #2 - LA PAGE DE CONFIRMATION

Lorsque les visiteurs que j'amenais sur ma page d'inscription décidaient d'y inscrire leur email, ils étaient immédiatement redirigés sur une page de confirmation.

Il y était inscrit que leur Lead Magnet leur serait envoyé par email, et qu'en attendant, ils pouvaient cliquer sur *"le bouton ci-dessous"* pour découvrir *"Get Lead"* afin d'obtenir des prospects. Dans le cas de ce business, c'est pas moins de 90% des personnes qui venaient d'inscrire leur email pour obtenir un guide gratuit, qui cliquaient sur ce bouton.

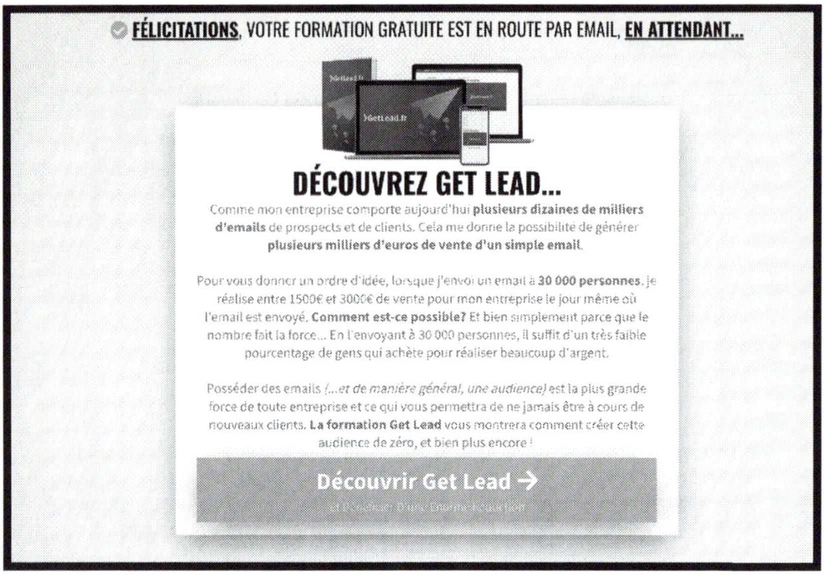

Page de confirmation

Dans le cas de mon business sur le régime cétogène, il faut savoir que sur une moyenne d'un mois complet, je dépensais environ 0,82 € pour qu'une personne inscrive son email. *(Ne prenez pas ce chiffre comme référence, car il peut varier du simple au quintuple en fonction de votre niche. Il s'agit ici d'un montant correct pour le domaine de la minceur).*

Sur la même période, j'encaissais 1,39 € par email, **le jour même !**

Cela veut dire qu'en plus de générer du profit, je me constitue une base d'e-mail gratuitement. J'étais même payé pour le faire.

Et tout ça simplement car sur ma page de confirmation, je fais un appel à l'action vers mon offre payante. Bien entendu, tout le monde ne va pas décider d'acheter mon offre juste après avoir inscrit leur email.

Mais, dans le cas de ce business sur le régime cétogène, c'est exactement 10,81% qui le font, ce qui suffit pour totalement rentabiliser mes publicités et générer du bénéfice.

Et les 90% restants qui n'ont pas acheté mon offre ?

Eh bien je ne vais pas les oublier. J'ai rédigé *une séquence email de 5 jours* envoyée automatiquement à toutes les personnes ayant inscrit leur email sur ma page d'inscription.

Son objectif est de leur fournir le Lead Magnet promis, et de les relancer régulièrement dans le but qu'ils achètent mon offre. Je vous dévoilerai la stratégie de ma séquence email dans le chapitre suivant.

Au fil des jours qui vont suivre, je vais convaincre encore 5% de personnes supplémentaires à acheter mon offre. Ce qui, comme je suis déjà rentable, ne sera que du pur bénéfice.

ÉTAPE #2.5 - LA PAGE DE TÉLÉCHARGEMENT

Ce n'est pas réellement la troisième étape, car elle ne vient pas après la page de confirmation mais en parallèle. C'est simplement une page sur laquelle je vais délivrer mon Lead Magnet tout en faisant un rappel de mon offre.

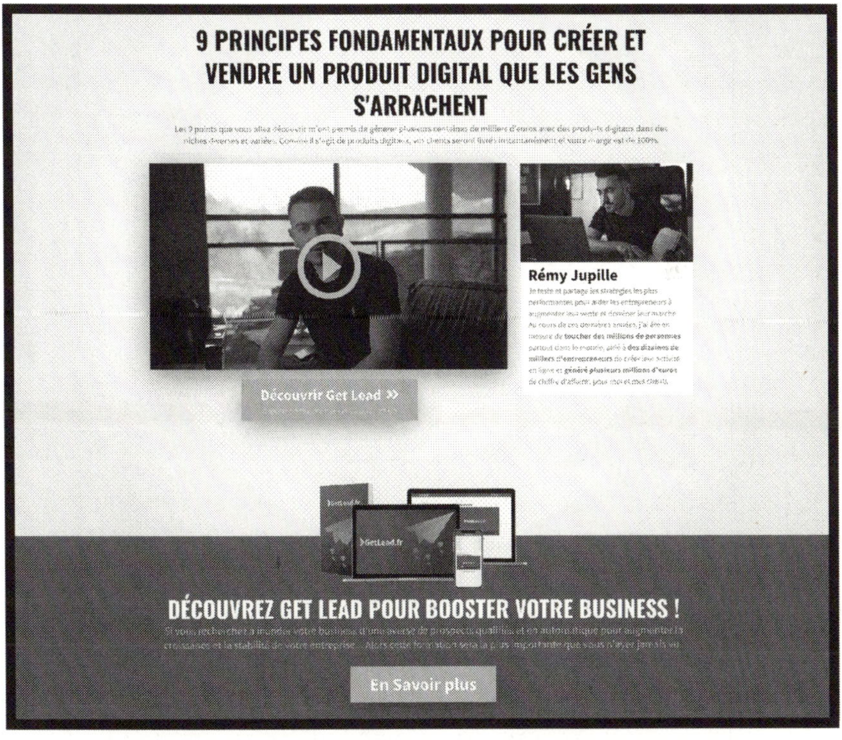

Page de Téléchargement

Dans le cas de Get Lead, je mets simplement la vidéo sur la page afin qu'ils puissent la visionner. En dessous, deux boutons pour *"en savoir plus"* sur mon offre payante.

Dans le cas de mon business sur le cétogène, il y a un bouton pour télécharger l'e-book qu'ils vont pouvoir lire tranquillement chez eux. En dessous, le même bouton que sur la page de confirmation pour acheter mon *"challenge de 30 jours"*.

Le seul endroit où apparaît le lien vers cette page de téléchargement, c'est dans le premier e-mail de ma séquence que j'envoie automatiquement à chaque nouvel inscrit.

Le fait de ne pas leur donner le Lead Magnet immédiatement sur la page de confirmation, les force à ouvrir mon premier email pour y accéder. C'est essentiel afin de ne pas tomber dans les spams lors de mes prochains envois d'email, et pour leur donner le réflexe de les ouvrir lorsqu'ils les reçoivent.

EXEMPLE BONUS

Si vous souhaitez aller encore plus loin, j'ai réalisé une vidéo bonus dans laquelle j'analyse un Lead Funnel. Elle est uniquement réservée aux lecteurs du livre, alors profitez-en !

Pour accéder à ce bonus gratuit, rendez-vous ici :
digital-selfmade.com/lead

GAGNER PLUS À COURT TERME

En septembre 2019, j'avais pour projet d'aider de plus en plus de personnes à réussir notamment dans le domaine de l'e-commerce.

J'avais déjà eu de très bons résultats par le passé, et je me sentais prêt à partager mon retour d'expérience. Mon premier réflexe a donc été de réfléchir de quelle manière j'allais pouvoir me créer une base email de personnes qualifiées *(Alias le trafic que je possède)*.

J'ai donc eu l'idée de créer un Lead Magnet qui serait une petite vidéo rapide d'une dizaine de minutes dans laquelle je dévoilerais une stratégie inédite pour créer une marque.

L'objectif de cette vidéo était d'apporter de la valeur, attirer mon client de rêve, mais aussi de donner envie d'acheter l'offre que j'avais créée et qui était la suite logique. Il s'agissait d'une offre éclatée, vendue grâce à un Sales Funnel avec un produit principal et des upsells.

En moyenne, chaque client y dépensait **24,54 €**.

J'ai donc créé un Lead Funnel afin d'offrir ce Lead Magnet et de rediriger mes nouveaux prospects vers mon offre. Une partie d'entre eux décidait de l'acheter immédiatement, et pour les autres, je leur envoyais une séquence email sur cinq jours.

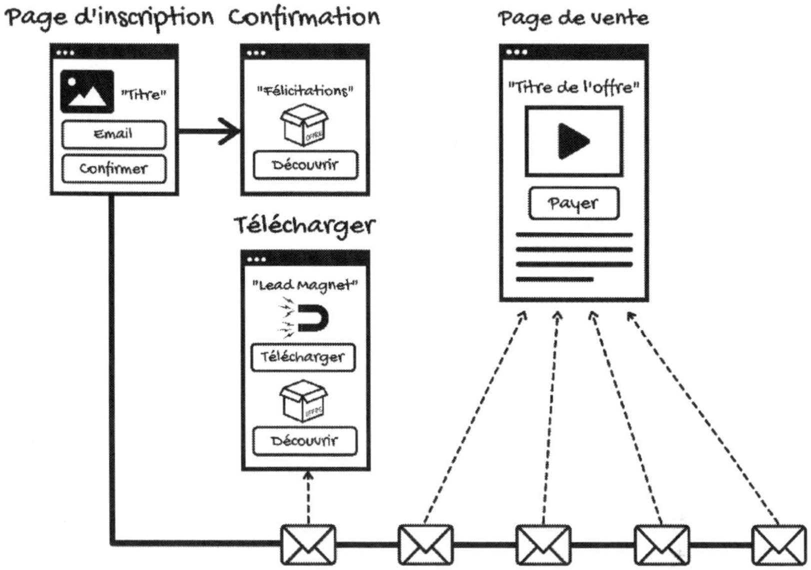

Tout est automatisé et la séquence s'envoie dès que la personne y inscrit son email. Et c'est là que la magie opère, car chaque email automatique envoyé dans ma séquence rapporte de nouvelles ventes qui n'auraient pas eu lieu si je ne l'avais pas mis en place.

Voici le montant exact que m'a rapporté chaque email de cette séquence sur un échantillon de **8 155 personnes** *(le nombre d'inscrits sur 1 mois)* ayant mis leur email sur ma page d'inscription.

▶ Email #1 - Envoyé le jour même - 5 917 €

Cet email a rapporté autant car c'est celui qui redirige vers leur Lead Magnet. Comme je leur donne accès via une page de téléchargement, ils peuvent cliquer sur le bouton qui se trouve en dessous de la vidéo pour se rendre sur ma page de vente.

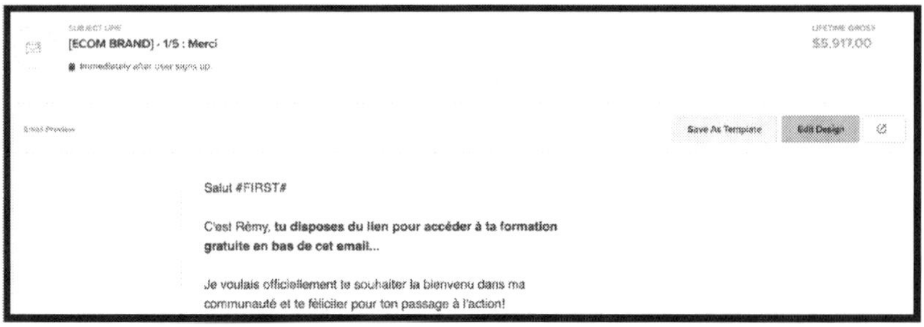

Vous pouvez voir la somme encaissée en haut à droite de l'image et pour toutes les prochaines captures. Je précise que la somme est affichée en $ mais que ce sont bien des euros qui ont été encaissés. Mon logiciel ne fait simplement pas la conversion.

▶ Email #2 - Envoyé à J+1 - 865 €

Cet email redirige directement sur la page de vente de mon offre. Je vais généralement parler de ma propre histoire afin de créer du lien avec mon audience. Je vais partager mon objectif, mes peurs, mes doutes, etc. L'objectif est qu'ils se reconnaissent en moi.

Une partie d'entre eux auront un déclic, et décideront donc de passer à l'action.

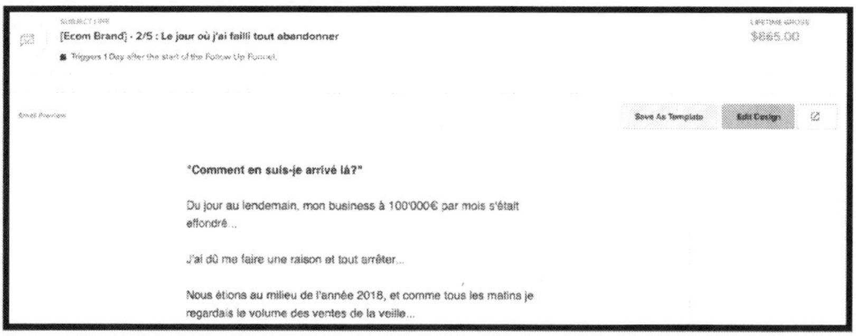

▶ Email #3 - Envoyé à J+2 - 968 €

Cet email redirige aussi vers ma page de vente. C'est dans celui-ci que je vais aborder pour la première fois ma nouvelle opportunité et expliquer clairement pourquoi c'est la seule solution qui leur permettra d'atteindre leur objectif.

Ici, ce sont des personnes qui se décident plutôt sur la logique qui choisiront enfin de saisir mon offre 2 jours après avoir mis leur email.

▶ Email #4 - Envoyé à J+3 - 1 206 €

Dans ce quatrième email, je vais répondre à toutes les fausses croyances qu'il pourrait avoir en mon offre. Je vais également les rediriger vers ma page de vente.

Cela devrait répondre aux dernières questions de mes clients de rêve qui les ont empêchés jusqu'ici de prendre leur décision pour acheter mon offre.

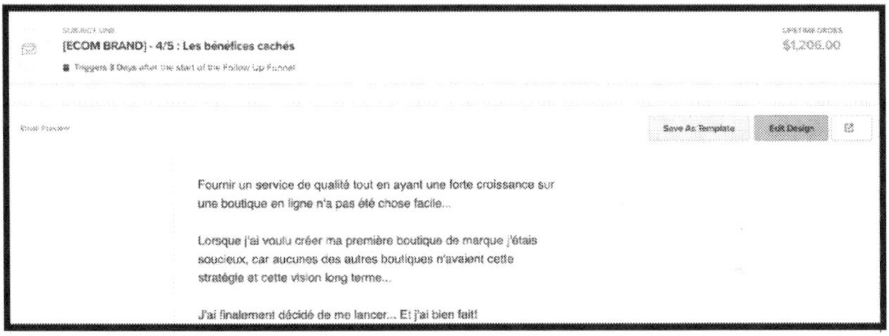

▶ Email #5 - Envoyé à J+4 - 2 225 €

Ce dernier email est uniquement basé sur l'urgence. C'est ce qui convaincra les derniers retardataires à acheter mon offre.

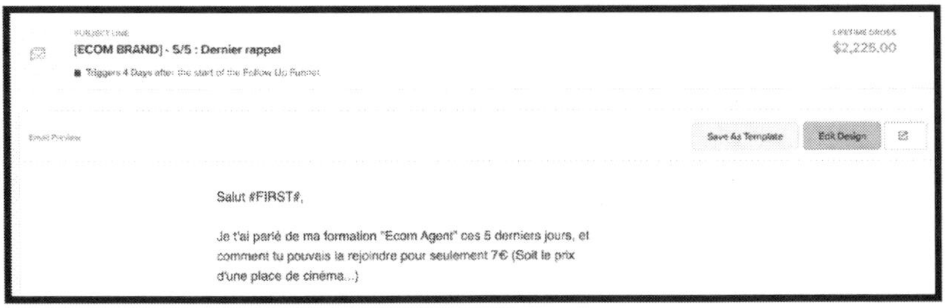

Au total, ces seuls 5 emails m'ont rapporté **11 181** € de manière 100% automatisée et sans dépenser 1 centime de plus en publicité !

Et, il ne s'agit que de **8 155** personnes, sur un seul mois. Imaginez ce que cette séquence peut rapporter sur une année entière et des dizaines de milliers de prospects.

Comme mon panier moyen était de **24,54** € dans cet exemple, cette séquence email est responsable à elle toute seule d'environ **455 nouveaux clients** pour mon business sur ce mois-ci.

Sans ces cinq emails, j'aurais pu faire une croix dessus. C'est en partie grâce à cela que je dépensais seulement **9,47** € en moyenne en publicité pour obtenir un nouveau client. Ce montant aurait facilement pu doubler sans cette simple séquence email, et mon profit s'effondrer.

L'autre aspect essentiel de cette séquence au-delà de ce qu'elle rapporte, c'est le lien qu'elle va créer avec vos nouveaux prospects. On me demande d'ailleurs souvent s'il est intéressant d'acheter une base email pour aller plus vite.

Ce à quoi je réponds que c'est illégal, mais surtout que ça ne fonctionnera pas. Car si votre prospect ne se souvient pas de qui vous êtes, alors il y a de fortes chances qu'il n'ouvre jamais vos emails.

Cette séquence, c'est le premier contact que vous allez avoir avec vos nouveaux prospects. Vous devez en profiter pour créer un lien dès le début de votre relation. C'est ce qui assurera qu'ils ouvriront vos futurs emails, et qu'ils achèteront vos futures offres. Sautez cette étape, et votre base email ne vaudra absolument rien.

Je précise qu'un Webinar Funnel aura lui aussi besoin d'une séquence email. Son but ne sera pas de vendre une offre mais de réserver un appel. Une fois qu'une personne s'est inscrite à votre webinar, réfléchissez aux différents emails que vous pourriez lui envoyer jusqu'à ce qu'elle réserve son appel.

En fait, dès que je mets en place un nouveau Funnel, je réfléchis toujours à une séquence emails qui sera envoyée au cours des prochains jours après l'inscription de mes nouveaux prospects. C'est ce qui me permet d'augmenter mon profit instantanément à court terme.

EXERCICE

À présent, c'est à votre tour de réfléchir à la séquence email de votre Funnel. Que ce soit pour vendre votre offre, ou rediriger vers la prise d'un rendez-vous.

Étape n°1

Réfléchissez aux sujets des cinq emails *(minimum)* qui constitueront la séquence emails par laquelle passera chaque nouveau prospect dans votre Funnel. Définissez également son but. Est-ce pour vendre une offre payante, réserver un rendez-vous, etc ?

Étape n°2

Rédiger ou déléguer la rédaction de vos emails. Une fois fait, vous pourrez alors utiliser un Auto-répondeur *(logiciel qui permet d'envoyer vos emails)* afin de les envoyer automatiquement.

ALLONS PLUS LOIN ENSEMBLE

Avec le temps, j'ai pu tester et peaufiner des séquences emails qui convertissent un maximum de prospect en client.

J'ai créé des scripts vous permettant simplement de copier / coller ces séquences dans votre business. Si vous souhaitez mon aide pour créer la vôtre en prenant exemple sur une base qui à fait ses preuves, vous pouvez réserver votre appel gratuit avec mon équipe pour savoir comment nous pouvons vous accompagner dans la réussite de votre business en ligne.

Comme toujours, voici le lien pour réserver votre appel gratuit :
digital-selfmade.com/appel

GAGNER PLUS À LONG TERME

Pendant très longtemps je me suis focalisé uniquement sur l'acquisition de nouveaux prospects. Je me contentais de faire de la publicité, et d'envoyer une séquence sur cinq jours à chaque nouvel inscrit.

Je me disais que si à la fin de cette séquence, ils n'achetaient toujours pas, alors ils ne le feraient jamais. Comme j'étais aussi terrifié à l'idée que l'on me traite de “spammer”, je n'envoyais donc jamais d'emails aux dizaines de milliers de personnes qui s'étaient inscrites via mon Funnel.

Je pensais vraiment que l'email était dépassé, et que l'argent se trouvait à présent dans les réseaux sociaux.

Mais si le revenu de votre business en ligne est lié à la taille de votre base email *(1 € par email et par mois au minimum)*, c'est parce que l'on va régulièrement leur envoyer des emails de vente.

Voici par exemple comment j'ai pu gagner **3 807 €** sur 5 jours, en envoyant seulement sept emails qui m'ont chacun pris une quinzaine de minutes à écrire.

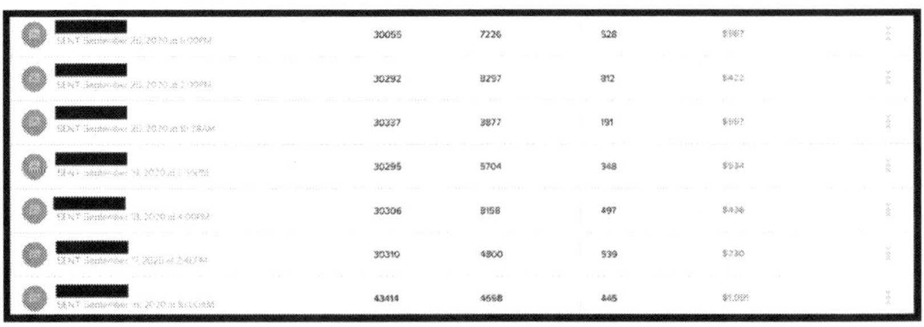

Ou comment j'ai réalisé **2 248 €** en 48 heures en faisant une offre à l'occasion de Noël, avec seulement deux emails.

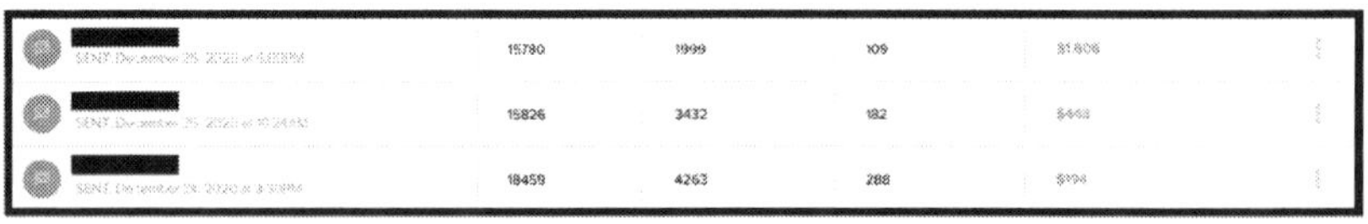

Le plus fou, c'est que comme ces e-mails ne seront envoyés qu'aux personnes étant déjà passées à travers votre première séquence *(gagner plus à court terme)*, et que vous avez déjà rentabilisé vos dépenses publicitaires pour les obtenir, chaque vente réalisée après ne sera que du pur profit !

Un email ne coûte quasiment rien à envoyer. Mais nous n'allons pas nous contenter de simplement spammer notre audience, même si cela pourrait fonctionner à court terme, ça ne durera pas très longtemps.

Voilà pourquoi il est important de se fixer une routine d'email intelligente pour vendre tout en renforçant le lien avec nos futurs clients.

VOTRE ROUTINE D'EMAIL QUOTIDIEN

Rappelez-vous que si quelqu'un vous a donné son email, c'était à l'origine pour obtenir votre Lead Magnet. Il n'a pas souscrit à une newsletter pour qu'on le bombarde de codes promotionnels et d'offres à durée limitée en tous genres.

Si c'est ce que vous avez en tête, vous risquez fortement de tomber dans les spams, que la majorité des gens se désinscrivent de votre base email, voire même vous faire bannir par les boîtes de réception comme Gmail, Outlook, etc.

Néanmoins, cela ne veut pas dire qu'il ne faut jamais envoyer d'emails pour vendre vos offres, mais qu'il faut le faire à juste dose. C'est pourquoi il existe deux types d'email.

▶ **Les emails de valeurs**.

Il s'agit tout simplement d'un email dans lequel vous allez apporter de la valeur gratuitement, sans rien avoir à vendre.

Cela peut être un conseil que vous donnez directement dans l'email, un peu comme une newsletter. Ou simplement rediriger vers du contenu gratuit que vous créez sur internet, comme une vidéo YouTube, un article de blog, un podcast, etc. *(nous en reparlerons au chapitre 19)*

> Dans l'article d'aujourd'hui, nous te parlons d'une famille d'aliments haute en glucides que tu DOIS consommer **pour être en bonne santé**!
>
> C'est assez contradictoire avec l'alimentation cétogène *(consommer peu de glucides)*, mais pas de panique Alexandra notre coach en nutrition t'explique tout ce que tu as à savoir !
>
> Clique ici pour le lire dès maintenant !
>
> À très vite;
> - Monica

Exemple d'email de valeur qui dirige vers un article de blog.

Dans mon business sur le régime cétogène par exemple, je publiais une nouvelle vidéo sur YouTube tous les lundis, et un article de blog le mercredi. À chaque fois, j'envoyais un email vers ce contenu.

Grâce à ces emails, vous allez renforcer le lien que vous entretenez avec votre audience. Chaque fois que vous apporterez de la valeur, ce sera une opportunité pour briser une fausse croyance, montrer que votre solution peut leur permettre d'atteindre ce qu'ils veulent où fuir ce qu'ils ne veulent pas. Et, donc, indirectement, même ces emails vous permettront de faire des ventes.

Dans l'exemple de mon business sur le régime cétogène par exemple, nos articles de blog se terminaient toujours par un appel à l'action vers une offre payante. Tout comme nos vidéos Youtube qui disposaient d'un lien dans la description. Et bien qu'il ne s'agisse pas d'email de vente, nous en faisions à chaque fois.

C'est également ce que je fais sur ma chaîne YouTube principale qui porte mon nom.

"Le lien dans la description"

Ces emails ont également un rôle de préparation au deuxième type, qui sont les emails de vente. Car c'est en entretenant la relation avec votre audience que vous maximisez l'impact des emails de vente que vous enverrez.

▶ **Les emails de vente.**

Il s'agit d'un email direct et sans détours pour vendre votre offre. Je vous dévoilerai la structure que l'on utilise un peu plus tard dans ce chapitre.

Nous allons l'envoyer à notre base email en *excluant* les personnes ayant déjà acheté l'offre que vous mettez en avant.

Mais je vous rassure, ce n'est pas parce que vous devrez faire des emails de vente régulièrement que vous devrez constamment créer de nouvelles offres. Ça me fait toujours rire de voir ces gourous du web qui vous disent être libre, mais qui travaillent comme des fous pour créer de nouvelles offres chaque semaine.

Et ils organisent des sortes de mini lancement à chaque fois. C'est long, fastidieux et peu productif.

Au contraire, vous allez simplement envoyer des emails de vente vers la même offre encore et encore. Il vous suffira simplement de trouver un nouveau prétexte afin d'en parler. Cela peut être le témoignage d'un client, une idée que vous avez eue dans la journée, un commentaire sur l'un de vos réseaux sociaux, ou simplement quelque chose qui s'est passé dans votre vie. Tous les prétextes sont bons, la clé des emails de vente est de simplement trouver le lien qui les lie à votre offre.

Voici par exemple comment un email m'a rapporté plusieurs milliers d'euros en liant **la randonnée et le business en ligne.** *(Rien à avoir a priori, et pourtant…)*

OBJET : C'ÉTAIT VRAIMENT UNE BONNE JOURNÉE

Donc, dimanche dernier (le 26 juillet), il faisait tellement chaud que j'ai décidé d'aller marcher en montagne avec des amis...

Habitant à Voiron, il me faut moins de 45 minutes pour arriver à près de

2 000 m d'altitude... Et profiter de l'air frais *(en plus, j'adore la montagne en été...)*

Nous sommes partis à 10h et j'ai décidé de ne pas travailler de la journée... Mon entreprise étant intégralement dans mon ordinateur, celui-ci est resté fermé sur mon bureau.

C'était vraiment une superbe journée... Il faisait beau, le paysage était magnifique et nous avons beaucoup ri, bref, c'était génial !

(Quand j'y pense, c'est pour ce genre de moment que j'ai décidé d'entreprendre il y a quelques années)
Après un arrêt aux stands bien mérité suite à cette journée de marche... Nous sommes rentrés aux alentours de 19h.

Je n'ai pas tenu longtemps avant de m'endormir de fatigue, et la journée s'est terminée ainsi.

Le lendemain... J'ai rouvert mon ordinateur pour regarder les résultats de la veille.

Mon nouveau projet que je compte amener jusqu'au million cette année m'a généré 1 437 € de ventes en 24h *(preuve ci-dessous)*

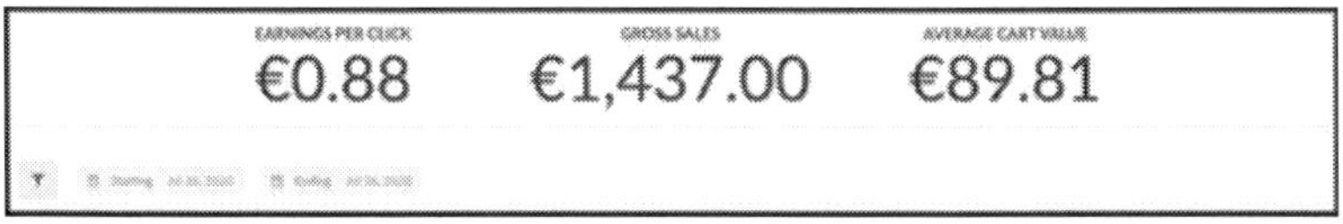

Alors, voudrais-tu apprendre à faire la même chose? Voudrais-tu savoir comment bâtir un business qui fonctionne aussi bien en ta présence qu'en ton absence ? Es-tu prêt à faire passer tes projets au niveau supérieur ?

Si oui, alors j'ai une bonne nouvelle pour toi... J'ai réorganisé mes objectifs et mes tâches quotidiennes.

Cela me donne le temps de travailler avec deux personnes pour les aider à construire leur propre Funnel... *(Le MÊME type de tunnel que j'ai utilisé pour créer ce business à +1 000 € par jour en automatique)*

Si tu es prêt à passer au niveau supérieur et à créer un business qui te donne vraiment le temps et la liberté de faire les autres choses que tu aimes, alors retrouvons-nous au téléphone pour voir comment nous pouvons travailler ensemble.

Cela te semble bien ? Si oui, tu peux postuler ici : **LIEN**

Oh, et si tu cherches une solution "devenir riche rapidement" alors ce n'est pas pour toi. Mais, si tu cherches à "travailler dur et bâtir un fantastique business" alors je suis ton homme !

Profite bien de ton été !
Rémy Jupille

P.S.: Si tu te demandes dans quelle station nous sommes allés marcher, il s'agit de Chamrousse aux Lacs Robert (...Si toi aussi tu aimes la montagne, tu devrais adorer).

Maintenant que vous avez compris l'importance d'envoyer ces deux types d'email, il faut encore déterminer à quel rythme. Plus vous ferez d'emails de vente, plus vous gagnerez d'argent.

Mais pour que cela ne soit pas interprété comme du spam, vous devrez aussi envoyer des emails de valeur. J'aime respecter un ratio de ⅔ de valeur pour ⅓ de vente. Ce n'est pas un hasard si j'envoie trois emails par semaine. Le lundi et le mercredi, c'est de la valeur gratuite, et le vendredi de la vente.

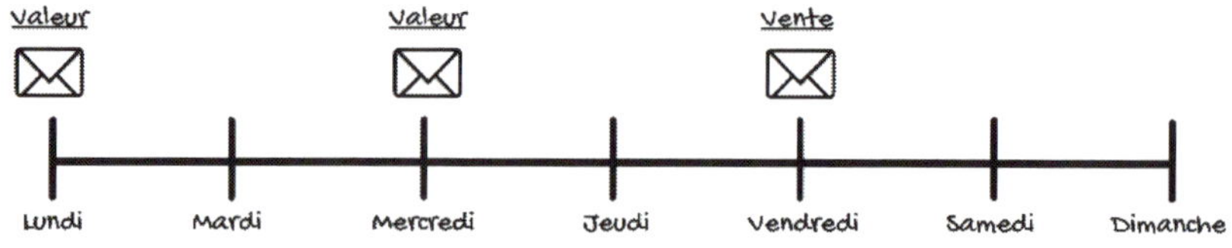

Voilà pourquoi dans mon business sur le régime cétogène, j'envoyais un email tous les lundis vers notre nouvelle vidéo YouTube, un le mercredi vers notre nouvel article de blog et un email de vente tous les vendredis. Bien sûr vous n'êtes pas obligé d'en faire autant, mais si vous voulez envoyer un email de vente par semaine, envoyez au minimum un email de valeur avant.

Concernant l'heure à laquelle vous allez les envoyer, je trouve sincèrement que cela n'a pas beaucoup d'importance. J'ai d'ailleurs presque tout essayé. Avec le recul, j'ai découvert que les résultats d'un email s'analysent entre cinq à sept jours après son envoi. Car tout le monde ne les consulte pas au même moment.

Je les envoie généralement soit le matin de 9h à 10h ou le soir de 18h à 20h. Mais encore une fois, cela ne changera pas grand-chose.

DE L'EMAIL À LA SÉQUENCE

En mettant en place la routine que nous avons vue dans le paragraphe précédent, vous allez envoyer plusieurs emails chaque semaine. Avec le temps, vous pourrez regarder en arrière et voir ceux qui ont le mieux fonctionné.

Pour cela on regardera le taux d'ouverture *(combien de personnes ont ouvert l'email)*, de clics *(combien de personnes ont cliqué sur le lien)* et bien-sûr les ventes générées.

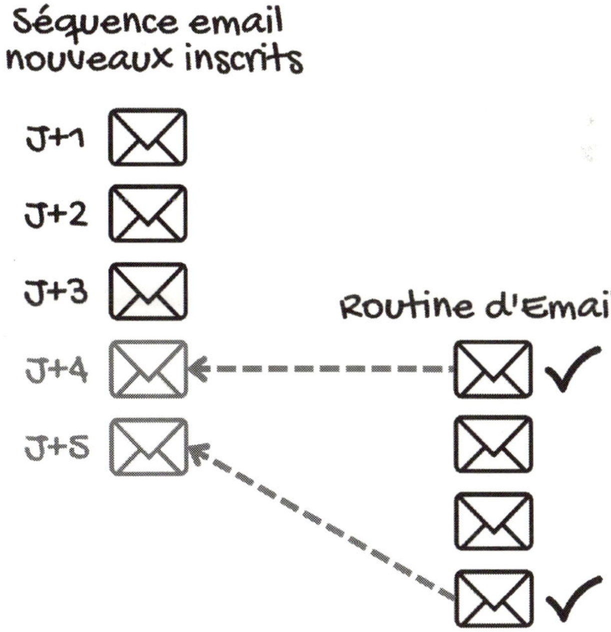

Et bien au lieu de simplement laisser ces emails performants dans nos archives, nous allons les réutiliser dans la séquence dédiée aux nouveaux inscrits.

Souvenez-vous, nous avons rédigé une séquence sur cinq jours qui est envoyée automatiquement à chaque nouvelle personne qui s'inscrit dans notre base email après avoir réclamé son Lead Magnet.

Au fur et à mesure, nous allons rajouter nos emails les plus performants à cette séquence pour que chaque nouvelle personne les reçoive.

Non seulement cela augmentera le revenu généré par la séquence, mais vous permettra en plus d'automatiser votre business.

Aujourd'hui par exemple, chaque nouvelle personne qui s'inscrit dans mon business au moment où j'écris ces lignes recevra une séquence sur les 45 prochains jours. Je l'ai faite une fois, et depuis elle tourne sans moi.

VOTRE "ASSURANCE REVENU"

Aux États-Unis, ils ont une expression que j'adore "Your list pay for your Shits" *(Votre liste paye pour vos conneries)*. Laissez-moi vous expliquer ce que ça veut dire en vous racontant une petite histoire.

Photo prise avec mon iPhone, à Grimaud, France.

En mars 2021, j'avais organisé un tournage pour ma chaîne Youtube dans une magnifique villa sur les hauteurs de Grimaud *(dans le Golf de Saint Tropez)*. Comme les 10 jours de réservation m'ont coûté **6 842.20 €**, j'ai eu l'idée au dernier moment *(une* *semaine avant le départ)* d'organiser un mastermind de deux jours là-bas dans l'objectif de réduire les frais et d'aider deux entrepreneurs à booster leur business.

J'ai donc décidé d'envoyer un email de vente à l'ensemble de ma base pour leur faire une offre sur ce mastermind de deux jours. Le lendemain les deux places étaient vendues et j'avais totalement rentabilisé la location de la villa. **Les 8 jours restants ont été "offerts" par ma liste email.**

Cela illustre bien la puissance d'avoir une liste email à votre disposition. Un simple email vers une offre vous suffit pour *"imprimer de l'argent"* à la demande. Que vous vouliez partir en vacances, vous acheter un nouvel ordinateur, ou quoi que ce soit d'autre.

Imaginez également l'assurance, et la sérénité que cela peut vous procurer de savoir que si vous avez une baisse d'activité, l'envoi d'un simple mail peut vous permettre de récupérer de l'argent.

Regardez par exemple, l'email qui suit m'a rapporté **987 €** alors qu'il ne fait même pas 10 lignes. J'aurais probablement pu gagner deux ou trois fois cette somme en le développant un peu plus, mais ce jour-là je n'avais pas d'inspiration.

OBJET : AS-TU ABANDONNÉ ?

As-tu toujours envie de créer un business en ligne à succès ?

Par là j'entends...

- Au moins 10 000 € par mois.
- Automatisé pour avoir du temps libre.
- Stable et prévisible pour être serein.
- Éthique pour être fier de toi.

Si tu n'as pas abandonné ce projet **clique ici**

À très vite ;
Rémy Jupille

LA STRUCTURE D'UN EMAIL

L'erreur la plus courante que je vois, est de vendre votre offre *(s'il s'agit d'un email de vente)* directement dans l'email. Mais il fait simplement le pont entre votre audience et votre page de vente. Son rôle n'est pas de vendre votre offre, mais le *"clique"* sur le lien. Pour cela, un email est composé de deux parties essentielles.

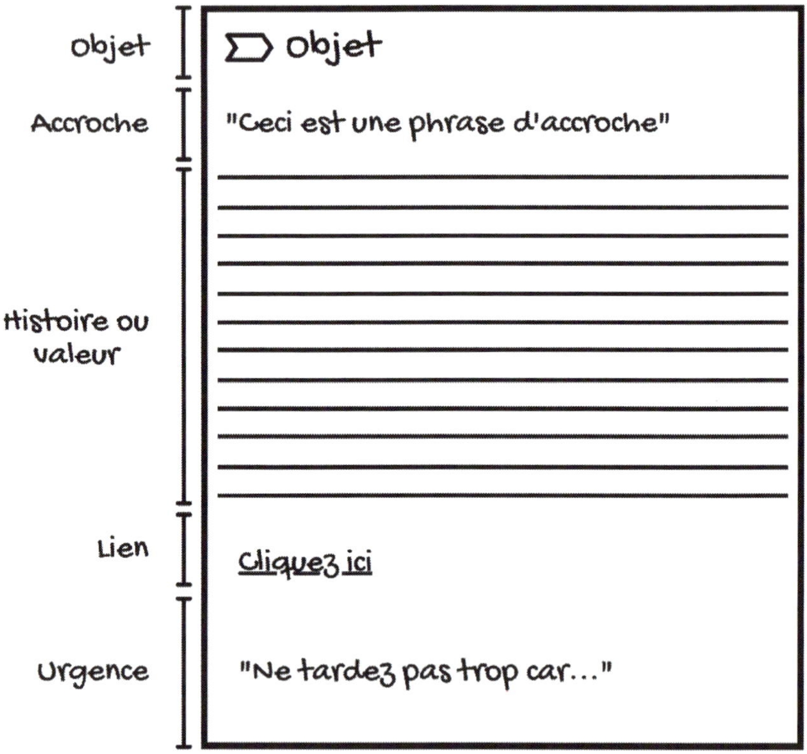

▶ **L'objet**. Il s'agit probablement de la partie la plus importante de votre email, car si personne ne l'ouvre, alors personne ne verra votre message. Vous l'avez compris, le rôle de l'objet est de donner une envie irrésistible d'ouvrir votre email lorsque votre audience le verra dans sa boîte de réception. C'est pourquoi la clé, c'est la curiosité.

Je pourrais faire une liste des meilleurs objets qui ont fonctionné pour moi, mais cela évolue régulièrement. C'est pourquoi la meilleure stratégie est encore d'imiter vos concurrents.

Regarder les objets qu'ils utilisent et essayez-les dans votre business également.

C'est le taux d'ouverture de vos emails qui vous dira si votre objet est bien ou pas. Visez au minimum les 20%.

▶ **Le texte**. Maintenant que vous avez attiré leur attention et qu'ils ont ouvert votre email, il vous reste le plus gros du travail à faire, les convaincre de cliquer sur le lien qui s'y trouve. Pour cela, j'utilise une structure simple en quatre étapes pour tous mes emails.

Je commence avec une accroche afin de les intriguer et leur donner envie de lire la suite. L'une des meilleures techniques pour y parvenir est de commencer sur un “drame”. J'avais par exemple rédigé un email qui commençait dès le début avec la phrase *“J'ai perdu un business à 100 000 € du jour au lendemain”*.

Une fois leur attention captée, je vais leur raconter une histoire ou leur apporter de la valeur. L'idée est de réfléchir à comment je vais pouvoir lier cet email à mon offre par la suite.

Alors, il ne me reste plus qu'à inscrire un lien en leur disant de cliquer dessus et en détaillant où ils vont atterrir.

Et enfin, je finis mon email en mettant un peu d'urgence pour les inciter à cliquer immédiatement.

EXERCICE

À présent, c'est à votre tour de réfléchir aux premiers emails que vous allez pouvoir envoyer dès la constitution de votre audience.

Étape n°1

Définissez votre routine d'email quotidien. Combien d'emails allez-vous envoyer chaque semaine et quel contenu de valeur allez-vous proposer gratuitement?

Étape n°2

Quel sujet de la vie de tous les jours pourriez-vous lier à l'offre que vous souhaiteriez mettre en avant dans vos emails ? Faites en la liste afin d'avoir de l'avance.

ALLONS PLUS LOIN ENSEMBLE

Avec le temps, j'ai pu tester et peaufiner des séquences emails qui convertissent un maximum de prospect en client. J'ai créé des scripts vous permettant simplement de copier / coller ces séquences dans votre business. Si vous souhaitez mon aide pour créer la vôtre en prenant exemple sur une base qui à fait ses preuves, vous pouvez réserver votre appel gratuit avec mon équipe pour savoir comment nous pouvons vous accompagner dans la réussite de votre business en ligne.

Voici le lien pour réserver votre appel gratuit :
digital-selfmade.com/appel

LA PUBLICITÉ PAYANTE

27 mars 2020, après plusieurs semaines à finaliser toutes les parties de mon nouveau business sur le régime cétogène, l'offre, les upsells, le Funnel, les séquences email, etc, il était enfin temps de le lancer. Par là j'entends commencer à faire de la publicité en ligne.

J'ai donc réfléchi à la meilleure plateforme sur laquelle j'allais pouvoir diffuser mes publicités, celle sur laquelle se trouvaient mes clients de rêve. Dans mon cas, il s'agissait de Facebook.

Je voulais démarrer le plus vite possible, je n'ai donc pas perdu du temps à créer la meilleure publicité qui soit. Je me suis simplement contenté de créer un simple texte de moins de deux lignes, avec une image de mon Lead Magnet. Pas de vidéo, pas de son et sans montrer le visage de qui que ce soit.

Une fois que j'avais l'idée de la publicité que j'allais faire, il était temps de créer la campagne publicitaire. Comme sur toutes les plateformes sur lesquelles il est possible de faire de la publicité en ligne, il faut choisir le ciblage. C'est-à-dire le groupe de personnes à qui sera montré nos publicités.

Dans le domaine de la perte de poids et de la minceur, j'ai le choix entre des centaines de ciblages possibles. Que ce soit des noms de marques, de magazines, de page et groupe Facebook ou simplement des intérêts en tout genre.

Dans mon cas, j'ai décidé pour ma toute première publicité de choisir l'intérêt *"Diète Cétogène"* ce qui correspond selon l'explication de Facebook à l'ensemble des *"Personnes ayant aimé ou exprimé un intérêt pour les Pages liées à Diète cétogène"*. Difficile de trouver plus qualifié dans mon cas.

Une fois tous les réglages et les paramètres définis pour ma campagne publicitaire, il était temps de la lancer. J'ai vérifié une dernière fois que tout était bien configuré, et j'ai cliqué sur le bouton vert *"Publier"*.

C'est ce moment où tu ressens une forte excitation à l'idée que le monde entier va découvrir le projet que tu as gardé secret jusqu'à présent. Tu sais au fond de toi que ce business peut changer ta vie, et ce moment à cet instant précis n'a pas de prix.

Lorsque je lance une nouvelle publicité, j'aime la laisser tourner pendant au moins 3 jours sans rien toucher. Les publicités ont parfois besoin d'un peu de temps pour s'optimiser, ça me permet donc de ne pas prendre de décision émotive et de couper les publicités sans raison.

J'ai donc dépensé **612 €** pour ce premier test sur 3 jours. Cela peut vous sembler élevé, ou peut-être pas. Le budget n'est pas important, j'ai déjà lancé des business pour moins de 20 €. Mais pour celui-ci, j'avais déjà de l'expérience et je savais ce que je faisais. Je voulais simplement aller plus vite.

Ces 612 € dépensés m'ont rapporté 313 € de ventes. Soit une perte de 360 € après les taxes et divers frais.

Mais ce qui peut sembler médiocre de prime abord, est en réalité un excellent premier résultat. Non seulement j'avais réussi à faire des ventes, mais en plus de ça j'avais au passage récolté des centaines de mails de prospects qualifiés.

Vous savez à présent comme moi, combien ça peut rapporter sur le court et moyen terme. Cependant, je ne suis pas une start-up qui lève des fonds. Je ne peux pas me permettre de sortir de l'argent pour chaque nouveau client et être rentable sur le long terme. Il faut que lorsque je dépense 1 €, j'encaisse au moins l'équivalent le jour-même.

En fait, ce résultat ne m'a pas étonné. La publicité payante n'est pas magique. Son rôle est simplement de vous apporter du trafic. Le fait qu'il y ait des ventes ou pas, dépend en très grande majorité de votre Funnel *(à 90% en réalité)*. Donc, tout ce qui me restait à faire était de modifier quelques parties bien précises dans mon Funnel pour le rendre rentable.

Suite à quelques tests supplémentaires, le 26 avril 2020, soit précisément 29 jours après le lancement de ce business, j'ai encaissé 1 524 € de vente en une seule journée pour un budget publicitaire de seulement 185 €. Soit après les taxes et divers frais, environ **1 040 € net dans ma poche**.

En d'autres termes, je venais de lancer un business à plusieurs dizaines de milliers d'euros par mois en moins de 30 jours.

Voici un exemple parlant de la rapidité à laquelle on peut lancer un business lorsque vous utilisez le levier de la publicité en ligne.

Il s'agit d'un booster pour lancer un business plus rapidement que tout ce que vous pouvez imaginer. Voici pourquoi je voulais consacrer un chapitre entier à ce sujet. Commençons tout d'abord par définir sur quelle plateforme vous devriez vous lancer.

QUELLE PLATEFORME DE PUBLICITÉ CHOISIR

On ne choisit pas sa plateforme publicitaire parce qu'elle est à la mode, et que tout le monde en parle comme une *"révolution"* sur Internet.

Cela fait des années que je fais du business en ligne et j'ai pu voir l'euphorie autour de la publicité Facebook, puis de Snapchat, puis de Pinterest, et maintenant TikTok. Et, d'ici à quelques années, il y en aura un autre qui n'existe pas encore au moment où j'écris ces lignes.

Voici donc deux critères qui ne changeront jamais, pour choisir la plateforme publicitaire adaptée à votre business et vos clients.

▶ Vos clients se trouvent-ils sur cette plateforme ?

Il s'agit vraiment de la première question à se poser. N'oubliez pas que lorsque vous faites de la publicité sur une plateforme publicitaire, c'est aux utilisateurs de cette plate-forme que ces publicités vont-être montrées. Si votre client de rêve utilise plus un réseau social qu'un autre, ce sera donc votre priorité.

▶ Les règles sont-elles adaptées à votre business ?

Certaines plateformes n'acceptent pas certains types de business. Toutes ont des règles qui si elles ne sont pas respectées entraînent le blocage de votre compte publicitaire.

À titre d'exemple, je n'ai jamais pu faire de la publicité sur TikTok avec mon business sur le régime cétogène car ils refusaient tous business dans le domaine de la minceur en France.

Suivez ces règles en vous mettant à la place de vos clients et vous n'aurez jamais de problèmes pour obtenir du trafic.

Mais ne vous dispersez pas. Vous n'avez pas besoin de faire de la publicité partout. Je vous recommande d'en avoir qu'une seule jusqu'à au moins 50 000 € de chiffre d'affaires par mois. Plus vous serez dispersé, plus il sera difficile de savoir réellement d'où viennent vos clients et donc d'optimiser votre budget.

Par exemple, imaginez que vous avez 100 € de budget sur Facebook et 100 € sur YouTube pour un total de 200 €.
Cette somme vous permet d'encaisser 400 € de vente. Sur la globalité, vous êtes donc très profitable.
En théorie, il suffirait de regarder combien Facebook vous a rapporté par rapport à YouTube. Si les 100 € dépensés sur Facebook n'ont rapporté que 50 €, alors que les 100 € sur YouTube sont responsables des 350 € restants, il est donc logique de couper Facebook, et d'augmenter le budget sur YouTube.
Mais ça, c'est en théorie, car dans les faits, il vous sera presque impossible de savoir réellement d'où viennent les ventes. Car vos utilisateurs n'utilisent pas qu'un réseau social, mais plusieurs.
Ils peuvent très bien voir votre publicité sur YouTube, puis le lendemain sur Facebook. Et, comme ils se baladent d'un réseau social à l'autre, la vente sera prise en compte par les deux plateformes comme en étant la source.
Toutes vos statistiques seront biaisées, il sera difficile d'optimiser vos dépenses. Et je ne parle que de deux plateformes, imaginez les personnes qui en ont trois ou quatre.
À l'inverse, si vous n'en utilisez qu'une seule, les ventes ne peuvent venir que de celle-ci, il n'y a donc pas de doute.

LA STRUCTURE D'UNE CAMPAGNE PUBLICITAIRE

La première plate-forme sur laquelle j'ai fait de la publicité en ligne a été Facebook. Et, pendant des années, je n'ai fait que ça.
Lorsque j'ai voulu faire de la publicité par la suite sur Pinterest, YouTube, TikTok et d'autres, je pensais vraiment devoir tout réapprendre depuis le début. J'avais tort.

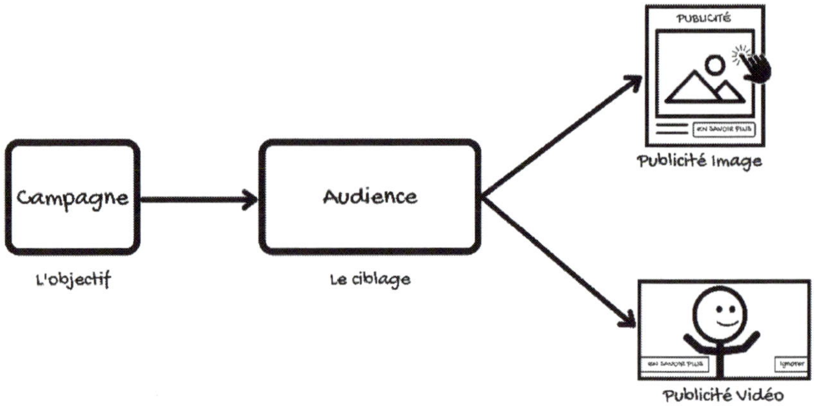

Toutes les plateformes publicitaires ont le même fonctionnement. Parfois les termes qu'elles utilisent peuvent varier, le design de la plate-forme également, mais dans le fond c'est toujours la même chose.

Voici pourquoi dans cette partie nous allons voir la structure d'une campagne publicitaire de A à Z, et quoi faire à chaque étape.

L'objectif n'étant pas de faire un tutoriel sur une plate-forme qui serait dépassée d'ici à un an après avoir écrit ce livre, mais de vous donner la capacité de pouvoir vous adapter à n'importe quelle plate-forme actuelle et future. Voici donc les trois niveaux présents dans toutes les campagnes.

NIVEAU #1 - L'OBJECTIF

Sur toutes les plateformes publicitaires sur lesquelles vous pourrez faire de la publicité, la première chose que l'on vous demandera lorsque vous créez une nouvelle campagne, c'est de définir son objectif. Ce choix impactera fortement le type de personne que vous allez attirer dans votre Funnel.

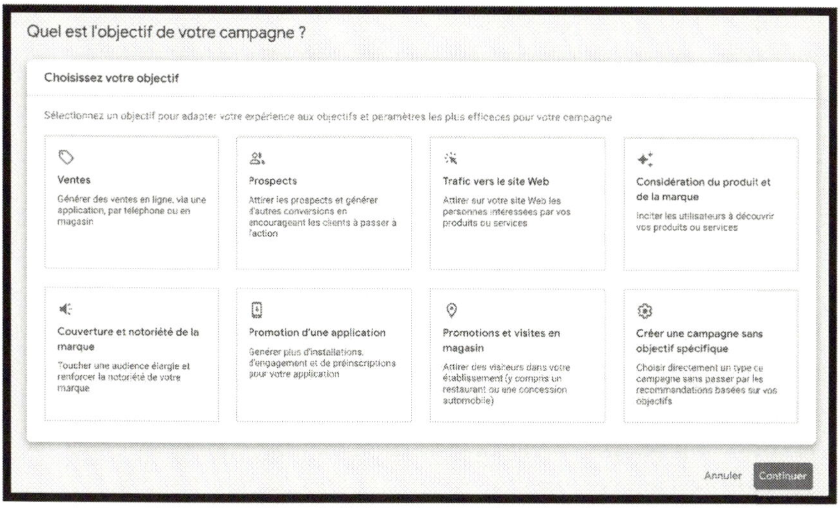

Objectifs sur Google Ads

Toutes les plateformes rangent leurs utilisateurs dans des catégories en fonction de leur comportement. Certains auront plus tendance à liker du contenu par exemple, alors que d'autres auront une intention d'achat élevée. Pour être honnête, c'est plutôt très précis.

En acceptant les cookies sur un site, vous autorisez toutes ces plateformes à savoir que vous l'avez visité. Si je vais donc sur un site de chaussures, Facebook saura que je veux acheter des chaussures. Idem pour Google si je recherche *"Comment perdre du poids"*.

Comme on dit : si c'est gratuit, c'est que vous êtes le produit. Mais il ne faut pas s'en plaindre, car c'est aussi ce qui permet l'efficacité de la publicité en ligne.

J'en reviens donc à l'objectif de notre campagne. Nous ne voulons pas de clics ou de likes. Nous voulons gagner 2 € *(au minimum)* lorsque l'on investit 1 €. Et, pour cela, notre but est de générer ce que l'on appelle des *"conversions"*.

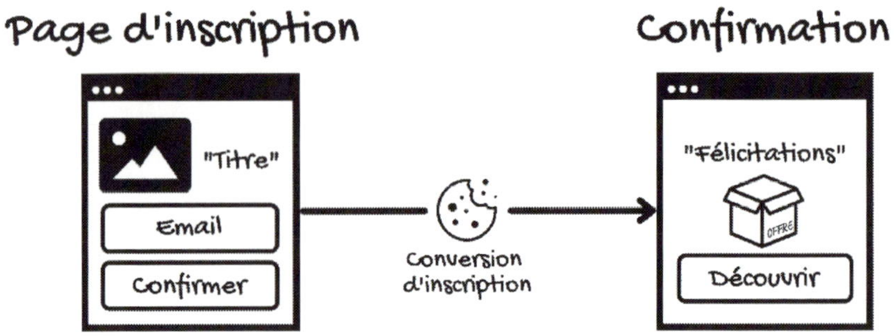

Une conversion pour faire simple c'est une **ACTION** qui se passe sur votre Funnel. Lorsqu'une personne me donne son email, c'est une conversion d'inscription. Si elle achète, c'est une conversion d'achat. Etc.

Si mon objectif est de faire des ventes, dans ce cas-là je vais créer une campagne optimisée pour la conversion achat.

Si mon objectif en revanche est d'obtenir des emails, la campagne que je créerai sera optimisée pour la conversion inscription. Ce simple réglage peut paraître anodin, mais c'est ce qui peut expliquer la différence entre du trafic qualifié et des touristes.

Lorsque j'ai démarré mon business sur le régime cétogène, j'ai commencé par créer des campagnes avec un objectif de conversion pour des inscriptions.

Cela m'a permis d'obtenir des centaines d'emails et de faire mes premières ventes. Plus j'avais de ventes, plus ma plateforme publicitaire pouvait identifier mon client de rêve.

En effet, 80% de vos clients auront à peu près le même âge, ont les mêmes centres d'intérêt, etc.

Plus vous avez de ventes par exemple, plus la plateforme sera en mesure de vous apporter les personnes les plus susceptibles d'acheter.

C'est ce que l'on appelle le *"machine learning" (L'apprentissage de la machine)*, une sorte d'intelligence artificielle.

Ainsi, j'ai pu commencer à créer mes premières campagnes avec un objectif de conversion achat. Et c'est là que mon business a réellement décollé.

NIVEAU #1.5 - LE BUDGET

L'une des questions que l'on me pose le plus souvent, c'est : *"Quel est le budget idéal pour ma campagne ?"* mais la réponse n'est pas si simple.

Dans les faits, notre objectif est de créer une campagne qui nous rapporte 2 € lorsque l'on a investi 1 €. Si c'est le cas, vous avez alors un budget illimité.

Ainsi, lorsque votre Funnel est lancé et qu'il est rentable, la question du budget ne se pose plus. Votre objectif est de dépenser un maximum, pour gagner le plus possible. Mais, lorsque l'on démarre, c'est différent.

Vous pouvez avoir une croissance extrêmement rapide avec votre business en ligne. Vous pouvez avoir de la chance et créer du premier coup une campagne extrêmement performante et rentable.

C'est possible, c'est vrai.

Mais ce n'est pas duplicable, car ça ne se passe pas toujours comme ça. La réalité c'est que l'on ne peut pas prédire comment le marché va recevoir notre offre, et parfois il faudra même se remettre en question pour changer de client type.

Même avec mon expérience passée, lorsque j'ai démarré mon nouveau business dans le régime cétogène, mes premières publicités n'étaient pas rentables.

Je ne m'attendais pas à ce que 80% de mes clientes soient des femmes de plus de 65 ans. C'est après avoir fait mes premières publicités que j'ai pu adapter mon marketing et que mon business a commencé à être rentable.

C'est pourquoi lorsque quelqu'un me demande quel est le budget idéal pour démarrer, je lui conseille un montant qu'il pourra investir sans problème pendant plusieurs mois s'il n'obtient aucun résultat.

C'est la somme à investir mensuellement pour faire réussir votre business en ligne et changer de vie. Nous ne sommes pas pressés, ce n'est pas un sprint mais un marathon.

Si aujourd'hui vous avez la possibilité d'investir 100 € par mois sans que cela vous mette en danger financièrement, ce sera donc votre budget mensuel. Une fois ce montant défini, il vous faudra ensuite lancer une campagne pour faire vos propres tests.

J'aime faire des tests sur 3 jours *(minimum)* avec un budget total pour la campagne correspondant au prix de mon offre.

Par exemple, si je vends une offre à 30 € j'aurais un budget total de 30 €. Soit 10 € par jour pendant 3 jours. Avec un budget de 100 € par mois, je peux réaliser 3 tests comme celui-ci chaque mois.

Si je dépense plus en publicité que le montant de mon offre, c'est que ma publicité ne touche pas les bonnes personnes, que mon message n'est pas bon où que mon Funnel doit être amélioré.

Vous comprenez donc qu'avec un budget plus élevé, on pourra aller plus vite. Non pas en dépensant plus par campagne, mais en faisant **plus de tests chaque mois**. Et je peux vous faire la promesse que vous n'êtes qu'à un test d'un Funnel ayant le potentiel de vous rendre libre financièrement. Nous reviendrons sur la réalisation de ces tests dans le chapitre 20.

NIVEAU #2 - LE CIBLAGE

Bien que les plateformes en sachent énormément sur nous, il faut quand même leur donner un point de départ. Voici les différents critères que vous allez définir dans votre ciblage et qui vous permettront de toucher votre client de rêve.

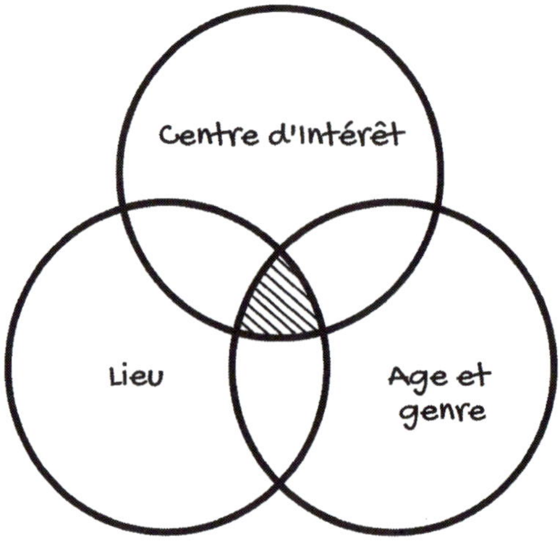

▶ **Le centre d'intérêt.**

Vous aurez systématiquement le choix parmi une liste d'intérêts que la plateforme mettra à votre disposition et que vous pourrez cibler.

Sur certaines plateformes comme Google, YouTube et Pinterest par exemple, vous pourrez même choisir des *"mots-clés"* afin de diffuser vos publicités à des personnes ayant fait une recherche spécifique.

Typiquement, ce n'est pas un hasard si après avoir tapé *"Business en ligne"* sur YouTube vous tombez sur l'une de mes publicités.

▶ **Le lieu.**

Vous devrez définir dans quel pays ou région, vous souhaitez diffuser vos publicités. La langue est aussi importante.

Aujourd'hui, si je veux lancer un nouveau business et que je n'ai pas de contrainte technique *(comme la livraison)*, je cible ce que j'appelle le Top 8 des pays francophones.

France, Belgique, Suisse, Luxembourg, Canada, Guadeloupe, La Réunion, Martinique.

▶ **Âge et genre.**

Au début, je ne vous conseille pas de choisir une tranche d'âge ou un genre *(Femme ou Homme)*. J'aime commencer mes publicités pour les 25 ans et plus. En revanche, après avoir fait mes premières campagnes, je vais affiner les prochaines avec la tranche d'âge qui offre le plus de résultats.

Dans le cas de mon business sur le régime cétogène par exemple, j'ai fini par diffuser mes publicités uniquement aux Femmes de 45 et plus.

C'est en ajoutant ces trois critères les uns sur les autres que vous allez pouvoir créer un ciblage parfait.

Voici quelques exemples de ciblage et du nombre de personnes que cela représente avec la publicité sur Facebook.

Ciblage exemple sur Facebook
Centre d'intérêt : Remise en forme
Lieu : Francophonie (Top 8)
Âge et genre : Femme de 35 ans et plus
Taille de l'audience : 7 600 000 personnes

Ciblage exemple sur Facebook
Centre d'intérêt : Beauté
Lieu : Francophonie (Top 8)
Âge et genre : Femme de 35 ans et plus
Taille de l'audience : 9 900 000 personnes

Ciblage exemple sur Facebook
Centre d'intérêt : E-commerce
Lieu : France uniquement
Âge et genre : Femme et Homme de 25 et plus
Taille de l'audience : 7 600 000 personnes

NIVEAU #3 - LA PUBLICITÉ

La publicité est sans nul doute la partie la plus importante de notre campagne, car elle est la toute première étape de notre Funnel.

Vous aurez beau avoir la meilleure offre du monde, si personne n'en entend parler, vous ne la vendrez jamais. Son rôle est donc d'attirer l'attention de notre client de rêve, et de lui donner envie de cliquer sur la publicité pour aller sur notre Funnel.

En fonction des plateformes sur lesquelles vous ferez de la publicité, vous aurez le choix entre des images ou des vidéos et tout type de format *(vertical, carré, horizontal, etc.).*

Image

VS

Vidéo

Ma première publicité dans mon business sur le régime cétogène n'était qu'une simple image sur Facebook. Par la suite, j'ai également essayé le format vidéo qui a aussi très bien fonctionné. Je précise que je n'ai ni utilisé ma voix, ni mon nom, ni mon visage pour cette publicité vidéo.

Aujourd'hui, la quasi-totalité des plateformes se focalise de plus en plus sur la vidéo. C'est pourquoi la majorité de mes publicités sont à présent à ce format. Néanmoins, ce n'est pas le plus important.

Après avoir dépensé des centaines de milliers d'euros sur différentes plateformes, j'ai remarqué qu'il n'existait que trois critères pour faire une publicité qui cartonne.

▶ Critère #1 - Avoir le bon message.

Chaque publicité que vous allez faire doit avoir un angle marketing bien précis. C'est l'idée générale que vous défendez, et qui intriguera votre client de rêve pour l'inciter à cliquer.

J'aime parler d'une de leurs fausses croyances, des obstacles qu'ils rencontrent pour atteindre leurs objectifs, de ce qu'ils ressentent dans leur vie, etc. Chacune de ces raisons sont autant d'angles marketing et de publicité que je vais pouvoir créer.

250 128 Vues avec Google Ads

L’une de mes publicités les plus rentables par exemple, et qui a été vue par **250 128 personnes**, disait simplement "*Arrêtez de créer un site, vous devez mettre en place un Funnel*”.

Les secondes restantes de ma publicité consistaient à défendre cette idée. Avec cet angle marketing, je remettais en cause l’idée qu'un site est la meilleure solution pour développer un business en ligne. Et cela suffit pour éveiller la curiosité de mon client de rêve, et le faire cliquer sur ma publicité.

Mais ce n’est que récemment que je me suis rendu compte de l'impact immense que pouvait avoir votre message sur le type de personne qui cliquera sur votre publicité.

Alors que je réfléchissais à en créer une nouvelle pour mon business, j'ai eu une idée qui me semblait géniale. Je voulais toucher des salariés qui souhaitent quitter leur travail pour devenir libre en créant un business en ligne.

Il fallait donc à travers la publicité, parler de quelque chose qu’ils pourraient comprendre. Après quelques minutes de réflexion, j’ai pensé au fait qu’un salarié est limité dans ce qu’il peut gagner.

Comme il est payé à l’heure, il devra travailler plus pour gagner plus. Dans tous les cas, il finira par être limité car tout le monde dispose de 24h dans une journée.

Pour montrer qu’il existe une solution pour gagner de l’argent sans plafond, j’ai voulu comparer les résultats de mon business par rapport au SMIC.

Devinez quoi, cette publicité n'a attiré que des personnes qui étaient au SMIC. Les seuls capables de se reconnaître dans le message que je transmettais, sachant que mon ciblage n'avait absolument pas changé d'avant.

C'est depuis cette expérience que je fais extrêmement attention aux mots, et aux exemples que je vais utiliser. En fonction de ceux que je vais choisir, le type de personne qui se reconnaîtra sera totalement différent.

Si je veux attirer des femmes de +65 ans à mincir par exemple, je pourrais avoir l'approche suivante : *"Mincir quand on est à la retraite"*

En revanche, si je veux attirer des femmes de -25 ans à mincir, je pourrais avoir cette approche : *"Mincir malgré une vie étudiante agitée*".

Une bonne publicité, c'est lorsque votre client de rêve se reconnaît dans le message que vous partagez, car **il agit comme un filtre**.

▶ **Critère #2 - Ne doit pas être perçu comme une publicité.**

Selon Radio France, on verrait en France environ 1200 publicités chaque jour. Entre les réseaux sociaux, les panneaux publicitaires, les routes, etc. Vos clients sont saturés de messages publicitaires, et y prêtent de moins en moins d'attention.

La solution est donc de faire une publicité qui semble ne pas en être une. Pour cela, il y a deux stratégies.

Premièrement, vous pouvez créer des publicités qui ressemblent au contenu que vos clients consomment déjà sur la plate-forme.

Si je devais par exemple faire une publicité sur Tik-Tok, j'y incorporerai de l'humour et je la filmerai avec un simple téléphone.

Sur YouTube, l'objectif serait de faire ressembler ma publicité le plus possible à un Vlog ou une vidéo de Youtubeur.

Lorsque je veux faire de la publicité sur une nouvelle plate-forme que je ne connais pas, je prends toujours le temps de me mettre à la place de mon client et de consommer le contenu de cette plate-forme pour m'y habituer.

Deuxièmement, il s'agit simplement d'apporter de la valeur. Imaginez si rien qu'en regardant votre publicité, votre client apprend des choses.

Qu'il ne s'agit plus d'une simple publicité, mais de réelles informations qui lui sont utiles. Vous serez différent de tous vos concurrents, votre publicité sortira du lot et cela l'encouragera à en savoir plus.

Dans le domaine du régime cétogène par exemple, nous avons pu toucher des millions de personnes en réalisant des publicités qui montraient la réalisation de A à Z de recettes cétogènes en vidéo.

C'étaient non seulement des publicités qui apportaient de la valeur *(car nous donnions des recettes gratuitement)*, mais qui était en plus divertissante car filmées exactement comme les autres contenus sur Facebook dans ma niche.

▶ Critère #3 - Le hasard.

Je sais que vous aimeriez que je vous donne une méthode sans faille qui vous permet de faire une publicité qui cartonne à tous les coups.

Mais, dans la réalité, personne ne peut prédire si une publicité fonctionnera ou pas. On peut avoir des idées, mais en définitive c'est toujours le marché qui a raison.

Cela veut dire que vous pouvez faire la meilleure publicité du monde, et elle peut tout simplement ne pas prendre. Parfois, vous pouvez faire une publicité en cinq minutes avec un téléphone et une mauvaise qualité, et ce sera la meilleure publicité que vous ayez jamais faite.

Il faut simplement l'accepter et élaborer une stratégie en conséquence. Pour ma part, c'est pour cette raison que je lance systématiquement une campagne avec *plusieurs publicités*. Au moins trois à chaque fois.

J'ai bien entendu toujours une préférence pour l'une des trois, mais je n'ai pas toujours raison. Ce n'est pas grave, je ne suis pas attaché à une publicité plutôt qu'une autre. Ce qui m'intéresse c'est le résultat.

Réfléchissez à plusieurs messages pour vos publicités, réalisez-les d'une façon à ce qu'elle ne semble pas en être une. Puis, n'essayez pas de prévoir leurs résultats. Lancez-les toutes à la fois, tout simplement.

Quelques jours plus tard, vous saurez identifier celles qui fonctionnent et celles qui doivent être supprimées.

Vous apprendrez à analyser vos résultats dans le chapitre 20 du livre.

Après avoir laissé tourner vos publicités pendant un certain temps, vous vous rendrez compte qu'elles ont une durée de vie.

Cela veut dire que plus le temps passe, moins elles généreront de résultats. Cela est dû à ce que l'on appelle la *"fatigue publicitaire"*.

Il s'agit d'un gros mot en marketing, pour simplement dire que votre publicité a besoin d'être renouvelée car le marché s'en lasse. Vous savez, c'est comme quand on voit cette publicité à la télé pour la énième fois et que l'on finit par la connaître par cœur.

Au bout d'un moment, on n'y fait même plus attention. C'est pourquoi, il faudra constamment créer de nouvelles publicités si vous souhaitez avoir un business qui obtient du trafic via la publicité payante sur le long terme.

La fréquence à laquelle vous allez créer ces nouvelles publicités dépendra de la plate-forme.

Sur Facebook la fatigue publicitaire est très rapidement atteinte. En fonction de votre budget, il faudra probablement créer de nouvelles publicités toutes les semaines. Sur YouTube, environ tous les mois.

SCRIPT DE VOS PUBLICITÉS

Nous avons jusqu'à présent parlé du fond, ici il s'agit de la forme.

Dans quel ordre, et surtout de quoi allez vous parler dans votre publicité. Pour vous aider, j'ai voulu vous partager un script simple à reproduire qui fonctionne pour n'importe quelle plateforme publicitaire. Il s'agit du script *"Hook, Story, Offer"* démocratisé par Russell Brunson au cours des dernières années que je vais vous expliquer avec ma propre interprétation et expérience.

▶ Étape #1 - Le “Hook”

Vous n'avez que quelques secondes pour attirer l'attention de votre prospect et le laisser vous écouter *(ou lire votre message).*

C’est le but de notre “Hook” *(qui veut dire “appât” en anglais).* Cela peut être une phrase, une image, un décor, bref, tout ce qui sort de l'ordinaire et qui interpelle.

Par exemple, en tournant une publicité avec une magnifique villa derrière moi, j'attire l'attention de mes prospects en leur faisant se poser tout un tas de questions : *“Est-ce que c’est chez lui ?” “Il a l'air jeune pour vivre ici, comment a-t-il fait ?”, etc.*

Sans même parler de la maison elle-même, je crée une intrigue si forte qu'ils ont envie d'écouter ce que j'ai à dire.

Je pourrais également dans le domaine du régime cétogène, créer une publicité qui commence par montrer un chiffre sur la balance qui diminue rapidement. Faites simplement preuve d’imagination.

▶ Étape #2 - “Story”

C'est à cette étape que vous allez partager votre message. Casser une fausse croyance *(comme on l’a vu dans le chapitre 3)* en partageant une histoire que vous avez vécue, montrer que vous connaissez les obstacles que votre client vit au quotidien, etc.

L'objectif est simplement que votre prospect se sente concerné par ce que vous dites.

Étape #3 - "Offer"

Enfin, vous finirez par parler de la raison qui vous pousse à faire cette publicité. Est-ce pour un Lead Magnet, un Webinar ou une offre payante ? Dans tous les cas, dites-leur quoi faire pour en profiter.

Et c'est tout. C'est aussi simple que ça. Une bonne publicité vidéo dure de 30 secondes à 2 minutes.

Largement le temps de suivre ces 3 étapes et de partager votre message pour leur donner envie d'aller plus loin. Ça fonctionne dans tous les domaines, et pour tous types d'offres *(Physique, digital ou de service)*.

Vous verrez que la création d'une bonne publicité c'est un peu comme de l'art, et avec le temps vous deviendrez de plus en plus compétent.

Vous allez développer comme une intuition de ce qui pourrait capter l'attention de vos clients de rêve. La plupart de mes meilleures idées, je les ai eues en marchant dans la rue ou en étant sous la douche par exemple.

LE RETARGETING

À chacune des étapes de votre Funnel, vous aurez ce que l'on appelle un taux de conversion. Sur une page d'inscription, il correspondra au pourcentage de personnes qui se sont inscrites. Sur une page de vente, il s'agira du pourcentage de personnes ayant acheté. Et ainsi de suite pour toutes les étapes de votre Funnel.

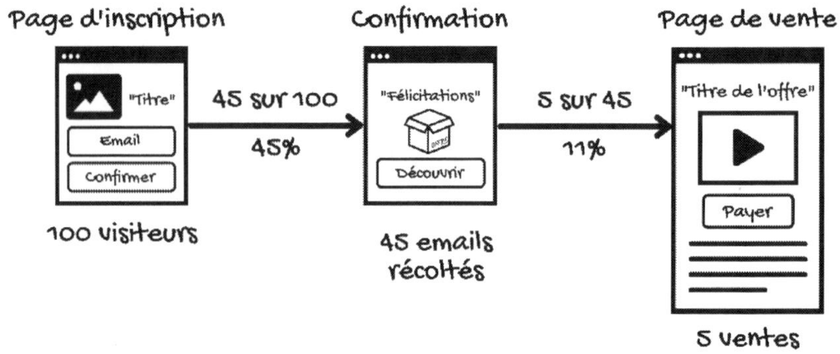

Par exemple, si j'ai 100 visiteurs sur ma page d'inscription et que 45 personnes m'ont donné leur email, j'ai alors un taux de conversion d'inscription de 45%. Et si sur ces 45 personnes, seules 5 décident d'acheter, alors j'ai un taux de conversion d'achat d'environ 11%.

Lorsque nous faisons de la publicité en ligne, ce n'est qu'un faible pourcentage de nos visiteurs qui achèteront notre offre.

Comme nous l'avons vu précédemment, nous avons pour une partie d'entre eux récupéré leur email et nous pourrons donc leur envoyer une séquence pour les relancer. Mais, en parallèle des emails et pour tous les autres, nous allons faire ce que l'on appelle du *"Retargeting"*.

Ce mot vient de l'anglais, il signifie "Re *(à nouveau)* targeting *(cibler)*".

Nous allons donc créer des publicités spécialement dédiées aux personnes ayant **déjà visité** notre Funnel sans aller plus loin.

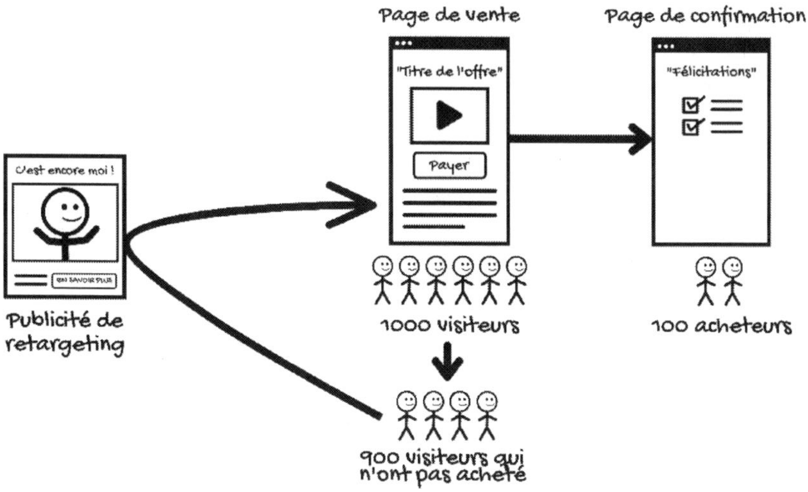

Grâce aux cookies, la plateforme publicitaire que vous utilisez pourra identifier chaque personne étant venu sur votre Funnel et quelles pages elle a visité.

Avec ces informations, vous aurez donc la possibilité de créer une *"audience de retargeting"* afin de vous en servir dans votre ciblage de campagne. À présent, découvrez les deux critères pour créer ces audiences.

▶ Critère #1 - "La page visitée"

Votre audience comprendra uniquement des personnes ayant visité une page en particulier ET/OU n'ayant PAS visité une page en particulier.

À titre d'exemple, si j'ai eu 100 visiteurs sur ma page de vente et seulement 5 achats. Alors 95 personnes doivent être "*retargetées*". Voici les réglages de l'audience que je vais donc créer.

Audience de non acheteur
Toutes les personnes ayant visité ma page de vente *MOINS* les personnes ayant visité ma page de confirmation d'achat.
Soit 100-5 = 95.

Si je veux relancer les personnes ayant visité ma page d'inscription mais qui ne se sont pas inscrites, voici les réglages.

Audience de non-inscrit
Toutes les personnes ayant visité ma page d'inscription *MOINS* les personnes ayant visité ma page de confirmation d'inscription.

Le processus est le même pour n'importe quelle Funnel, et à n'importe quelle étape. C'est exactement comme ça que vous avez parfois l'impression qu'un site internet vous suit partout après l'avoir visité.

Voici par exemple ce que vous pouvez faire sur Google Ads.

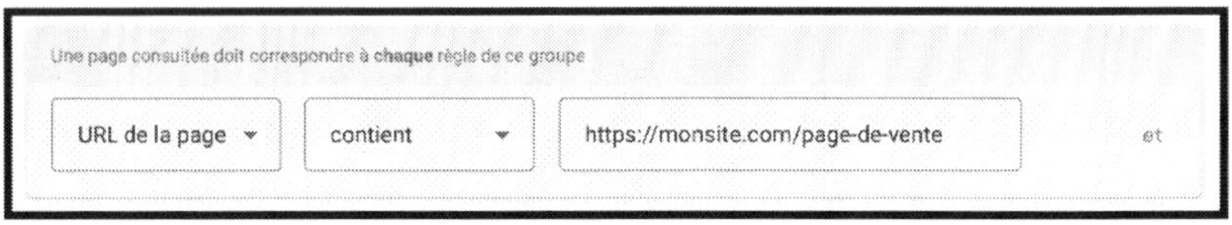

Exemple Google Ads

▶ **Critère #2 - "Le nombre de jours"**

Pour être sûr de ne pas jeter notre argent par les fenêtres, nous allons rajouter une fenêtre de temps.

Nous ne voulons pas cibler des personnes qui sont venues sur notre Funnel il y a plus d'un an. Nous voulons faire une piqûre de rappel à ceux qui sont venus récemment, car ils se souviendront encore de nous.

C'est pourquoi, lorsque l'on crée une audience de retargeting, on nous demande systématiquement une *"fenêtre de temps"* qui correspond au nombre de jours maximum depuis que les pages spécifiées ont été visitées.

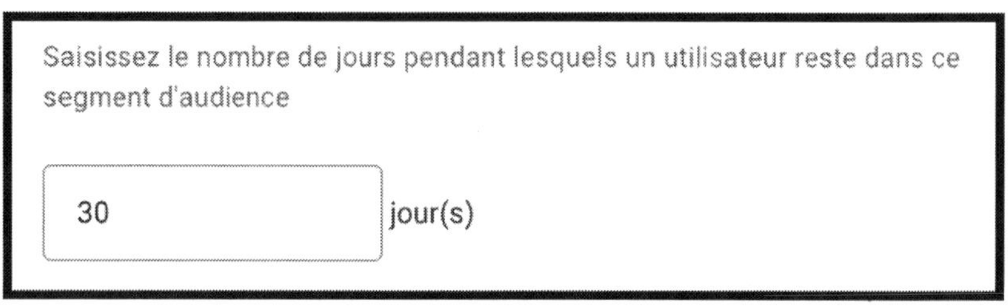

Exemple Google Ads

Pour ma part, je me concentre sur *les 7 ou 30 derniers jours.*

Par exemple, ma publicité de retargeting sera diffusée à une personne qui aura visité ma page de vente au cours des 7 derniers jours.

Même si elle n'a toujours pas acheté au bout de 8 jours, elle quitte automatiquement l'audience et j'arrête donc de dépenser mon argent pour l'atteindre.

En mettant ce critère, vous ne dépensez votre budget publicitaire que pour cibler des personnes qui s'intéressent à ce que vous faites **actuellement**. Et si au bout de 7 jours une personne n'est toujours pas passé à l'action, c'est que ce n'est pas le moment. Le jour où elle sera prête et qu'elle visitera votre Funnel une nouvelle fois, elle sera à nouveau rajoutée dans l'audience.

En revanche, pour les personnes qui sont passées à l'action, nous définirons la limite de temps la plus longue permise par la plateforme.

Sur Google, c'est 540 jours par exemple.

Je pourrais donc exclure toutes les personnes ayant acheté mon offre au cours des 540 derniers jours pour être certain qu'elles ne soient pas dérangées par des publicités de relances.

Avec ces deux critères, voici les quelques audiences dont vous aurez besoin pour votre retargeting en fonction de votre Funnel.

LEAD FUNNEL

- Visiteur page d'inscription - 7 J ou 30 J
- Inscription - 540 J

Objectif : Relancer les personnes ayant visité notre page d'inscription sans y laisser leur email pour obtenir notre Lead Magnet.

SALES FUNNEL

- Visiteur page de vente - 7 J ou 30 J
- Achat - 540 J

Objectif : Relancer les personnes ayant visité notre page de vente sans avoir acheté notre offre.

WEBINAR FUNNEL

- Visiteur page d'inscription - 7 J ou 30 J
- Réservation d'appel - 540 J

Objectif : Relancer les personnes s'étant inscrites à notre webinar sans avoir réservé leur appel pour en savoir plus.

Une fois vos audiences définies, il faudra adapter votre message dans vos publicités. Ce qui est génial, c'est que nous savons exactement le chemin qui a été emprunté par les personnes qui les verront. Elles ont par exemple visité telle page, mais n'ont pas acheté.

Réfléchissez, n'avez-vous jamais vu de publicité qui disait "*Hey, j'ai vu que tu as voulu t'inscrire mais que…*" ? Vous savez donc aujourd'hui comment ça fonctionne.

Voici les 6 meilleures *"prétextes"* à utiliser dans vos publicités de retargeting afin de justifier à votre audience de retourner finir ce qu'ils ont commencé sur votre Funnel.

- **#1 - Les objections.**

Aborder une ou d'éventuelles objections qui auraient pu bloquer votre client de passer à l'étape d'après dans votre Funnel. Pour la vente de l'offre, cela peut par exemple être la garantie.

- **#2 - Une promotion.** Proposer un simple bon de réduction à utiliser. Cela fonctionne extrêmement bien dans l'e-commerce notamment.

▶ **#3 - Un témoignage.** Laissez s'exprimer une autre personne que vous pour parler de votre business et de votre offre. C'est encore mieux si elle peut partager des résultats auxquels vos prospects peuvent s'identifier.

▶ **#4 - Démonstration.** Montrer votre offre de l'intérieur. S'il s'agit d'un produit physique, faire une vidéo de déballage. Pour un produit digital, présenter l'espace membre.

▶ **#5 - Tutoriel.** Apportez-leur une valeur supplémentaire sous forme d'un tutoriel.

▶ **#6 - Urgence.** Faites simplement un rappel sur la durée limitée de votre offre ou de votre lead magnet si cela s'applique.

Le budget que vous allez allouer à votre retargeting ne doit représenter au maximum que 20% de votre budget total.

Si vous avez 100 € de budget, alors vous pouvez attribuer jusqu'à 20 € en retargeting. Avec le temps, je me suis rendu compte que le retargeting est parfois ce qui peut permettre à votre business de devenir rentable.

Il ne représente que **20% de votre budget mais bien souvent 80% du bénéfice** de votre business.

La raison à cela est qu'il faut considérer nos campagnes traditionnelles comme de la prospection. Vous allez brasser le plus de personnes possible dans l'objectif de remplir vos audiences de retargeting, et votre base email.

Une fois ces audiences pleines de trafic qualifié, vous pourrez alors les retargeter dans l'objectif de vendre.

En alliant ces deux stratégies, des campagnes de prospection, et des campagnes de retargeting, vous maximisez vos résultats avec la publicité payante et mettez en place un système pour faire croître un business en ligne plus rapidement que tout ce que vous pouvez imaginer.

EXERCICE

Il est maintenant temps de passer aux choses sérieuses. Voici les étapes pour te préparer à lancer ses premières publicités.

Étape n°1

Choisissez une plateforme publicitaire. Et configurez votre toute première campagne. Déterminez un budget et une audience cible pour ce premier test.

Étape n°2

Créez au moins trois publicités avec des angles marketing différents. Et laissez tourner vos publicités pendant au moins trois jours sans rien toucher. Une fois ce test terminé, analysez vos résultats et continuez de tester.

Étape n°3

Mettez en place une autre campagne dédiée uniquement au retargeting. Fixez un budget de maximum 20% de votre budget total et créez une nouvelle publicité de retargeting.

ALLONS PLUS LOIN ENSEMBLE

Au cours des dernières années, j'ai dépensé des centaines de milliers d'euros sur tout un tas de plates-formes publicitaires. Que ce soit sur Facebook, Google, Pinterest, Tik-Tok, ou autres. Afin de générer des prospects, vendre des produits physiques ou des produits digitaux.

C'est mon quotidien, et si tu aimerais que je t'accompagne dans la réalisation de tes propres campagnes publicitaires, tu peux réserver un appel avec mon équipe ici : **digital-selfmade.com/appel**

Comme d'autres personnes avant toi, j'ai aidé des centaines de personnes à se lancer avec la publicité en ligne.

Quand on est seul c'est quelque chose qui peut paraître difficile, surtout d'un point de vue émotionnel. On dépense de l'argent, et parfois on ne sait pas réellement pourquoi ça ne fonctionne pas. Ne reste pas dans ton coin, demande de l'aide à quelqu'un qui pourra te dire exactement quoi faire et avancer dans ton business !

LA PUBLICITÉ GRATUITE

Nous étions en 2018, je gagnais déjà de l'argent sur internet mais tout ce que je faisais s'apparentait à un *"coup"*. Je montais un petit business, j'arrivais à le faire décoller et quelques mois plus tard il s'effondrait.

Après quoi j'en montais un deuxième et le cycle continuait encore et encore. C'était une époque de ma vie extrêmement stressante. J'étais très colérique et me sentais très vulnérable.

Sur le papier, j'étais pourtant libre financièrement, mais pas dans la tête. Il m'est même arrivé de me demander si j'étais fait pour ça. Il fallait que je réussisse à créer un réel business *stable* et *long terme* sur lequel je pouvais compter, ou sinon c'était le *"burn-out"* assuré.

Le problème commun à tous ces business instables que j'avais créés, c'est que le trafic dépendait en totalité de la publicité payante.

Du jour au lendemain le coût des publicités pouvaient doubler et le compte publicitaire se faire bloquer. Des problèmes qui ne concernent pas le trafic gratuit qui est plus long à démarrer, mais qui une fois lancé ne s'arrête jamais.

Voilà pourquoi cela faisait déjà presque un an que je réfléchissais au fait de créer ma propre chaîne Youtube.

Jusqu'à présent, je n'avais jamais osé à cause de la peur du regard des autres. Que ce soit celui de mes proches, ou de personnes que je ne connais pas. Je ne me sentais ni légitime, ni à l'aise derrière la caméra pour prétendre faire des vidéos YouTube.

J'avais peur que les gens se moquent de moi, ou en parlent derrière mon dos. Mais, après tout ce temps à réfléchir, je me suis enfin décidé à me lancer.

11 juillet 2018, je décide d'aller sur Youtube et de créer ma chaîne.

Une fois tous les réglages faits, j'ai pris mon téléphone et j'ai enregistré ma toute première vidéo.

La qualité était mauvaise, le son désagréable et l'on sentait clairement que je n'étais pas à l'aise et que je n'avais pas confiance en moi.

Même des années après l'avoir postée, elle n'a jamais dépassé les **11 vues**, dont la moitié venait probablement de moi qui vérifiais si tout fonctionnait bien. Et bien sûr, pas un seul "like".

Mais ce n'était pas grave, j'avais franchi ce cap. À partir de cet instant, j'ai pris *l'engagement* de continuer à poster des vidéos sur YouTube tous les jours pendant au moins 1 an même si je ne gagnais rien.

Je savais que si un jour je voulais avoir du trafic stable sur le long terme, j'avais besoin de faire cet effort pendant une longue période de temps sans rien attendre en retour.

En attendant, je ferai de la publicité pour gagner ma vie. Et, lorsque ma chaîne Youtube me rapporterait suffisamment de trafic pour en vivre pleinement, je serais alors devenu indépendant et libre de choisir d'arrêter ou pas la publicité en ligne.

J'ai donc continué à poster, encore et encore. Mes premières vidéos n'avaient presque pas de vue, et je me faisais parfois insulter dans les commentaires.

Les *"haters"* me rabaissent et se moquaient de moi. Et je ne vais pas faire genre ça ne m'atteignait pas, bien sûr que c'était difficile. Mais ça en valait la peine.

Au moment où j'écris ces lignes, ce sont des centaines de personnes qui décident de s'abonner à mes différents réseaux sociaux tous les jours!

Des milliers de personnes rentrent dans mes Funnels tous les mois, sans avoir à dépenser un seul centime en publicité.

Plus le temps passe, plus la croissance de mes réseaux sociaux s'accélère, et plus je touche de nouvelles personnes gratuitement.

Et ce, même si je suis en train de dormir ou en vacances. En fait, je me suis rendu compte avec le temps que chaque vidéo était comme un petit soldat qui venait renforcer mon armée. Je la crée une seule fois, et après avoir été publié, elle continuera de me rapporter du trafic pendant toute ma vie. Plus je crée de vidéo, plus je renforce la stabilité et la croissance de mon business.

Aujourd'hui, j'ai cette sérénité de savoir que si je venais à arrêter la publicité *(ou que je suis contraint de le faire)*, je n'aurais pas à tout redémarrer de zéro. Et c'est grâce à ce trafic gratuit que j'ai pu anéantir mon stress et réellement profiter de la chance de pouvoir vivre de mon propre business en ligne.

C'est pour cette raison que j'ai tenu à faire ce chapitre pour vous montrer comment vous aussi vous allez pouvoir faire de même dans votre business.

Car le trafic gratuit c'est bien plus que simplement obtenir des clients, c'est la **sérénité**. Je veux répondre à toutes vos interrogations, vos fausses croyances car je suis persuadé au fond de moi que c'est ce dont vous avez besoin.

Et je précise une nouvelle fois que cela s'adresse à tous les types de business, même si vous faites de l'e-commerce ou avez un business en dur.

PRODUIRE DU CONTENU SUR INTERNET

Lorsque vous allez sur un marché aux légumes, vous avez à la fois des *producteurs* et des *consommateurs*.

Photo lors d'un tournage pour YouTube, proche de Tignes en France.

Sur internet, c'est exactement la même chose. Soit vous produisez du contenu, soit vous consommez le contenu produit.

En devenant producteur, vous faites partie de la minorité de gens qui utilisent les réseaux sociaux de manière intelligente pour créer un business et en vivre.

YouTube a par exemple passé le cap des 2 millions de créateurs en 2021, pour plus de 2 milliards d'utilisateurs. Cela veut dire que malgré les apparences, seul **0.1%** des gens produisent du contenu sur Internet.

Autrement dit, **99.90%** des gens ne font que consommer du contenu en ligne et n'en produiront jamais. C'est en faisant des actions hors de la norme que l'on obtient des résultats hors norme. Voici les trois objectifs derrière la création de contenu sur internet.

▶ **Renforcer la relation.** En créant régulièrement du contenu et en apportant de la valeur à vos prospects, vous renforcez la relation avec eux tout en les éduquant dans votre domaine. Et c'est aussi la meilleure façon d'augmenter la rentabilité d'une campagne publicitaire qui tourne en parallèle.

Dans mon business sur le régime cétogène par exemple, je postais une nouvelle vidéo sur YouTube de recettes chaque semaine.

J'en profitais pour envoyer un email à tous nos prospects obtenus via la publicité. Cela me permettait de les maintenir engagés jusqu'à ce qu'ils décident de devenir clients. Comme nous apportions réellement de la valeur à chaque vidéo, chacune d'entre elles faisait des ventes.

Vous ne devez pas simplement vous contenter de créer la base email la plus grosse possible, vous devez *la maintenir engagée.*

Cela ne veut pas dire que vous allez constamment envoyer des emails de vente, au contraire vous allez leur apporter de la valeur.

J'aime avoir un ratio de deux emails de valeur pour un email de vente par semaine. Ces emails de valeur, je les envoie généralement vers du contenu que j'ai créé sur internet.

Cela vous permettra non seulement de donner signe de vie à votre base email, mais en plus de renforcer la relation que vous avez avec eux en leur offrant du contenu gratuit qui leur plaira. Ainsi, le jour où vous aurez quelque chose à leur vendre, ils se rueront dessus. Pas étonnant si aujourd'hui vous ne faites pas de vente en envoyant que des emails promotionnels, *ça s'appelle du spam*.

▶ Obtenir de nouveaux clients.

Avec le temps, votre contenu sera montré de plus en plus. Des personnes commenceront alors à vous découvrir, s'abonner et cliqueront sur le lien dans votre description.

Vous obtiendrez alors de nouveaux clients sans faire de publicité. De plus, cela peut paraître bête, mais la première chose que va faire un potentiel client avant de travailler avec vous est de taper votre nom *(ou celui de votre marque)* sur Google.

Si vous avez des réseaux sociaux sur lesquels vous êtes actif et que vous avez en plus une communauté importante, c'est d'autant plus rassurant pour lui. Et cela vous place en position d'autorité.

Au début, pour démarrer ma chaîne YouTube dans mon business sur le régime cétogène, j'ai utilisé ma base email. Je l'ai donc lancé avec mon propre trafic. Mais, au fur à mesure que nous postions de nouvelles vidéos, la tendance s'est inversée. De nouvelles personnes nous découvraient tous les jours via la chaîne, et décidaient de devenir clientes.

▶ **Atteindre des personnes influentes.**

Imaginez si la personne la plus connue de votre domaine, décidait de vous recommander à l'intégralité de sa communauté.

Vous pourriez alors en un instant toucher des dizaines, voire des centaines de milliers de personnes hyper qualifiées et gratuitement.

C'est possible, mais seulement si vous avez quelque chose à offrir en retour. Ce que veulent les personnes influentes, c'est de la *visibilité*.

Avec une communauté équivalente ou légèrement inférieure à eux, vous pouvez vous aider mutuellement. Et ce sont parfois des idées, ou des business qui peuvent émerger de ces relations.

Il est très facile d'approcher une personne ayant 10 000 abonnés, lorsque l'on a soit même 10 000 abonnés. Et c'est vrai à chaque niveau.

Imaginez le réseau que vous pourriez vous constituer grâce à une communauté qui vous permet de vous imposer auprès d'autres personnes influentes. C'est d'ailleurs l'une des raisons premières qui m'avait poussé à développer ma notoriété sur internet.

CRÉER UNE AUDIENCE EN 4 ÉTAPES

J'ai eu une discussion avec mon père qui me demandait comment je faisais pour toujours être au courant de ce qui fonctionnait actuellement sur Internet.

Je lui ai répondu que je ne fais que remarquer là où se porte l'attention des gens. Depuis toujours, la stratégie pour lancer un business en ligne reste la même.

On va créer du contenu sur Internet dans l'objectif de rediriger des gens vers notre Funnel. La seule chose qui change, c'est où se porte l'attention.

Au début des années 2000, c'était l'époque des blogs, puis nous avons vu arriver Facebook, puis Instagram, puis Snapchat, et maintenant Tik-Tok. Je ne sais pas quel sera le réseau social de demain, mais peu importe car la méthode pour développer une audience sera toujours la même. C'est d'ailleurs celle qui m'a permis d'atteindre 250 000 abonnées sur TikTok en moins de 6 mois. Voici comment j'ai fait.

▶ Étape #1 - Choisir une plateforme.

La première chose à faire est de déterminer sur quelle plateforme vous allez créer du contenu. Il est préférable d'en choisir une où peuvent se trouver vos clients de rêve et qui utilise un format qui vous convient, même si je vous recommande fortement de faire de la vidéo.

C'est le format d'avenir. Mais je vous rassure, vous n'êtes pas obligé de montrer votre tête.

Lorsque j'ai voulu développer mon business sur le régime cétogène par exemple, j'ai décidé de choisir YouTube. Mais, souvenez-vous, je ne voulais ni montrer mon visage ni utiliser ma voix. J'ai donc eu l'idée de déléguer la réalisation de vidéos de recettes cétogènes, dans lesquelles il y a simplement une musique de fond.

En fonction du moment où vous allez décider de vous lancer dans la création de contenu, la plateforme que vous allez choisir peut-être à deux stades de son évolution.

Il peut s'agir d'une plate-forme qui n'est qu'à ses débuts. Dans cette situation, la majorité des gens vous diront que c'est trop tôt. Que l'on ne peut pas faire de business avec. Ou encore, qu'il n'y a que des enfants.

C'est d'ailleurs exactement ce que tout le monde disait lorsque j'ai décidé de me lancer sur "Tik-Tok". Mais, en faisant partie des précurseurs, vous allez profiter de l'ascension de la plateforme.

Au début il y aura peu de créateurs, et donc peu de concurrence à votre contenu. Voilà pourquoi j'ai pu atteindre plus de 250 000 abonnées sur TikTok en moins de 6 mois.

J'étais là au bon moment, quand personne n'y croyait encore. Et ce pari a porté ses fruits. C'était comme si je m'étais lancé sur Instagram ou YouTube il y a 10 ans. Si vous êtes dans cette situation, c'est la vision long terme qui sera votre phare dans la nuit.

Même si les utilisateurs ont seulement 20 ans. Dans 5 ans, ils en auront 25. Et, dans 10 ans, ils en auront 30 ! Un jour, ils auront atteint l'âge de devenir votre client. Et, à votre avis, vont-ils décider de travailler avec vous ? La personne qu'ils ont connue il y a 5 ans sur Internet. Ou un inconnu qui débarque de nulle part ? Je pense que vous avez la réponse.

Deuxième possibilité, *votre plateforme peut avoir atteint la maturité*. Cela veut dire que la majorité des gens l'utilisent, et que c'est devenu une évidence.

À l'heure où j'écris ces lignes, YouTube, Facebook, et Instagram ont toutes atteint leur maturité. Il y a des millions de créateurs sur ces plateformes, donc plus de concurrence et plus difficile de se faire une place. En revanche, comme vous n'êtes pas le premier, vous allez pouvoir apprendre de l'expérience des autres.

Pour ma part je ne vais choisir une plate-forme à maturité, *que si le contenu que je poste est intemporel*. C'est la raison pour laquelle je ne fais presque rien sur Facebook. Car non seulement il n'y a que très peu de portée *(beaucoup de concurrence)* mais en plus, une fois un post Facebook publié, il disparaît dans les profondeurs d'internet pour toujours.

Ainsi, si vous arrêtez de poster, votre croissance s'arrête. YouTube en revanche reste l'une des seules plateformes aujourd'hui qui a atteint sa maturité tout en restant extrêmement intéressante.

Vous pouvez poster une vidéo une fois, et elle continuera d'être diffusée à de nouvelles personnes pendant des années.

Cela est dû au fait que YouTube est le deuxième moteur de recherche après Google. Si votre vidéo correspond à une recherche régulière, alors chaque fois que quelqu'un la fera, il tombera sur votre contenu.

Même en arrêtant de poster, vos vidéos continueront de travailler pour vous. Voici par exemple les statistiques d'une vidéo qui a été postée il y a plus de 2 ans et qui continue d'être montrée à des centaines de nouvelles personnes tous les jours.

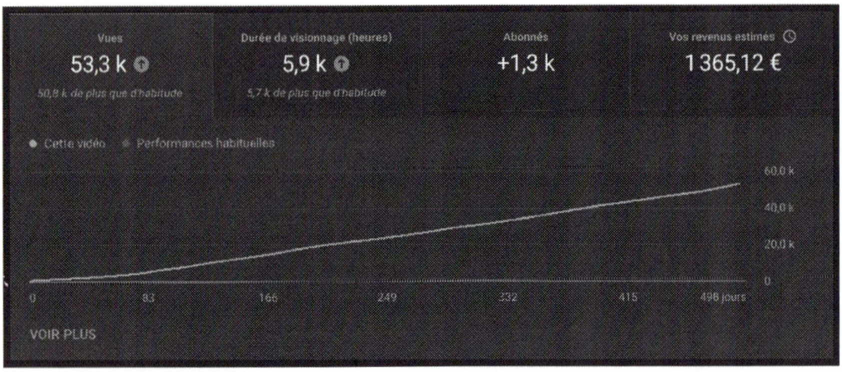

Evolution d'une vidéo dans le temps

Comme vous l'avez vu, il n'y a pas de meilleure solution. Il suffit simplement d'adapter sa stratégie en fonction du moment où vous souhaitez vous lancer, et de votre plateforme.

En revanche, je ne vous recommande pas de poster sur tous les réseaux sociaux à la fois. Commencer par un, devenez expert dessus et améliorer votre capacité à attirer l'attention des gens. Une fois que vous aurez créé une audience à un endroit, il sera très facile de les rediriger vers un autre.

▶ Étape #2 - S'imprégner des codes.

Vous allez très vite vous en rendre compte, mais chaque plate-forme à ses propres codes et tendances qui lui sont propres.

Sur YouTube on aime prendre le temps de regarder une vidéo bien travaillée. Sur Tik-Tok, ce sont souvent les vidéos plus amateurs qui plaisent à cause de leur réalisme. Instagram était l'endroit pour y mettre ses plus belles photos avant qu'il ne décide de devenir une plateforme vidéo.

Si vous voulez créer une audience sur une plate-forme, vous devez faire ce qui plaît déjà à ses utilisateurs. La meilleure façon de le faire, et de consommer vous-même le contenu dans un premier temps avant d'en créer.

C'est exactement ce que j'ai fait lorsque j'ai voulu développer mon compte sur Tik-Tok. J'ai commencé par télécharger l'application et regarder ce qu'il se faisait déjà.

Au bout de quelques heures, je me suis très rapidement rendu compte du type de contenu qui fonctionnait dans ma thématique du

Business en Ligne. Donner des conseils et astuces sur l'entrepreneuriat en quelques secondes, devant la caméra.

Dans votre cas, le format sera peut-être différent. Si je devais créer un compte TikTok sur le régime cétogène, je ferais des vidéos de recettes d'une trentaine de secondes avec une super musique de fond.

Pour ma part, même après avoir une idée très claire du contenu que je peux faire dans ma thématique, je vais continuer de consommer du contenu sur cette plate-forme à hauteur de quelques minutes par jour maximum.

L'objectif étant de suivre son évolution et les tendances du moment. Si je m'aperçois qu'un nouveau format commence à prendre, je pourrais alors être le premier au courant pour l'essayer.

▶ **Étape #3 - Créer du contenu pendant 1 an.** *(Le plus important)*

La première chose que je demande aux personnes que j'accompagne et qui veulent développer une communauté sur Internet, c'est de s'engager à poster du contenu au moins une fois par jour pendant *un an* minimum. Si vous le faites, votre vie changera avec certitude pour deux raisons. Voici par exemple un message de Vincent de "Cryptos à Block" qui a suivi mon conseil. De 0 à près de 10 000 abonnés en moins d'un an.

Et si je recommande de le faire pendant un an, ce n'est pas hasard. Il y a deux raisons à ça.

La première est due à *"l'effet cumulé"*. Cette idée selon laquelle des petites actions mises bout à bout impactent notre vie sur le long terme.

Tony Robbins à dit cette phrase qui m'a marqué : *" la plupart des personnes surestiment ce qu'elles peuvent accomplir en une année et sous-estiment ce qu'elles peuvent réaliser en une décennie."*

Dans mon cas, il m'a fallu quatre ans pour atteindre 30 000 abonnés sur YouTube. Une année supplémentaire suffira pour doubler ce chiffre.

Faire une vidéo c'est quelque chose de simple en soi. Tout le monde peut le faire. Mais, seule une poignée de personnes arrivera à tenir assez longtemps pour voir la lumière au bout du tunnel.

Car c'est pendant cette première année que votre mental va être mis à rude épreuve. Vos 10, 20, 30 même 50 premières vidéos n'auront peut-être aucune vue.

Des gens que vous ne connaissez pas, et qui n'ont jamais rien fait, se permettront de vous critiquer. Mais tout ça n'aura aucune importance lorsque vous serez enfin devenu libre financièrement.

Alors, prenez cet engagement, et tenez par-dessus tout !

Vous pouvez même m'identifier sur votre story Instagram dès maintenant et annoncer publiquement prendre l'engagement de lancer votre plateforme, je vous répondrai ! ***(@remy_jupille)***

La deuxième raison pour laquelle poster du contenu pendant au moins un an, c'est pour *vous améliorer à titre personnel*.

Récemment, une personne m'a demandé dans les commentaires comment je faisais pour être autant à l'aise derrière la caméra.

Je lui ai répondu que j'avais simplement tourné des centaines de vidéos. Bien sûr les premières étaient mauvaises, mais avec le temps on s'améliore.

C'est David Laroche qui mettra les mots sur la stratégie que j'appliquais depuis des années sans le savoir. *"La pratique délibérée"*, le fait d'améliorer une chose à la fois.

Dans mes premières vidéos, je faisais énormément de "euuuuhhh". Quand je m'en suis rendu compte, j'ai délibérément essayé de ne plus le faire.

Puis, je me suis rendu compte que je parlais trop vite. J'ai donc essayé de faire des vidéos beaucoup plus lentement.

Par la suite, je trouvais que je ne souriais pas assez. J'ai donc fait une série de vidéos dans lesquelles j'avais un grand sourire. Et c'est comme ça, étape par étape que l'on devient meilleur. Personne ne vient au monde en sachant parler, on apprend à le faire et c'est pareil pour la création de contenu.

L'une des choses les plus addictives lorsque l'on va créer du contenu, ce sont les statistiques. Les vues, les likes, les commentaires, etc.

Ce n'est que du masturbage mental. La première année, ça ne sert à rien ! Si ce n'est vous comparer aux autres et vous décourager.

Créez du contenu pour apporter de la valeur aux autres, parce que vous devez le faire, parce que ça fait partie de votre plan pour devenir libre financièrement. Pas pour avoir plus de vues ou plus de likes que votre voisin.

Et, croyez-moi, aucun chiffre ne sera jamais assez élevé. Pendant très longtemps je n'avais qu'une envie, c'était d'atteindre le chiffre symbolique des 10 000 abonnés, une fois fait, j'étais content, mais sans plus.

J'ai immédiatement fixé le prochain objectif d'atteindre les 20 000. Cette course aux chiffres ne se terminera jamais et vous rendra misérable. Ne les regardez pas, faites simplement le point à la fin de l'année.

TROUVER DES IDÉES DE CONTENU

Tony Robbins a dit : *"Si vous voulez réussir, tout ce que vous devez faire est de trouver le moyen d'imiter ceux qui ont déjà réussi avant vous"*.

Et c'est particulièrement vrai dans la création de contenu. Mettez-vous dans la peau de vos clients de rêve. Qui suivent-ils sur les réseaux sociaux ? Quel type de contenu aiment-ils regarder ? Une fois que vous l'avez déterminé, *imitez simplement ce qui fonctionne déjà*.

Dans mon business sur le régime cétogène, il ne m'a pas fallu longtemps avant de me rendre compte que mon client de rêve adorait regarder des vidéos de recettes d'environ 5 minutes.

Ce genre de vidéo dans laquelle on voit une personne cuisiner les ingrédients les uns après les autres, jusqu'à arriver à un plat délicieux.

La plupart de ces vidéos sont filmées du dessus, et à chaque ingrédient il y est inscrit à l'écran le nom et la quantité nécessaire pour la recette.

Lorsque nous avons démarré notre chaîne YouTube, j'ai repris exactement ce format.

C'est comme cela que nous avons atteint plus de 1000 abonnés en l'espace de quelques mois, et sans publicité. Je précise que nous avons imité, pas copié.

Nous n'avons PAS utilisé la vidéo de quelqu'un d'autre, en inscrivant notre propre marque à la place de la sienne. Nous avons créé nos propres vidéos en s'inspirant du format.

En imitant du contenu, vous reprenez les codes qui fonctionnent déjà auprès de votre audience type. Lorsque vous copiez le contenu de quelqu'un d'autre, cela s'apparente à du vol.

Ce n'est pas éthique, et probablement pas légal non plus.

Mais, bien entendu, si vous vous lancez dans la création de contenu pour une année, des idées il faudra en avoir. Voici les deux méthodes que j'utilise pour avoir plus d'idées que je n'aurai de temps pour les réaliser.

▶ Appropriez-vous le contenu des autres.

L'une des fonctionnalités qui a rendu TikTok aussi viral, ce sont les musiques. Il suffit par exemple que la vidéo d'une personne qui danse sur une musique en particulier devienne virale, pour que tout le monde ait envie de faire la même chose.

Très rapidement, ce sont des milliers de vidéos de centaines de personnes différentes qui font tous la même danse, sur la même musique.

Lorsqu'il y en a suffisamment, on appelle ça une "trend" *(tendance)*. Ça fonctionne aussi pour des blagues, des défis, des filtres, etc.

Un exemple d'une des premières tendances que j'ai vues lorsque j'ai découvert TikTok a été *"une journée en tant que…"*. Le principe est de se filmer tout au long de sa journée de travail.

J'ai pu voir des avocats, ministres, ingénieurs, caissier, et tellement d'autres réaliser une vidéo sur cette tendance.

Le contenu reste presque toujours le même. Ce qui change c'est uniquement l'interprétation que VOUS allez en faire.

Cette stratégie est valable sur tous les réseaux sociaux et tout type de contenu, pas uniquement sur TikTok ou pour faire des chorégraphies.

Les gens ne veulent pas avoir du contenu inédit, ils veulent avoir **votre avis** et **votre version** sur le sujet.

C'est *"Biaheza"*, un Youtubeur américain qui m'a fait avoir le déclic.

Il a eu l'une des croissances les plus rapides que j'ai vues sur YouTube dans le domaine de l'entrepreneuriat. Et, la quasi-totalité de toutes ses vidéos commençait par *"je"*. En voici quelques exemples.

- "J'essaye la revente de Sneakers"
- "J'essaye de gagner de l'argent avec des cartes sportives"
- "Comment j'ai acheté ma première location au Texas"

Lorsque je m'en suis rendu compte, j'ai immédiatement voulu tester ça dans mon propre business. Voici les vidéos que j'ai créées.

- "J'essaye la semaine de 4 heures"
- "Vais-je m'expatrier à l'ile Maurice"
- "Comment je monétise mon compte Instagram"

Très rapidement, je me suis rendu compte que c'étaient les vidéos qui fonctionnaient le mieux sur ma chaîne.

Non pas parce que j'avais déjà une audience, car en réalité la majorité des gens qui regardent ces vidéos sont des personnes qui ne me connaissaient pas avant.

Mais cela montre un point essentiel sur le contenu que vous allez créer. **Ne soyez pas donneur de leçon, à la place, partagez votre retour d'expérience.**

Ne faites pas de contenu du genre *"3 méthodes pour mincir à tous les coups"* mais plutôt *"Les 3 méthodes que j'ai utilisées pour perdre 3kg"*.

Ainsi, si vous n'avez absolument pas d'idée de contenu à créer. Tout ce que vous avez à faire est de regarder ce qui fonctionne déjà chez d'autres personnes dans votre domaine, et de vous approprier le sujet en donnant votre avis personnel sur la question.

Les personnes qui se reconnaîtront dans votre histoire, et qui seront d'accord avec vous deviendront des abonnés fidèles et peut-être vos futurs clients.

▶ **"Document, don't creat"** ***(Documentez, ne créez pas)***

Toujours dans cette même idée, c'est Gary Vaynerchuk qui démocratisa le concept de documentation VS création.

Dans son livre *"Crushing It", il* explique que la majorité des gens qui créent du contenu sur Internet se focalisent sur des choses inutiles. La caméra, la lumière, la qualité du micro, etc.

Mais que le plus important est *juste de poster*.

Créer du contenu en vidéo s'apparenterait à passer des jours à réfléchir à un script, trouver des idées, tourner la meilleure vidéo possible et passer des heures à la monter.

Lorsque documenter serait simplement d'allumer la caméra et de parler. Partager ce qui se passe dans votre quotidien, donner votre avis sur l'actualité du moment dans votre domaine, partager les résultats de vos clients, etc.

▶ **Donner une réponse à leur recherche.**

Le fait est que l'un des meilleurs types de contenu que vous pouvez créer, est de simplement répondre aux questions que vos clients de rêve se posent déjà.

Si mes clients se demandent comment créer un Funnel, je sais que je peux faire une vidéo pour y répondre. Idem dans le régime cétogène s'ils se demandent comment stabiliser leur poids.

Pour accéder instantanément à l'ensemble des questions qu'ils pourraient se poser, j'utilise un outil génial qui s'appelle *"Answer The Public"*.

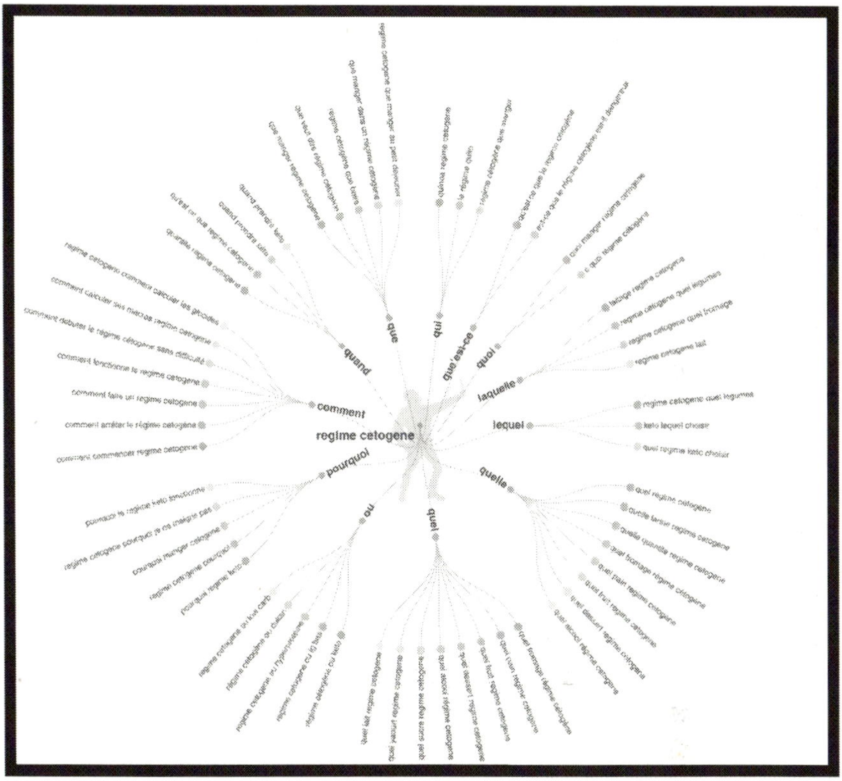

À partir d'un simple mot clé, il me ressort toutes les recherches qui y sont associées. J'ai alors, en un instant, des centaines d'idées de contenu que je pourrais créer.

QUALITÉ OU QUANTITÉ

C'est l'éternel débat entre toutes les personnes qui créent du contenu sur Internet. Faut-il prendre le temps de faire chaque poste parfaitement, ou accepter de baisser en qualité pour en créer le plus possible.

Gary Vee dit : *"la quantité crée la qualité"*.

Et je suis d'accord avec lui. Tout le monde n'a pas la même définition de ce qu'est la qualité, et celle de votre audience n'est peut être pas la même que vous.

En postant plus, vous créez plus d'opportunités de savoir ce qui plaît vraiment à votre audience pour à terme, augmenter en qualité. C'est pourquoi si je devais tout recommencer, **je privilégierais la quantité**.

S'ORGANISER POUR CRÉER DU CONTENU

Au cours des 6 derniers mois au moment où j'écris ces lignes, j'ai posté :

- 231 vidéos sur YouTube
- 212 vidéos sur TikTok
- 212 vidéos sur Instagram
- 50 podcasts

Soit une moyenne de **4 posts par jour** sur mes différents réseaux sociaux. Ça peut paraître énorme, mais en réalité cela ne m'a pris que 2 heures maximum par semaine. Voici comment j'ai fait.

▶ **Identifier toutes les tâches à faire.**

Identifiez toutes les tâches à réaliser pour créer un post sur la plateforme que vous avez choisie. Cela vous permettra ensuite de les organiser par groupe, ou d'éventuellement déléguer certaines parties. Prenons l'exemple d'une vidéo Youtube.

Tâches pour créer une vidéo YouTube

- Description de la vidéo
- Miniature de la vidéo
- Montage de la vidéo
- Tournage de la vidéo
- Script de la vidéo

▶ Réalisez les par groupe.

J'ai payé un entrepreneur 5 000 € pour qu'il me dévoile la stratégie qu'il avait utilisée pour augmenter son audience aussi rapidement à plus de 300 000 abonnés.

Il m'a dit que la clé se trouvait dans la *régularité*, et que pour tenir le rythme, il fallait organiser des *tournages*.

Pendant longtemps, je faisais toutes les tâches nécessaires pour une vidéo chaque jour. C'était épuisant et il arrivait parfois que j'oublie de publier.

À présent, je tourne 6 mois de vidéos en seulement 3 semaines.

Une fois toutes les vidéos tournées, je délègue toutes les tâches restantes à mon équipe. *(Vous découvrirez comment déléguer dans la dernière section du livre).*

En 2 ans, cette nouvelle organisation m'a permis de ne jamais manquer un seul jour de publication. Et, surtout, d'être libre de ne pas créer de contenu pendant 10 mois de l'année.

▶ Planifiez votre contenu.

Une fois que vous avez des dizaines de vidéos d'avance *(ou de photo en fonction de la plateforme que vous utilisez)*, réfléchissez à une organisation hebdomadaire qui sera toujours la même.

Par exemple, je poste sur YouTube une vidéo tous les lundis, mercredis et vendredis. Grâce à cette organisation, je sais que 6 mois de contenu est équivalent à 78 vidéos.

Sachant que lorsque je suis en tournage, je tourne 4 vidéos par jour, il me faudra alors 20 jours pour créer 6 mois de contenu.

Je connais donc la date précise à laquelle il faudra que j'organise mon prochain tournage.

▶ "Cross-postez"

Le *"cross-post"*, c'est quand vous allez poster le même contenu sur différentes plateformes en l'adaptant.

Si vous réalisez des vidéos sur TikTok, ne vous privez pas de poster exactement la même vidéo sur *"Instagram Reels"* et sur *"YouTube Shorts"* qui sont au même format.

Comme vous ne toucherez pas les mêmes personnes sur ces différentes plateformes, vous multiplierez le potentiel de chacun de vos posts.

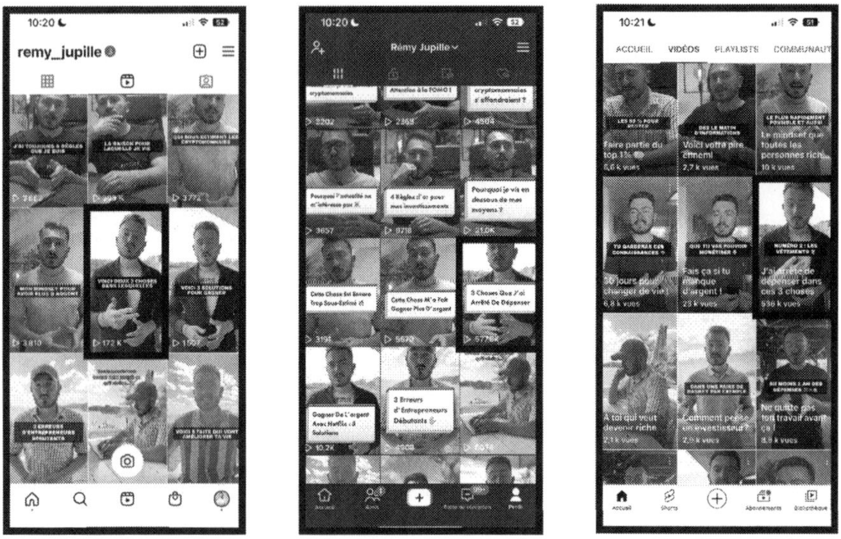

Instagram TikTok YouTube

Par exemple, en juin 2022, j’ai posté une vidéo qui a fait 577 000 vues sur TikTok. Au même moment, je l’ai posté sur Instagram et elle a fait 172 00 vues supplémentaires et sur YouTube avec plus de 536 000 vues en plus.

Au total, cette seule vidéo *(encadré en noir sur chaque capture ci-dessus)* a touché plus de **1 285 000 personnes** simplement en la publiant sur trois plateformes au lieu d’une seule. Et tout ça, gratuitement.

LES “HATERS”

Au début, lorsque je me suis lancé sur Youtube, je n'étais pas du tout à l'aise derrière la caméra. J'avais cette mauvaise habitude de me filmer en train de faire les cent pas dans mon bureau.

Malgré le fait que je parlais d'un sujet intéressant, l'un des tout premiers commentaires de ma chaîne était d’une personne qui disait que ma vidéo lui donnait *“envie de vomir”*.

C’est ce que l'on appelle un *“hater”*, l’ensemble des personnes qui vont vous critiquer sur les réseaux sociaux. J'ai voulu consacrer une petite partie de ce livre pour en parler, puisque c'est réellement cette peur de la critique qui empêche beaucoup de personnes de se lancer sur les réseaux sociaux.

C'est d'ailleurs à cause de ça que je ne me suis pas lancé plus tôt sur YouTube. Mais, aujourd'hui, je vois les choses complètement différemment, et plutôt que de vous montrer comment éviter d'avoir des haters, je vais vous expliquer pourquoi il est **nécessaire** d'en avoir.

POURQUOI IL EST NÉCESSAIRE D'AVOIR DES HATERS

Avant de vous donner les raisons qui devraient vous convaincre que les haters sont une bonne chose pour votre business, j'aimerais définir leur personnalité.

Pensez-vous qu'une personne heureuse dans sa vie, qui a accompli les objectifs qu'elle souhaitait atteindre, va passer son temps à critiquer les autres sur internet ?

La réponse est bien évidemment non. Cela montre bien une chose importante à propos des haters. Leur rage ne vient pas de votre contenu ou de vous, mais d'une frustration dans leur vie à eux.

Ils critiquent les autres pour les rabaisser afin de les ramener à leur niveau. S'ils ont échoué dans un domaine, ils voudront se rassurer en disant que ce n'est pas leur faute et diront à ceux qui y parviennent qu'ils mentent et que ce sont des arnaqueurs.

> Voici un exemple typique d'un commentaire que j'ai eu, je cite :
> *"Je veux bien que les règles soient efficaces, mais je doute fortement que tu aies pu avoir 133 000 € d'épargne sur ton compte à 21 ans. Si tu venais de faire un prêt pour acheter un appartement locatif, je veux bien croire que tu aies eu cette somme sur ton compte pendant 2-3 jours (j'ai eu la même idée de capturer l'écran de mon compte en banque lorsque j'ai reçu mon prêt). Mais ça n'a été que de courte durée, puisque directement dépensé pour acheter ledit appartement. Donner des conseils c'est bien, mentir abusivement c'est pas top"*

Cette personne a commenté une vidéo dans laquelle je montrais en effet comment j'avais accumulé plus de 130 000 € dans l'un de mes comptes à seulement 21 ans grâce à la création d'un business en ligne.

Cette vérité l'a dérangé, probablement car elle n'a pas eu les mêmes résultats dans sa vie. Plutôt que de se remettre en question et de se demander comment j'ai fait, elle préfère simplement me critiquer.

Et aller jusqu'à dire que je suis un menteur, afin de se rassurer sur sa propre situation. Lorsque j'ai compris ça, j'ai pu complètement me détacher de l'avis des haters. Je me suis rendu compte que ce n'était pas moi qu'ils jugeaient, mais qu'ils exprimaient simplement leur frustration en commentaire.

Cependant, les haters restent essentiels à votre business, car ils sont un indicateur de polarité. Souvenez-vous, dans le chapitre trois nous avions parlé d'avoir un message polarisé.

C'est-à-dire prendre parti pour un avis, afin d'avoir d'un côté des fans et de l'autre des haters. Si personne ne critique le contenu que vous faites, c'est que votre marketing n'est pas assez fort.

Que votre message n'est pas assez polarisé. C'est pourquoi plus vous allez chercher à avoir des haters, plus vous allez attirer des fans.

COMMENT RÉPONDRE À UN HATER

Il existe deux types de hater. Ceux qui restent polis, et ceux qui vous insultent. Je ne consacre même pas une seule seconde à répondre à une personne insultante.

Je vais simplement me contenter d'ignorer leurs commentaires. Pour tous les autres, je leur réponds systématiquement en leur posant une question. S'ils y répondent, je leur en pose un autre. Et ainsi de suite jusqu'à ils s'enfoncent tous seuls et qu'ils ne sachent plus quoi dire.

Par exemple, voici un commentaire que j'ai eu : *"Désolé de casser le truc mais franchement tes techniques de vente de marchand de tapis sont vues et revues... Jouer sur le sentiment d'appartenance, la peur de passer à côté de quelque chose, flatter le prospect... Tu n'as rien de neuf à proposer ?"*

J'aurais pu me défendre, car la majorité des choses qu'il dit sont complètement fausses. Mais je me suis simplement contenté de répondre : *"Et toi ?"*, la conversation s'est arrêtée là.

Voici un petit échantillon de commentaires sur ma chaîne YouTube de la part de Haters.

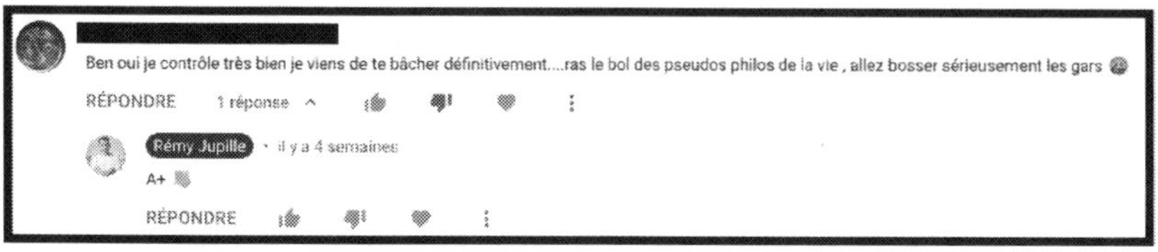

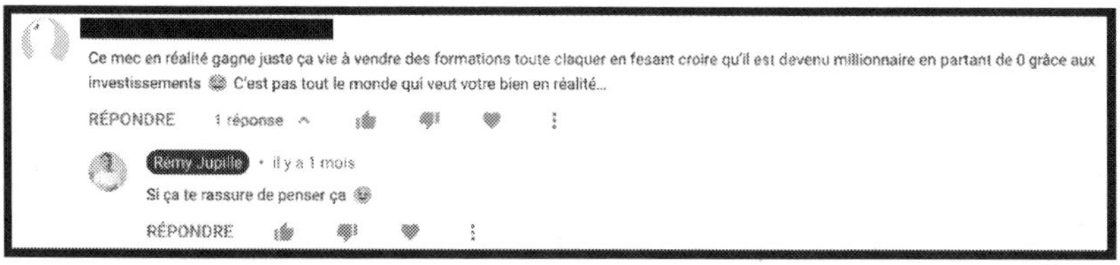

B
• il y a 2 mois
Conneries sur conneries
RÉPONDRE
4 réponses
Rémy Jupille
• il y a 2 mois
Merci pour ce commentaire Bruno
RÉPONDRE

• il y a 3 mois
ptdrrr font vert...
RÉPONDRE
2 réponses
Rémy Jupille
• il y a 3 mois
T'as raison, et la visite de la maison a été faite sur font vert aussi Ah les haters...
RÉPONDRE
3

y a 5 mois
Ahhh les titres racoleurs ....
Que serait YT sans eux ....
RÉPONDRE
2 réponses
3
Rémy Jupille
• il y a 4 mois
Ahhh, que serait YouTube sans les commentaires inutiles...
RÉPONDRE
2

Mais, heureusement, il n'y a pas que des haters. Car créer du contenu sur les réseaux sociaux, c'est aussi ça…

y a 6 mois
Super Vidéo !! Très instructif et super intéressante, merci pour ton contenu
RÉPONDRE
1 réponse
1
Rémy Jupille
· il y a 6 mois
Avec plaisir
RÉPONDRE

il y a 6 mois
Felicitation freot tu le merites et continue de travailler y a beaucoup plus qui t attend l'aventure vient tout juste de commencer
RÉPONDRE
1 réponse
2
Rémy Jupille
· il y a 6 mois
Ça c'est clair ! Merci beaucoup pour ton retour
RÉPONDRE
1

il y a 6 mois
Magnifique. Tu le mérites, c'est le fruit de tes efforts. Félicitation
RÉPONDRE
1 réponse
1
Rémy Jupille
· il y a 6 mois
Merci Cyrille
RÉPONDRE
1

Premiere video que je regarde sur le sujet et je suis bien tombée merci !
RÉPONDRE
1 réponse
1
Rémy Jupille
· il y a 6 mois
Merci pour ton retour Sophia !
RÉPONDRE

EXERCICE

À présent, il est temps de bâtir votre plan pour créer votre propre audience sur les réseaux sociaux et développer votre business pour les années à venir.

Étape n°1

Choisissez une plateforme par laquelle vous allez commencer et imprégnez-vous de ses codes pour définir une stratégie de publication.

Étape n°2

Poster une fois par jour, pendant un an. Je peux vous promettre qu'à la fin de cette année, votre vie aura changé.

ALLONS PLUS LOIN ENSEMBLE

Nous avons à présent terminé ce gros chapitre sur la construction d'une audience via la création de contenus gratuits sur Internet.

C'est quelque chose qui peut prendre du temps, et qui peut être difficile à faire si l'on est tout seul chez soi, sans personne vers qui trouver de la motivation et de l'aide. Je l'ai fait moi-même et je peux aujourd'hui vous accompagner pour faire la même chose.

Si vous souhaitez mon aide pour développer une communauté afin de pérenniser un business en ligne sur le long terme, vous pouvez vous rendre sur le lien ci-dessous pour en discuter avec mon équipe au téléphone.

digital-selfmade.com/appel

Section V

ATTEINDRE LE MILLION ET AU-DELÀ

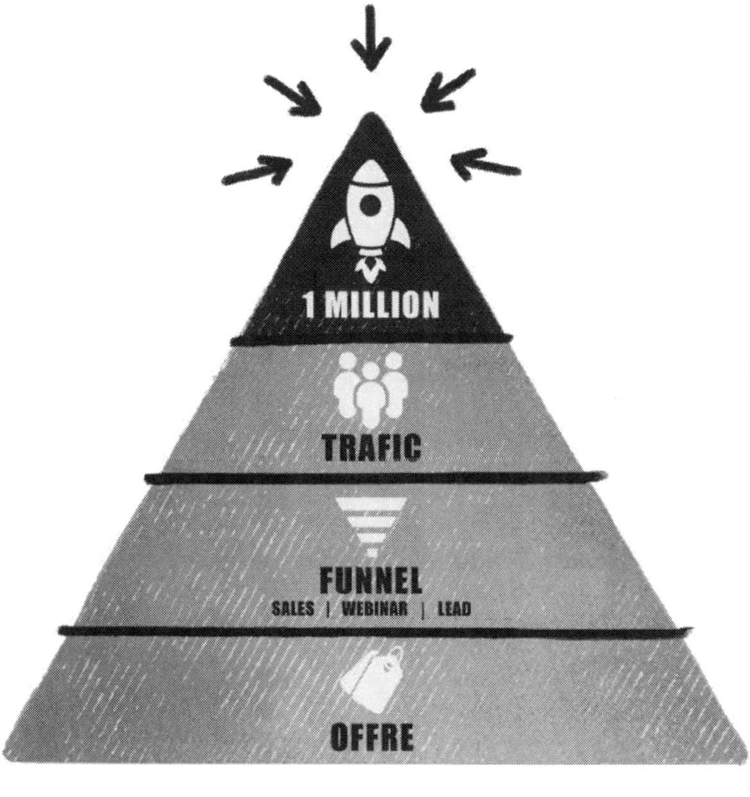

LES MATHS DANS VOTRE BUSINESS

Lorsque j'ai lancé mon business sur le régime cétogène, j'ai fait une première version de mon Funnel qui était basé sur mon intuition et mon expérience. J'ai aussi fixé un prix à 37 € qui me paraissait être juste. Mais, lorsque j'ai lancé mes premières publicités, je n'ai pas été rentable.

J'ai dépensé **612 € et encaissé seulement 313 €** pour mon premier test.

Après avoir fait ma première analyse, j'ai très vite remarqué qu'il y avait un problème au niveau de la page de paiement.

501 personnes s'y sont rendues, mais seulement 7 ont acheté. **Soit 1,39%**.

Ma première idée a donc été donc de modifier le prix. Je me suis dit que le prix était peut-être trop élevé et qu'il fallait que je le baisse. J'ai donc lancé un nouveau test au tarif de 7 € au lieu de 37 €. Cette fois-ci, j'ai dépensé 128 € pour seulement 42 € de vente.

C'était mieux, mais le problème était toujours le même.

Au total, 178 personnes avaient visité ma page de paiement et seulement 6 ont acheté cette fois-ci. **Soit 3,37%**.

Après réflexion, je me suis dit que le problème venait peut-être de ma page de vente. En effet, j'avais mis un bouton pour acheter mon offre tout en haut de la page, bien avant de l'avoir détaillée et de justifier son prix. Donc si une personne cliquait sur ce bouton, elle arriverait sur un formulaire de paiement où on lui demanderait d'acheter une offre sans en connaître les détails.

J'ai donc eu l'idée de virer tous les boutons de la page de vente, pour n'en mettre qu'un seul bien plus bas, juste après avoir présenté mon offre et dévoilé son prix que j'ai fixé à nouveau à 37€.

J'ai lancé un rapide test sur deux jours. Avec 73€ dépensés, j'ai encaissé 222 €.

Sur les 33 personnes qui sont allées sur la page de paiement, 6 ont acheté. **Soit 18% !**

J'avais enfin réussi à être rentable *au bout de mon troisième test !*

Puis, nous avons commencé à recevoir plusieurs emails de clients qui nous ont posé une question qui m'a intriguée.

L'offre comprenait neuf e-books pour apprendre à mincir avec le régime cétogène, mais certains de nos clients pensaient recevoir de vrais livres dans leur boite aux lettres.

Et, il n'y en avait pas qu'un, mais des dizaines. Je me suis alors dit que cette confusion pourrait impacter le nombre de personnes qui achèteraient mon offre.

Comme je ne demandais pas d'adresse de livraison dans le formulaire d'inscription, une personne pouvait se demander où est-ce qu'elle allait recevoir ses livres et ce doute l'empêcherait peut-être de commander.

J'ai donc rajouté une phrase en haut de ma page de paiement pour clarifier la situation et même la tourner à mon avantage. Voici ce que j'ai écrit : *"Notre challenge est 100% numérique, vous pouvez donc le commencer immédiatement"*

Je l'ai mis en rouge pour être certain qu'ils la lisent. Et, comme il s'agissait d'une modification, j'ai lancé un nouveau test.

Non seulement nous n'avons plus jamais eu d'email à ce sujet, mais le nombre de personnes qui achetaient mon offre est passé de 18% à plus de **25% !**

Dans ce dernier test de deux jours, j'ai dépensé 947 € en publicité pour faire plus de 2 312 € de vente. 144 personnes sont allées sur la page de paiement, et parmi elles, **37 ont acheté**.

J'avais enfin optimisé mon Funnel pour le rendre extrêmement profitable. Cette histoire que j'ai vécue illustre très bien ce que j'aimerais transmettre à travers ce chapitre.

Après avoir créé votre offre, et construit votre Funnel. **Vous n'êtes qu'à 50% du chemin vers le succès d'un business en ligne**.

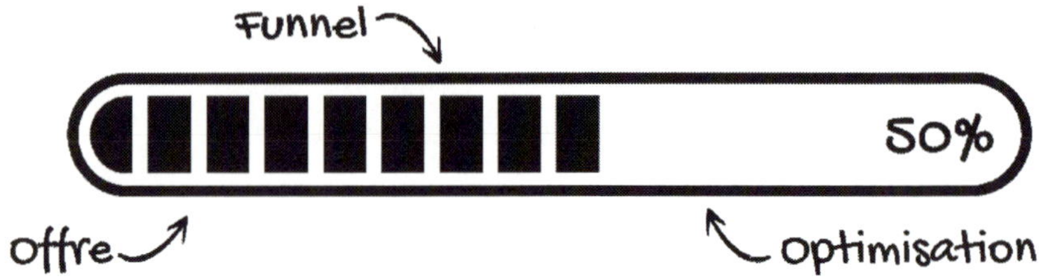

Il vous faudra à présent faire des tests pour le rendre profitable.

Je connais cette déception d'avoir travaillé dur sur un projet pendant des semaines, voire des mois et de ne pas obtenir de résultats le jour du lancement.

Mais, la pire chose que vous pourriez faire, c'est d'abandonner ou de recommencer un autre business de zéro.

En fait, j'aimerais vous rassurer sur ce point, c'est NORMAL si le lancement n'est pas rentable.

Même avec des années d'expérience, il m'a fallu 3 tests pour devenir rentable avec mon business sur le régime cétogène. Combien de fois j'ai vu des personnes se décourager car elles pensaient qu'il suffisait de créer une offre et un Funnel pour encaisser de l'argent en automatique.

Dans la réalité il faut réfléchir, se remettre en question et tester tout ce que vous pouvez jusqu'à ce que ça fonctionne ! Voilà pourquoi le jour du lancement vous n'avez fait que 50% du travail.

Ceci étant dit, voici les étapes pour créer et analyser un test dans votre business en ligne. Cette stratégie est valable pour vos publicités et toutes les étapes de votre Funnel que vous devrez tester. C'est valable pour un Sales Funnel, un Lead Funnel ou un Webinar Funnel.

ÉTAPE #1 - TAUX DE CONVERSIONS À CHAQUE ÉTAPE

Lorsque l'on fait un test, on ne peut pas savoir à l'avance quelle étape de notre Funnel devra être améliorée.

Cela peut être la page d'inscription, la page de vente, la page de paiement, etc. *C'est le taux de conversion qui nous l'indiquera.*

C'est-à-dire, le pourcentage de personnes qui passe d'une étape à une autre.

S'il est faible, il faudra faire des modifications jusqu'à atteindre l'objectif visé.

Voici les taux de conversion minimum que vous devriez atteindre pour chaque étape de votre Funnel et dont vous pouvez vous servir comme point de référence :

LEAD FUNNEL

Page d'inscription > 35%
Page de remerciement > 80%
Ouverture du premier e-mail > 40%

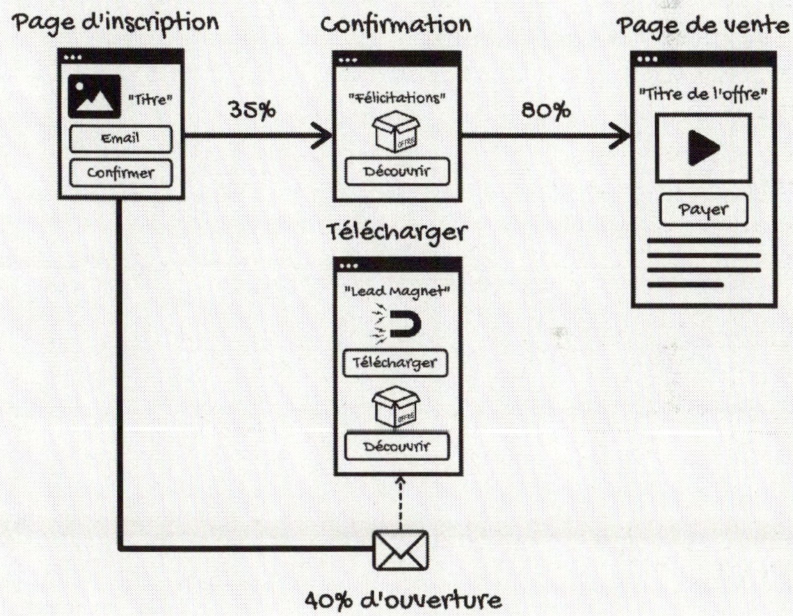

SALES FUNNEL

Page de vente > 10%
Page de paiement > 10%
Premier upsell > 15%
Deuxième upsell > 5%

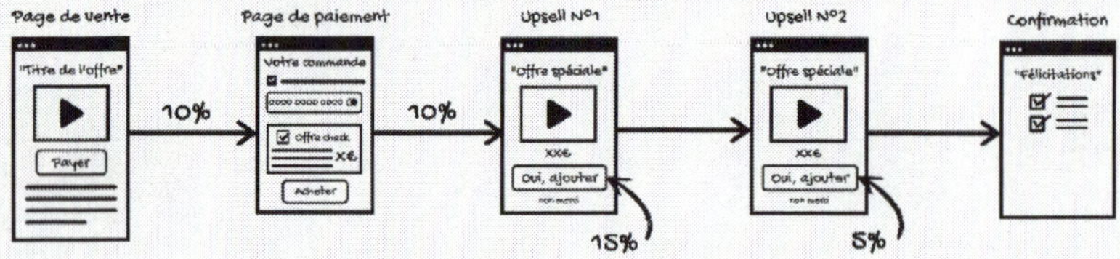

WEBINAR FUNNEL

Page d'inscription > 35%
Taux de visionnage jusqu'à la fin > 10%
Réservation d'appel > 20%
Taux de réponse au téléphone > 50%

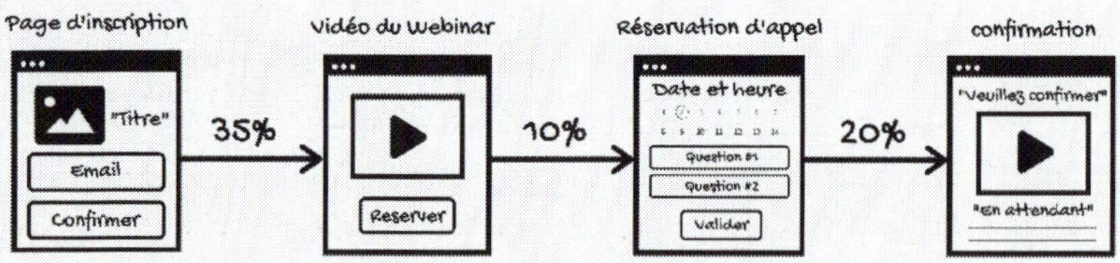

Voici 3 exemples pour comprendre comment interpréter ces chiffres :

► Pour la page d'inscription d'un Lead Funnel, vous devriez avoir au moins 35% des visiteurs qui inscrivent leur email.

► Pour la page de paiement d'un Sales Funnel, au moins 10% des personnes qui ont visité cette page doivent acheter votre offre.

► Pour la réservation d'appel d'un Webinar Funnel, au moins 20% des personnes ayant visité la page de réservation doivent réserver un appel.

Afin d'obtenir les chiffres de votre propre Funnel, vous devrez **diviser le nombre de personnes étant passé à l'étape d'après par la totalité des personnes à l'étape initiale.** *(Relisez cette phrase plusieurs fois si ce n'est pas clair)* Voici quelques exemples.

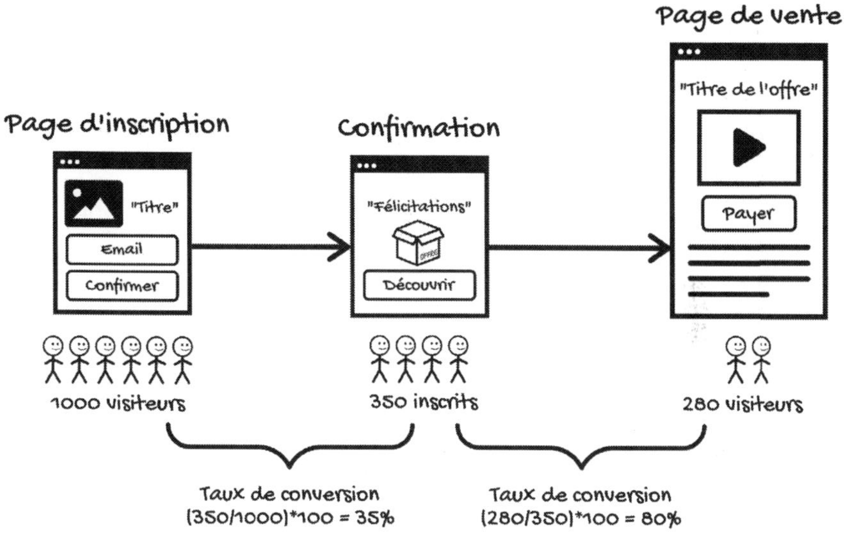

▶ Exemple #1 - Page de confirmation d'inscription

Le but de cette page est de rediriger les prospects fraîchement acquis directement vers notre page de vente. Je dois donc connaître le nombre total de personnes l'ayant visitée, et celles qui sont passées à l'étape d'après. Imaginons que **113 personnes** soient arrivées sur cette page. *(Cela veut aussi dire que vous avez récolté 113 emails grâce à votre Lead Funnel)* et que sur ces 113 personnes, seules **45 sont allées sur ma page de vente**. Alors mon taux de conversion est égal à 45 divisé par 113, ce qui nous donne 0.39, que l'on multiplie par 100 pour obtenir un pourcentage. Soit **39% de taux de conversion**.

Comme mon objectif est d'atteindre 80% *(point de référence)*, je dois donc faire des modifications sur cette page jusqu'à arriver à ce résultat au minimum.

*Voici le calcul résumé : (45/113)*100 = 39%*

▶ **Exemple #2 - Page de paiement.**

C'est sur la page de paiement que vos clients vont inscrire leurs coordonnées bancaires pour acheter votre offre.

Imaginons que **456 personnes** soient arrivées sur cette page. *(Cela veut aussi dire que 456 personnes ont cliqué sur le bouton de votre page de vente pour acheter votre offre)* et que sur ces 456 personnes, il y a eu **123 ventes.**

Alors mon taux de conversion à cette étape est égale à 123 divisé par 456, ce qui nous donne 0.27 que l'on multiplie par 100 pour obtenir un pourcentage. Soit **27% de taux de conversion**.

Comme mon objectif est d'atteindre seulement 10% pour une page de paiement *(point de référence)*, je n'ai rien à toucher sur cette étape de mon Funnel. Comme on dit, n'essayez pas de réparer quelque chose qui n'est pas cassé.

*Voici le calcul résumé : (123/456)*100 = 27%*

ÉTAPE #2 - VOTRE LIMITE DE RENTABILITÉ

La limite de rentabilité c'est la frontière entre gagner de l'argent grâce à la publicité et en perdre. Vous devez savoir exactement combien vous êtes prêt à dépenser au maximum pour obtenir un nouveau client.

Pour le savoir, il faut d'abord que je vous parle de tous les frais que vous aurez dans un business en ligne.

▶ **Le coût de revient**.

Il s'agit de tous les coûts liés à la vente de votre offre. Dans l'e-commerce, ce sera le prix fournisseur, les frais de port, etc. S'il s'agit d'un produit digital, ce montant sera égal à 0 €.

▶ **Les frais de transaction.**

Afin de pouvoir accepter des paiements par carte bancaire, nous travaillons avec des entreprises qui facturent un pourcentage sur la vente. Je déduis une moyenne de 3% par vente sur mon chiffre d'affaires.

► **Les taxes.**

Le montant que vous allez payer sur chacune de vos ventes dépendra de votre situation. Pour une micro-entreprise en France, ce taux varie d'environ 13% à 22% de votre chiffre d'affaires en fonction de ce que vous vendez. Pour une entreprise, c'est beaucoup plus complexe alors nous garderons l'exemple précédent.

Le chiffre obtenu après déduction des coûts, des frais et des taxes est votre *marge nette*. C'est aussi la somme maximum que vous pourrez dépenser en publicité pour être rentable.

Je vous recommande également de ne jamais avoir un **taux de marge** *(la part que représente votre marge nette sur le prix de vente)* inférieur à 70%, sinon vous aurez du mal à croître grâce à la publicité.

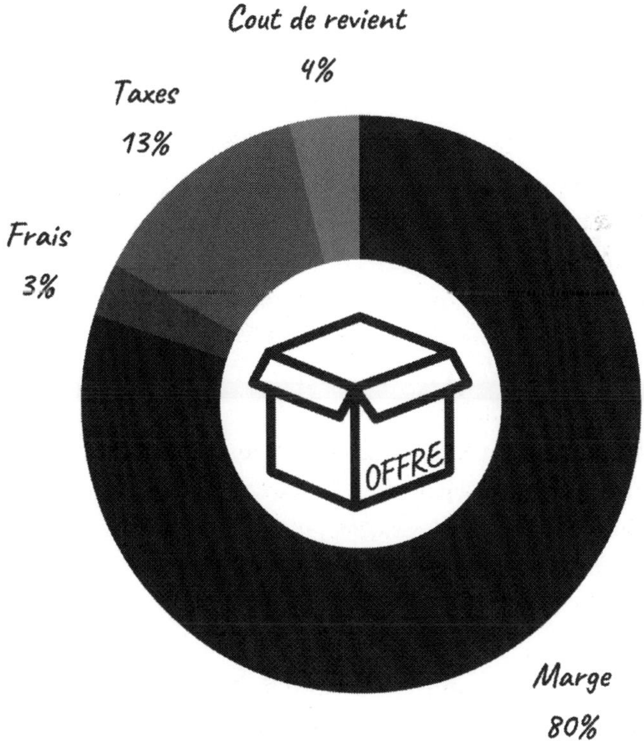

Voici la marge pour un produit digital à 100 € par exemple ;

- Coût de revient : 0 €
- Frais (3%) : 3 €
- Taxes (13%) : 13 €

Marge *(prix - coût, frais, taxes)* **: 100 € - 16 € = 84 €**
Taux de marge *(marge/prix)*100* **: (84/100)*100 = 84%**

Si je veux gagner de l'argent en faisant de la publicité sur ce produit digital, je ne pourrai dépenser que jusqu'à 84 € maximum pour obtenir un nouveau client.

ÉTAPE #3 - OÙ EST LE GAP

Il est maintenant temps de lancer une campagne publicitaire afin d'obtenir les taux de conversion de notre Funnel pour les comparer avec l'objectif visé.

Je dépense généralement entre une à deux fois maximum le montant de ma limite de rentabilité pour faire un test. Une fois la campagne terminée, j'inscris dans un tableau les taux de conversions de toutes les étapes de mon Funnel.

L'objectif est de trouver **où se trouve le gap** dans votre Funnel, c'est-à-dire une chute brutale du taux de conversion à une étape. Voici par exemple les taux de conversion de mon tout premier test pour mon business sur le régime cétogène. *(Mes publicités dirigeaient le trafic vers un Sales Funnel pour ce test)*

Taux de conversion Sales Funnel régime cétogène

- Page de vente : 37%
- Page de paiement : 1.40%
- Premier upsell : 0%
- Deuxième upsell : 0%

Comme on peut le voir, le taux de conversion est très bon au niveau de la page de vente, mais il y a une grosse baisse au niveau de la page de paiement. C'est donc à cette étape que je vais concentrer mon attention pour le prochain test.

ÉTAPE #4 - CRÉER UN A/B TEST

Après avoir identifié où se trouve le gap, il faut maintenant créer une nouvelle version de l'étape du Funnel qui pose problème avant de relancer vos publicités.

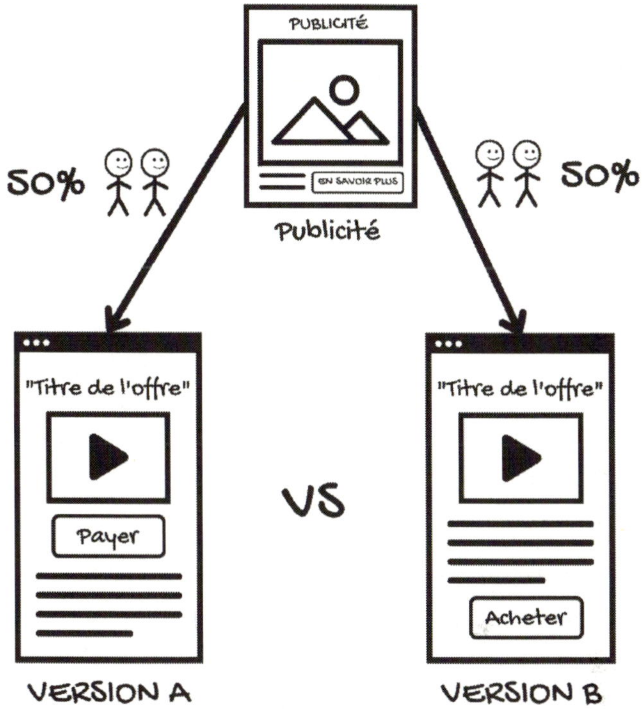

Pour ce faire, nous allons créer un A/B test. Le A correspond à la version initiale de votre page, et le B à une nouvelle version modifiée pour tenter de l'améliorer.

En redirigeant 50% du trafic sur la version A et 50% sur la version B, je pourrais facilement déterminer celle qui conviendrait le mieux.

Attention, ne modifiez qu'une seule chose à la fois ou vous serez incapable de savoir pour quelle raison votre nouvelle version fonctionne mieux ou moins bien. Je vous recommande de créer un tableau dans lequel vous répertoriez tous les tests que vous avez faits les uns après les autres.

La clé du succès une fois que vous avez finalisé votre offre et votre Funnel, est donc de reproduire les étapes **#3** et **#4** jusqu'à ce que vous soyez rentable. Une fois que vous y serez parvenu, vous n'aurez plus qu'à augmenter votre budget publicitaire pour gagner plus et atteindre le million avec votre business en ligne.

Si vous sentez avoir besoin d'être accompagné pour y parvenir, n'hésitez pas à réserver un appel avec mon équipe via le lien ci-dessous pour voir comment nous pouvons travailler ensemble sur votre projet.

digital-selfmade.com/appel

UN ÉTAT D'ESPRIT À TOUTE ÉPREUVE

Mon père, qui est entrepreneur a une bibliothèque dans son bureau de plusieurs centaines de livres sur le développement personnel, des biographies, etc. Lorsque j'étais plus jeune, je savais qu'à chaque fois que je doutais de moi ou que j'avais envie d'abandonner, il avait toujours un livre sous la main à me donner.

Je crois que c'est comme ça que je me suis convaincu que la réponse à beaucoup de mes questions se trouvait dans les livres. Plus tard j'ai même entendu la phrase suivante qui à fait écho en moi :

> *"Peu importe le problème que tu as, une personne sur Terre a certainement déjà eu le même dans sa vie, a réussi à le résoudre et écrit un livre pour en parler"*

C'est pourquoi à l'âge de 18 ans, je me suis lancé le défi de lire 52 livres de développement personnel en une année, soit un nouveau chaque semaine. Mon objectif était de créer en moi de nouvelles croyances, pensées et habitudes.

Les mêmes que ceux qui ont eu le plus de succès dans le monde. On ne naît pas entrepreneur, on fait le choix d'en devenir un, et pour cela, il faut changer sa manière de penser. Ça commence par les livres, comme celui-ci.

Mais je ne me suis pas contenté de lire, je suis également passé massivement à l'action. J'ai fait des choses qui me terrifiaient, je suis sorti de ma zone de confort, j'ai persévéré dans mes projets et j'ai bien sûr échoué des dizaines de fois. C'est ce mélange entre la théorie des livres et le terrain qui m'a amené là où j'en suis aujourd'hui.

Je n'ai cependant pas la prétention de dire que j'ai la formule du succès. Je suis jeune *(25 ans au moment où j'écris ces lignes)*, et je continuerai d'apprendre jusqu'à ma mort.

J'aimerais quand même vous partager l'état d'esprit que j'ai adopté au cours de ces dernières années. J'ai remarqué en accompagnant des centaines de personnes que ce n'est pas une question d'intelligence ou de compétences qui peut vous empêcher de réussir, mais ce que j'appelle *"l'auto-sabotage par la pensée"*.

L'entrepreneuriat est un domaine extrêmement émotif. Tout ne se passe pas toujours comme prévu et votre esprit peut être votre pire ennemi à certains moments.

Voilà pourquoi j'ai voulu aborder dans ce chapitre les trois manières de penser qui sont à mon avis responsables des résultats que j'ai obtenus avec mon business en ligne.

#1 - L'UTILISATION DU TEMPS

Tous les entrepreneurs à succès que j'ai rencontrés, ont tous un lien très fort avec le temps qui passe. C'est également mon cas depuis tout jeune. J'ai toujours été quelqu'un de très impatient, qui voit le temps passer à une vitesse folle et qui ne veut pas passer à côté de sa vie.

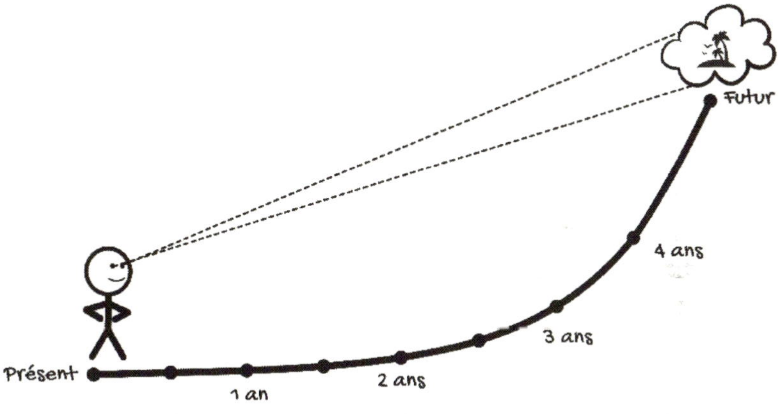

Cette impatience m'a causé beaucoup de problèmes.

J'ai créé des business à la va-vite qui se sont effondrés comme un château de cartes et j'ai pris de mauvaises décisions que j'ai regrettées par la suite.

Avec le recul, je me suis rendu compte que c'est ce sentiment d'urgence qui était mon moteur, mais c'est l'expérience qui me montra comment l'utiliser.

Forcé de constater que cela prendrait du temps avant de réussir, j'ai dû changer ma manière d'agir. Cela fait des années aujourd'hui que je partage sur les réseaux sociaux l'importance d'avoir une vision à long terme, mais je n'ai jamais expliqué pourquoi.

Si aujourd'hui votre objectif est de devenir libre financièrement, d'avoir un business qui vous permet de voyager, de vous libérer du temps et de pouvoir faire ce qui vous plaît vraiment dans la vie.

Alors ça prendra du temps, et il n'existe pas de raccourci. Lorsque vous réfléchissez en termes d'année plutôt qu'en mois, vous vous laissez le temps de réussir.

Combien de fois j'ai vu des personnes se fixer l'objectif d'être libres financièrement en un mois, et comme elles n'y étaient pas parvenues, elles ont tout abandonné.

Si vous voulez réellement changer de vie, ne vous voilez pas la face en vous disant que cela prendra quelques semaines. Soyez prêt à travailler pendant les 5 prochaines années, quoi qu'il en coûte.

Mais il y a un revers de la médaille à avoir une vision long terme, la *procrastination*. Cette tendance à vouloir tout remettre au lendemain car justement on se rend compte que l'on a finalement largement le temps nécessaire pour réussir.

Et c'est là le paradoxe, avoir une vision long terme tout en étant conscient que le temps passe très vite. Aujourd'hui, je sais que l'atteinte de mes objectifs prendra du temps, probablement des années.

En ce sens, je suis patient. Mais, à l'inverse, j'ai conscience que le temps défile rapidement. Je ne peux donc pas me permettre de procrastiner, je dirais même que ça me pousse à travailler encore plus.

Voyez loin et soyez patient pour réussir tout en prenant conscience que vous ne revivrez plus jamais la journée d'hier.

Cependant j'aimerais clarifier un point qu'il m'a fallu des années avant de comprendre, pour vous permettre d'aller plus vite que moi. Ne confondez pas la difficulté avec la lenteur.

Faire des publicités en ligne par exemple c'est facile. Il vous suffit de créer un compte publicitaire, de configurer votre campagne et de cliquer sur *"publier"*. Pas besoin d'être un génie.

Idem pour un Funnel, la création d'une vidéo YouTube, et tout ce qui compose votre business. Tout ce que vous avez à faire est facile, c'est pourquoi tout le monde peut le faire.

MAIS, réussir prendra du temps. Si vous n'avez pas encore de résultat dans un domaine, ce n'est pas parce que c'est plus difficile qu'autre chose, mais simplement plus lent.

La raison est qu'il y a des choses qui demandent un temps qui est incompréhensible. J'ai mis beaucoup de temps avant d'accepter cette idée étant par nature très impatient. Laissez-moi vous donner un exemple.

J'ai lancé ma chaîne YouTube il y a plusieurs années, et j'ai essayé presque toutes les techniques pour aller plus vite. J'en suis arrivé à la conclusion que même si je poste 10 vidéos par jour, je n'irai pas plus rapidement.

Tout simplement car une chaîne YouTube doit se développer avec le temps, et qu'il n'y a pas de raccourci. Je me suis donc fixé pour objectif d'en poster 3 par semaine, et simplement d'attendre patiemment que ma chaîne se développe.

Tout comme pour ma chaîne YouTube, le temps est incompressible pour apprendre de nouvelles compétences et développer un business.

Plus tôt vous l'accepterez, et moins vous ressentirez la frustration de ne pas aller assez vite. Attention, ce n'est pas une raison de procrastiner.

#2 - COMBLER LE VIDE DE L'ENTREPRENEUR

Dans tous les business que j'ai créés, je suis toujours passé par le même cycle. J'ai toujours adoré commencer par passer des heures à réfléchir au business et à le mettre en place.

Puis, à lancer les premières publicités, et enfin par l'automatiser. Et, lorsqu'il commence à fonctionner, il tourne généralement tout seul. Je passe alors de 5 heures de travail par jour à presque aucune.

C'est le fameux sentiment de *"vide de l'entrepreneur"*. Pendant des années, je l'ai comblée inconsciemment en lançant des nouveaux projets constamment. Dès l'automatisation de mon Funnel, j'en crée un nouveau. Puis un autre encore après, etc.

Quelques années plus tard, nous étions en 2019 et j'étais à la limite du burn-out. Je n'aimais plus ce que je faisais, les dizaines de Funnels que je gérais tout seul m'apportaient une dose de stress intense au quotidien.

Et tout ça alimenté par la frustration de ne même pas réussir à atteindre mon objectif, sans savoir pourquoi. Un jour, j'ai décidé de prendre une journée complète pour réfléchir à ce que j'allais faire.

J'ai pris une feuille, et j'ai fait deux colonnes pour chacun de mes business. Une pour le temps que j'y passe, et une autre pour ce qu'il rapporte. Je me suis rendu compte que plus de 90% du bénéfice venait en fait d'un Funnel qui ne me prenait que 30 min de mon temps chaque jour. Ce jour-là, j'ai pris la décision de couper tous mes autres business du jour au lendemain.

Forcément, après une telle décision, j'ai ressenti immédiatement le *"vide de l'entrepreneur"*, mais cette fois-ci je n'allais pas faire la même erreur.

Au lieu de créer un nouveau business, j'ai réfléchi à comment je pourrais utiliser tout le temps à ma disposition pour faire grandir le seul que j'avais gardé. J'ai mis toute mon attention dessus, et mon bénéfice net a été multiplié par 4 en moins de 30 jours. J'étais devenu FOCUS *(focalisé en français)*.

C'est suite à cette expérience que j'ai compris l'importance d'être concentré sur un seul projet. Et si votre objectif est de faire plus d'un million d'euros sur internet, vous n'avez besoin que d'un Funnel, d'une offre et d'un réseau social. Voici les quatre raisons de rester focus à tout prix sur votre business.

▶ **Vous supprimez les plans B.**

On pourrait croire qu'un plan B est une bonne idée pour se protéger en cas d'échec. Mais c'est justement cette bouée de sauvetage qui vous empêchera de tout donner pour réussir. En supprimant cette option, vous vous contraignez à ne pas avoir d'autre choix que de réussir.

▶ **Vous irez plus vite.**

Il est beaucoup plus facile de multiplier par deux *(ou plus)* un business existant que d'en créer un nouveau de zéro. Il m'a fallu des années avant d'atteindre les 10 000 € par mois, et seulement quelques mois de plus pour faire 50 000 €.

▶ **Améliorer votre offre.**

Vous aurez du temps pour vous concentrer sur d'autres choses que seulement sur le marketing. C'est-à-dire chercher constamment à obtenir de plus en plus de clients.

Vous pourrez améliorer vos produits, et donc la satisfaction de vos clients. Cela créera un cercle vertueux où ils seront davantage satisfaits de vos services et vous recommanderont donc à encore plus de personnes et ainsi de suite.

▶ **Vous allez enfin pouvoir souffler et devenir libre.**

Quand on réussit un business, on a tendance à oublier pour quelle raison on l'avait fait à l'origine. *Devenir libre et avoir plus d'argent pour en profiter*. Un stade auquel vous n'arriverez jamais si vous comblez constamment le *"vide de l'entrepreneur"* par de nouveaux projets.

En restant focus vous aurez moins de travail pour plus d'argent, alors profitez-en !

Enfin, j'aimerais finir cette partie en vous mettant en garde sur le syndrome de l'objet brillant.

C'est probablement *le plus grand ralentisseur et tueur de business*. La raison pour laquelle l'herbe semble toujours plus verte ailleurs, c'est parce que nous avons tendance à ne regarder que les bons côtés avant de l'essayer.

Plus vous allez avancer avec ce nouvel objet brillant, plus vous vous rendrez compte qu'en réalité ce n'est pas si facile. Il y a des obstacles que vous allez découvrir sur le tas.

Et, finalement, ce n'est pas plus rapide non plus. Alors, vous vous faites convaincre par un autre nouvel objet brillant qui vous semble lui aussi plus rapide et plus simple.

Et ce cycle n'en finit jamais. Voilà pourquoi la majorité des gens essayent des dizaines de régimes sans jamais parvenir à mincir. Alors que pourtant tous fonctionnent. La clé réside dans le fait de choisir sa stratégie et de s'y tenir coûte que coûte. C'est-à-dire, rester focus.

#3 - LA ZONE DE CONFORT

J'ai très souvent peur, et je n'ai pas honte de le dire. Je dirais même que mes résultats sont en grande partie issus de ma capacité à identifier là où j'ai peur, et à la dépasser.

C'est pour moi l'un des meilleurs indicateurs pour repérer sa "zone de confort".

Il s'agit des domaines dans lesquels vous êtes à l'aise, ou vous n'avez pas besoin de faire d'effort et ne ressentez aucun stress.

Aujourd'hui par exemple faire des vidéos sur YouTube est devenu une situation confortable pour moi. Je n'ai plus peur d'allumer la caméra, ni des commentaires des haters.

Mais le problème, c'est que lorsque vous êtes dans votre zone de confort, vous arrêtez de progresser.

Et que la seule façon d'en sortir est de faire quelque chose de nouveau qui vous fait peur. Oui, aujourd'hui faire des vidéos sur YouTube est devenu confortable, mais la toute première fois, c'était quelque chose de terrifiant pour moi. Cela illustre bien un processus en trois étapes pour devenir meilleur dans n'importe quel domaine.

DEVENIR MEILLEUR DANS N'IMPORTE QUEL DOMAINE

#1 - Identifier les choses que l'on doit faire, et qui nous font peur.
#2 - Avoir le courage de se lancer et apprendre par l'expérience.
#3 - Avec le temps, notre zone de confort s'agrandit.

Je savais qu'une chaîne Youtube allait être la solution qui me permettrait de devenir libre financièrement sur internet, mais j'avais peur du regard des autres.

J'ai quand même décidé de me lancer, et plus je faisais des vidéos plus je devenais à l'aise. Aujourd'hui, c'est devenu quelque chose de complètement naturel.

Ma peur d'avant est devenue ma nouvelle zone de confort. J'ai vécu exactement la même chose avec la peur du téléphone.

J'avais 18 ans lorsque j'ai fait mes premiers appels de prospection téléphonique, j'étais littéralement terrifié. Mon stress montait en flèche pendant que j'entendais la sonnerie de l'appel retentir, et ma gorge était tellement serrée que je parvenais à peine à m'exprimer clairement au téléphone.

À l'époque, j'étais tellement introverti que j'osais à peine appeler la pizzeria pour passer commande. Alors imaginer devoir vendre une offre à un inconnu au téléphone.

Et, puis cette même année, après avoir passé des milliers d'appels, c'était devenu la routine.

Le fait est que dans l'entrepreneuriat il y a des dizaines de choses terrifiantes. La première étant par exemple de payer pour se former.

Je me souviens encore aujourd'hui à quel point j'avais le cœur qui battait vite lorsque j'ai acheté ma toute première formation.

Mais, récemment, j'ai dépensé 9 997 $ pour continuer de progresser.

L'expérience m'a montré que c'était le meilleur investissement que je pouvais faire. Même chose pour les publicités, la création de contenu sur internet, etc.

Avoir peur est normal, vous n'êtes pas différent des autres. Mais, si vous voulez faire partie des 1% des gens qui parviennent à devenir libres financièrement, vous devez faire ce que 99% n'oseront jamais faire.

Regardez la peur droit dans les yeux, et sortez de votre zone de confort.

Pour moi, l'une des meilleures façons de développer son état d'esprit, reste encore de faire partie d'un groupe de personnes qui vous pousse vers le haut.

Comme le dit la fameuse expression, *“nous sommes la moyenne des cinq personnes que nous côtoyons le plus”*.

C'est la raison pour laquelle nous avons créé un groupe pour mettre en relation toutes les personnes que nous accompagnons.

Je veux que chaque personne que j'aide puisse trouver de l'aide, des réponses et du réconfort auprès de personnes qui ont le même objectif, les mêmes rêves et qui vont dans la même direction.

Comme d’habitude, si vous souhaitez savoir comment nous rejoindre, vous pouvez réserver votre appel gratuit avec une personne de mon équipe via ce lien :

digital-selfmade.com/appel

PRODUCTIVITÉ ET DÉLÉGATION

Au lycée nous avions souvent des dissertations à faire, et de mon côté, j'écrivais très vite. J'avais tellement d'idées qui me passaient en tête qu'il fallait que je les inscrive sur le papier le plus rapidement possible, quitte à faire plein de fautes d'orthographe.

Tous les vendredis de 9h à 12h nous avions un devoir surveillé à faire. En fonction des semaines, cela pouvait être maths, histoire, philo, etc.

Je me souviens encore de cette immense salle dans laquelle il y avait des dizaines de bureaux espacés d'environ 50 cm les uns des autres, au 4e étage d'un bâtiment sans ascenseur.

La règle des surveillants était la suivante, *si tu as fini avant les autres tu dois attendre sur ta table jusqu'à 12h*. Comme ce n'était pas rare que je finisse mon DS en 2 heures au lieu de 4 heures, il fallait donc que j'attende 2 heures après avoir fini **à ne rien faire**, car bien entendu je n'avais pas le droit au téléphone.

Pour m'occuper, je regardais le plafond, j'échangeais des regards avec ceux qui avaient fini en même temps que moi, et dessinais sur une feuille que j'avais demandée au surveillant. Mais c'était presque comme une *punition* que l'on nous imposait pour avoir été plus rapide que les autres.

Toutes ces règles ont créé en moi sans que je m'en rende compte la croyance que pour bien faire son travail il fallait y passer du temps.

Que le “vite fait, BIEN fait” n'était pas possible. À cause de cette fausse idée que l'on nous inculque dès le plus jeune âge, en commençant par l'école.

J'ai eu beaucoup de mal à être productif et organisé lorsque j'ai commencé dans l'entrepreneuriat. Tout devient différent car il n'y a plus d'horaires prédéfinis, tu peux bosser 1h comme 12h par jour. *Il n'y a que ta morale et toi.*

C'est comme ça que je me suis retrouvé à passer toutes mes journées, de 7h du matin jusqu'à 19h le soir devant mon ordinateur à faire des choses que je ne pourrais même plus expliquer aujourd'hui.

Mon business n'avançait pas, mais comme je travaillais beaucoup, j'avais quand même un sentiment de satisfaction. Il m'a fallu lire un livre pour avoir le déclic de la bêtise que j'étais en train de faire. Il s'agit de *"La semaine de 4 heures"* de Tim Ferris. Voici l'interprétation que j'en fais en une seule phrase :

*"**Identifier les tâches qui rapportent 80%** des résultats pour 20% des efforts. Et **déléguer ces 20%** restants."*

Dans son livre, il parle de ce que l'économiste italien *Vilfredo Pareto* à découvert puis fait connaître sous le nom de la "loi de Pareto", aussi appelé "80-20".

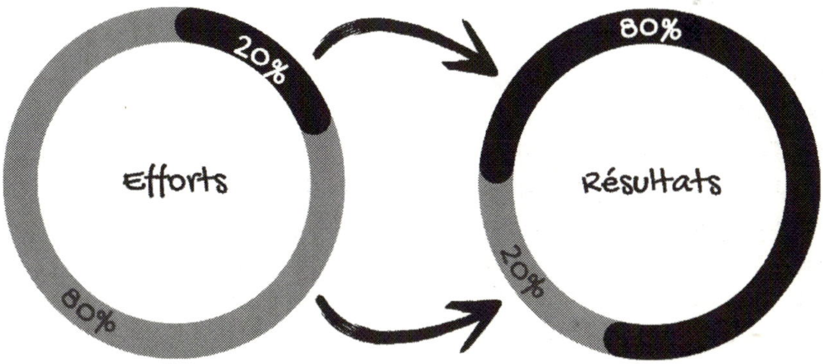

Une idée selon laquelle 80% des effets ne sont produits que par 20% des causes. Par exemple, 80% de votre chiffre d'affaires est généré par 20% de vos clients. 80% des réclamations viennent de seulement 20% de vos ventes, etc.

J'ai donc voulu regarder si ça s'appliquait à mon propre business. Très rapidement, j'ai remarqué moi aussi que 80% des heures que je passais à travailler ne me rapportaient que 20% de mes résultats. Et c'est à partir de cet instant que je me suis intéressé à la productivité.

Mon défi était le suivant : **comment maximiser chaque heure que je passe à travailler, pour obtenir plus de résultats en moins de temps.**

Mais je ne vais pas vous dire que ça a été facile car j'ai dû me battre avec moi-même. Cette idée inculquée par la société que pour bien faire il faut travailler pendant longtemps, était ancrée profondément dans mon esprit.

Regardez par exemple, imaginez deux personnes d'une même entreprise qui sont engagées de 8h à 18h pour nettoyer des bureaux.

La première va terminer son travail pile à l'heure, la réaction naturelle de tout le monde serait alors de dire que c'est *"un bosseur"* qu'il a fait *"du bon travail"*. L'autre personne en revanche a trouvé une méthode pour aller plus vite, être plus productive et a réussi à terminer la même quantité de travail que l'autre en seulement 2h.

À votre avis, que va dire son boss ? Probablement que c'est *"du travail bâclé"*, où que cette personne n'est *"pas sérieuse"*, qu'elle *"n'a travaillé que 2h aujourd'hui"* et elle risquera même de se faire virer pour ne pas avoir respecté les horaires de la boîte.

Et c'est ça le problème. La société ne fonctionne pas à la productivité, mais à l'heure. Et c'est pourquoi même si j'avais fini ce que j'avais à faire dans mon business à 11h du matin par exemple, je n'arrivais même pas à arrêter de travailler car je culpabilisais.

Mais, quand on lance un business en ligne, on n'est pas comme le reste de la société. On fait partie d'une minorité qui sont les "entrepreneurs" et on doit adapter notre façon de travailler.

À force de côtoyer des entrepreneurs à succès et de lire des livres sur la productivité, j'ai petit à petit réussi à changer mon état d'esprit.

Aujourd'hui, je pense "*productivité*" et *"résultat"* avant tout. À l'opposé d'avant, je suis satisfait de moi si je travaille le moins possible, car cela veut dire que j'ai été productif. Et c'est pourquoi j'ai voulu rédiger ce chapitre qui est essentiel à un **"digital self-made"**.

APPLIQUER LA LOI DE PARETO

Voici comment j'organise toutes mes journées en appliquant la loi de Pareto dans mon business en seulement trois étapes très simples.

▶ **Étape #1 - Lister sur une feuille un maximum de 6 étapes.**

Tous les matins, la première chose que je fais avant d'ouvrir mon ordinateur est de prendre ma tablette sur laquelle je vais noter les tâches de ma journée.

Au fur et à mesure que je les remplis, je vais les barrer. Si je finis plus tôt alors tant mieux, ma journée se termine lorsque j'ai rempli toutes mes taches. Même s'il est 10h du matin.

Par exemple, l'une de mes journées pourrait ressembler à ça :

1. Rédiger un email de vente
2. Gérer les publicités
3. Répondre aux messages de mes clients
4. Brainstorming avec mon équipe
5. Me former

▶ **Étape #2 - Organiser mes tâches par heure.**

Je vais essayer de déterminer le temps que j'estime nécessaire pour remplir chacune de mes tâches. Je vais généralement fixer la durée la plus courte possible pour être davantage productif.

Voici à quoi cela pourrait ressembler :

1. Rédiger un email de vente - 30 min - de 8h à 8 h 30
2. Gérer les publicités - 45 min - de 8 h 30 à 9 h 15
3. Répondre aux messages de mes clients 45 min - de 9 h 15 à 10h
4. Brainstorming avec mon équipe - 1 h 30 - de 10h à 11 h 30
5. Me former - 2h - de 13h à 15h

▶ **Étape #3 - Supprimer les distractions**

Lorsque vous commencez une nouvelle tâche, vous n'êtes réellement productif que 5 à 10 minutes après avoir démarré.

Si vous regardez votre téléphone, répondez à un email ou êtes dérangé par quelqu'un qui rentre dans votre bureau, il vous faudra à nouveau ces 5 à 10 minutes pour être concentré. Il est donc vital d'avoir un environnement de travail sans distraction.

Pour ma part, mon téléphone est systématiquement en *"ne pas déranger"*. Cela veut dire qu'il ne vibre pas, que l'écran ne s'allume pas lorsque je reçois un message, et qu'il n'y a bien entendu aucune notification.

Lorsque je suis sur l'ordinateur, j'ouvre au maximum trois onglets dans mon navigateur. Tout le monde sait dans mon entourage qu'il ne faut jamais m'appeler, mais m'envoyer un message. Personne ne doit rentrer dans mon bureau lorsque je suis en pleine session de travail.

Et je sais à quoi vous pensez, *"mais s'il y a une urgence… comment tu vas être prévenu"*. La réalité c'est que le monde ne s'arrêtera pas de tourner si vous ne répondez pas.

Non seulement les urgences n'arrivent quasi jamais, mais en plus de ça vous n'êtes probablement pas la seule personne à pouvoir y répondre.

À présent peut-être que vous êtes dans la situation où vous avez déjà une activité principale, et vous souhaiteriez développer votre business en parallèle.

Laissez-moi vous dire qu'au début vous n'aurez pas besoin de plus d'une heure par jour *(hors temps de formation)* pour développer votre business.

Si vous y passez plus de temps, vous faites probablement des choses qui ne servent à rien.

Si vous souhaitez que je vous accompagne pour vous dire exactement quoi faire afin d'aller vite et de ne pas perdre de temps, vous pouvez réserver un appel avec mon équipe en passant par le lien suivant :

digital-selfmade.com/appel

DÉLÉGUER ET SE CONSTITUER UNE ÉQUIPE

Bien que vous amélioriez votre productivité, vous ne serez réellement libre que lorsque vous apprendrez à travailler avec d'autres personnes.

C'est uniquement comme ça que vous pourrez créer un business automatisé qui ne dépend pas uniquement de vous.

C'est la différence entre travailler “dans” son business *(faire le travail)* et “sur” le business *(gérer les équipes qui font le travail).*

Mais, avant que je ne vous dévoile comment vous allez pouvoir travailler avec des personnes partout dans le monde et à moindres frais, j'aimerais que l'on fasse un point sur les tâches qui vont se déléguer. Pour moi, la délégation peut avoir deux objectifs :

▶ Objectif n°1 - Gagner du temps.

Vous allez pouvoir déléguer des tâches que vous maîtrisez, mais ou votre présence n'est pas indispensable et qui peuvent être facilement sous-traitées. Ce peut être le cas du service après-vente par exemple, du montage de vidéos, etc.

▶ Objectif n°2 - Accéder à une compétence que vous n'avez pas.

L'idée est de déléguer des tâches que vous ne maitrisez pas et qui vous prendraient trop de temps à apprendre, en passant par une personne qui les maîtrise déjà.

Cela pourrait être le développement d'une application par exemple, le design d'une couverture de livre, etc.

En revanche, il y a une erreur à ne pas faire. Déléguer des tâches **VITALES** pour votre business sans que vous les maîtrisiez avant.

Je ne compte plus le nombre de personnes qui m'ont demandé si elles pouvaient déléguer la gestion de leur publicité alors qu'elles ne savent même pas en faire, ou la création d'un Funnel sans même avoir de stratégie.

Le problème est qu'il y a certaines tâches que vous ne pouvez pas déléguer si facilement, car elles sont les piliers de votre business en ligne. Pour celles-ci, vous devez les maîtriser avant de les déléguer afin d'évaluer les compétences de la personne qui fera le travail.

On ne délègue pas la gestion des publicités, comme le service après-vente. L'impact sur vos résultats n'est pas le même.

Voici la liste des tâches que vous devez maîtriser avant de déléguer :

- La gestion des publicités
- La création d'un Funnel
- Le copywriting *(au moins les bases)*
- Les appels de closing

Croyez-moi, ça vous prendra toujours moins de temps d'apprendre à maîtriser ces compétences, que de rattraper du travail mal fait.

DEUX TYPES DE DÉLÉGATION

Nous allons généralement déléguer du travail à des *"Freelancer"*, c'est-à-dire des personnes qui travaillent à leur compte depuis le monde entier.

Certains peuvent être en France, d'autres aux États-Unis, ou encore au Maroc, etc. Vous pouvez en trouver dans toutes les langues, et pour tous types de compétences.

Ce sont généralement des plateformes sécurisées qui feront le lien entre ces personnes et nous. Voici les deux types de délégation que nous pouvons faire :

#1 - La délégation à la tâche.

Il s'agit de payer un freelancer une somme fixe pour une prestation donnée.

Par exemple, dans mon business sur le régime cétogène, nous avons délégué la création de vidéo pour notre chaîne YouTube. La personne se trouvait en Russie, et voici ce que comprenait sa prestation pour seulement 40 € par vidéo.

- Aller faire les courses *(prix des aliments compris)*
- Cuisiner la recette tout en se filmant
- Montage complet de la vidéo.

Après sa prestation nous n'avions plus qu'à appuyer sur le bouton "Publier". La plateforme que je vous recommande pour déléguer ce genre de prestation est **Fiverr.com**.

#2 - La délégation à l'heure.

Certaines tâches sont récurrentes dans votre business, et doivent être déléguées avec un *"taux horaire"*. C'est le cas notamment du service après-vente, de la gestion des réseaux sociaux, etc.

Par exemple, dans mon business sur le régime cétogène, nous avons engagé un nutritionniste payé à l'heure pour répondre aux questions de nos clients dans le groupe Facebook des membres. Cela faisait partie de notre offre.

Pour ce faire, il est nécessaire de passer par la plate-forme **Up-Work** et pour plusieurs raisons. Premièrement, vous pouvez vous arranger avec le freelancer pour fixer un taux horaire qui vous convient à tous les deux.

Une fois fait, il pourra travailler autant de temps qu'il le veut, et vous le paierez au prorata à la fin de chaque semaine.

Par exemple, si vous avez fixé un taux à 10 € l'heure et qu'il a travaillé 4 h 30 dans la semaine, vous le payerez 45 €. Vous pouvez fixer un nombre maximum d'heures qu'il ne pourra pas dépasser pour éviter d'avoir une trop grosse facture.

Deuxièmement, et c'est le plus important. En passant par Up-Work, votre freelancer devra informer la plateforme à chaque fois qu'il se met au travail.

Jusqu'à qu'il termine sa session, des captures de son écran seront prises aléatoirement. De votre côté, vous pourrez les visionner pour vérifier qu'il n'était pas sur Netflix par exemple.

J'ai déjà eu le cas d'une freelancer qui avait lancé le compteur sans faire le travail, nous avons donc ouvert un litige auprès d'Up-Work et avons été remboursés.

Le réel intérêt de travailler à l'heure avec des freelances c'est que vous pouvez travailler avec eux sur le long terme. Ils feront partie intégrante de votre équipe. Il m'est arrivé de travailler pendant des années avec des personnes que j'ai découvertes sur cette plate-forme.

LE COÛT DE NE PAS DÉLÉGUER

Vous êtes peut-être en train de vous dire que déléguer toutes ces tâches auront un coût. Et que ce sera donc un manque à gagner pour vous à la fin du mois. Mais, laissez-moi vous faire penser d'une manière différente.

Si vous faites une tâche que vous pouvez déléguer pour seulement 5 € l'heure, vous estimez alors qu'une heure de votre temps vaut 5 €.

De plus, non seulement cette tâche ne vous fera économiser que 5 €, mais l'heure que vous avez passé pour l'accomplir sera une heure en moins passée à faire quelque chose qui pourrait vous rapporter beaucoup plus.

C'est pourquoi le SAV par exemple a été l'une des premières choses que j'ai déléguées, car ça prend du temps mais ça ne rapporte rien. C'est en me libérant de ces tâches que j'ai pu récupérer du temps pour réfléchir à de nouvelles offres afin de gagner plus.

Conclusion

DÉMARREZ VOTRE PROPRE AVENTURE

QUE FAIRE SUITE À CE LIVRE ?

Nous avons atteint la fin de notre temps ensemble. J'espère sincèrement que vous avez tiré des bénéfices de ce livre. Voici un récapitulatif de ce que nous avons vu :

▶ Dans les premiers chapitres de ce livre, nous sommes allés en profondeur dans les fondations de votre business. Nous avons défini ensemble l'importance de se mettre à la place de son client de rêve afin de créer une offre irrésistible à laquelle il ne pourra pas dire non.

▶ Par la suite, nous avons parcouru ensemble chacun des trois Funnels à mettre en place pour avoir un business en ligne à succès.

Le **Sales Funnel** si vous vendez des offres jusqu'à 500 €.

Le **Webinar Funnel** si vous vendez des offres à plusieurs milliers d'euros.

Le **Lead Funnel** pour générer une avalanche de prospect.

Je vous ai précisé que vous n'aviez pas besoin de créer ces trois Funnels, mais que vous deviez faire un choix en fonction de l'offre que vous voulez vendre. Un Funnel, une offre et un message suffisent pour devenir totalement libre financièrement.

▶ Puis nous avons abordé le trafic. Nous avons vu que pour vendre votre offre, vous aviez deux possibilités.
La publicité payante pour obtenir des résultats très rapidement, mais qui peut-être instable et coûte cher.
La publicité gratuite, qui ne coûte rien, est très stable sur le long terme mais qui prend du temps et de l'énergie à développer.

Nous avons également vu qu'il existait trois types de trafic, et que le plus important d'entre eux était celui que vous possédez. Qu'il était la clé de votre indépendance financière et d'un business durable.

▶ Ensuite, nous avons vu que vous n'étiez qu'à 50% de votre progression vers un business en ligne à succès et automatisé le jour où vous allez lancer votre Funnel. Qu'il faudra faire des tests afin de l'optimiser étape par étape jusqu'à ce qu'il devienne rentable.

▶ Pour finir, vous avez aussi découvert comment vous alliez pouvoir automatiser votre business pour vous libérer du temps, en déléguant une partie de votre travail à des freelances qui vivent dans le monde entier.

La prochaine étape pour vous est simple : **commencer**.

Décidez si vous voulez de l'aide où faire cavalier seul, mais lancez-vous. Prenez une simple décision, et avancez étape par étape.

Votre Funnel ne vous rendra pas libre financièrement du jour au lendemain, mais pourra le faire au fil du temps en vous rapportant des millions.

Mais, d'abord, vous devez commencer. Si vous pensez avoir besoin d'aide, contactez-nous ici pour en discuter ensemble :

digital-selfmade.com/appel

Nous sommes bons dans ce que nous faisons, tout comme vous êtes bon dans ce que vous faites.

À votre succès ;

Rémy Jupille

OÙ OBTENIR DE L'AIDE ?

Comme vous l'avez vu au fil des chapitres, j'ai voulu inclure quelques bonus supplémentaires pour les lecteurs de ce livre.

C'est d'une part, pour vous *"remercier"* et d'autre part, car *"je n'avais pas assez d'espace dans le livre, mais que je voulais tout de même vous les transmettre"*.

Les liens qui se trouvent ci-dessous vous permettront d'accéder à des formations gratuites complémentaires au livre sous forme de vidéo.

J'ai également inclus le lien avec lequel vous pourrez prendre contact avec mon équipe pour obtenir notre aide afin de développer votre business.

Nous avons déjà accompagné des centaines de personnes, et avons résolu chez eux les mêmes défis et obstacles auxquels vous êtes confronté actuellement. Nous avons créé une offre d'accompagnement très complète qui comprend une formation, des coachings, un suivi, une communauté et tout un tas d'outils pour vous permettre d'aller plus vite.

Nous avons par exemple des séquences emails toutes rédigées qui nous ont généré des centaines de milliers d'euros, des dizaines de Funnel que vous pouvez copier / coller dans votre propre business, des scripts pour vos publicités, page de vente, upsells et bien plus encore.

Pour plus d'informations, je vous laisse tous les détails sur les pages suivantes.

BONUS #1 - ANALYSE PAGE DE VENTE

Accédez à une vidéo d'analyse d'une de mes pages de vente les plus performantes en vous rendant sur le lien suivant :

digital-selfmade.com/pagedevente

BONUS #2 - ANALYSE PAGE D'UPSELL

Accédez à une vidéo d'analyse d'une de mes pages d'upsell les plus performantes en vous rendant sur le lien suivant :
digital-selfmade.com/upsell

BONUS #3- ANALYSE SLIDES DE WEBINAR

Accédez à une vidéo ou je décortique sous vos yeux les différentes étapes d'un webinar en vous rendant sur le lien suivant :
digital-selfmade.com/webinar

BONUS #4 - ANALYSE LEAD FUNNEL

Accédez à une vidéo d'analyse d'un Lead Funnel en vous rendant sur le lien suivant : **digital-selfmade.com/lead**

BONUS #5 - APPRENDRE À CRÉER UN FUNNEL

Accéder à une vidéo tutorielle qui vous présentera l'outil que vous devrez utiliser pour créer vous aussi votre propre Funnel *(même si vous n'avez aucune connaissance technique)* en vous rendant sur le lien suivant :
digital-selfmade.com/tuto

BONUS #6 - ILLUSTRATION DU LIVRE

Comme promis, vous pouvez télécharger toutes les illustrations présentes dans ce livre afin de les imprimer ou simplement les garder sur votre ordinateur.
digital-selfmade.com/ressources

TRAVAILLEZ AVEC NOUS, POUR PLUS DE RÉSULTATS.

Nous sommes toujours à la recherche de notre prochain client à succès, et si vous avez aimé ce que vous avez lu dans ce livre et que vous souhaitez notre aide pour créer un business en ligne à succès jusqu'au million et plus, vous pouvez réserver un appel avec notre équipe.

Nous avons mis des années à créer l'écosystème idéal *(qui continue encore de s'améliorer aujourd'hui)* pour vous accompagner afin que vous ne soyez plus jamais seul derrière votre écran.

Donc n'attendez pas, et réservez votre appel dès maintenant :
digital-selfmade.com/appel

À PROPOS DE RÉMY JUPILLE

Octobre 2022, Île Maurice

Rémy commença son premier business en ligne avec seulement 50 € en poche qu'il transformera en plusieurs millions d'euros de ventes.

Il passa des années à tester les stratégies les plus performantes et profitables en ligne. D'abord, dans ses propres business, puis pour aider d'autres entrepreneurs à dominer leur marché.

Depuis, il a bâti une audience de plusieurs centaines de milliers de personnes sur les réseaux sociaux et accompagné des entrepreneurs à développer leur entreprise en ligne partout dans le monde.

En 2022, il réalisa son plus grand rêve, s'expatrier dans le pays qui se trouvait en photo sur son mur à ses débuts. L'Ile Maurice.

Il est devenu **Digital Self-made**.

Toutes les demandes d'apparitions en podcast, d'interview vidéo et de représentation sur scène peuvent être envoyées à :

info@remy-jupille.com

Printed by Amazon Italia Logistica S.r.l.
Torrazza Piemonte (TO), Italy

40961037R00198